개정4판

NCS 국가직무능력표준
National Competency Standard

You will become a Good Sommelier!

소믈리에 자격증
쉽게 따기

이석현 · 김상진 · 조영현 · 박근도 · 서현석 · 양대훈

(사)한국베버리지마스터협회 공식도서

베버리지 출판사

You will become a Good Sommelier!

소믈리에 자격증
쉽게 따기

이석현 · 김상진 · 조영현 · 박근도 · 서현석 · 양대훈

2014년 8월 25일 초판발행
2024년 3월 15일 개정4판 1쇄

발행인 | 이석현
발행처 | 베버리지출판사
　　　　서울특별시 동작구 사당사당로30길 133
　　　　TEL. 02.581.2911
　　　　www.beveragemaster.kr

ISBN 979-11-959063-2-1 13570

copyright ⓒ 2014 KBMA(Korea Beveravege Masters Association) and Editors made this Book
온·오프라인상의 무단 사용을 금합니다.

이 책의 저작권은 베버리지출판사와 저자들 및 에디터에게 있습니다.
이 책은 디자인소리가 기획 · 편집하였습니다.
이 책은 Adobe CC 라이선스로 제작되었으며, 산돌 라이선스 및 배포 라이선스 폰트를 사용하였습니다.
이 책의 이미지(사진, 일러스트, 그래픽 등) 저작권은 디자인소리와 각 제공자에게 있고, 그 외 이미지 저작권은 디자인소리와
(주)엔파인과의 계약에 의해 (주)엔파인에게, 그 외 이미지 저작권은 각 이미지 제공자 및 판매자에게 있습니다.

가격 33,000원

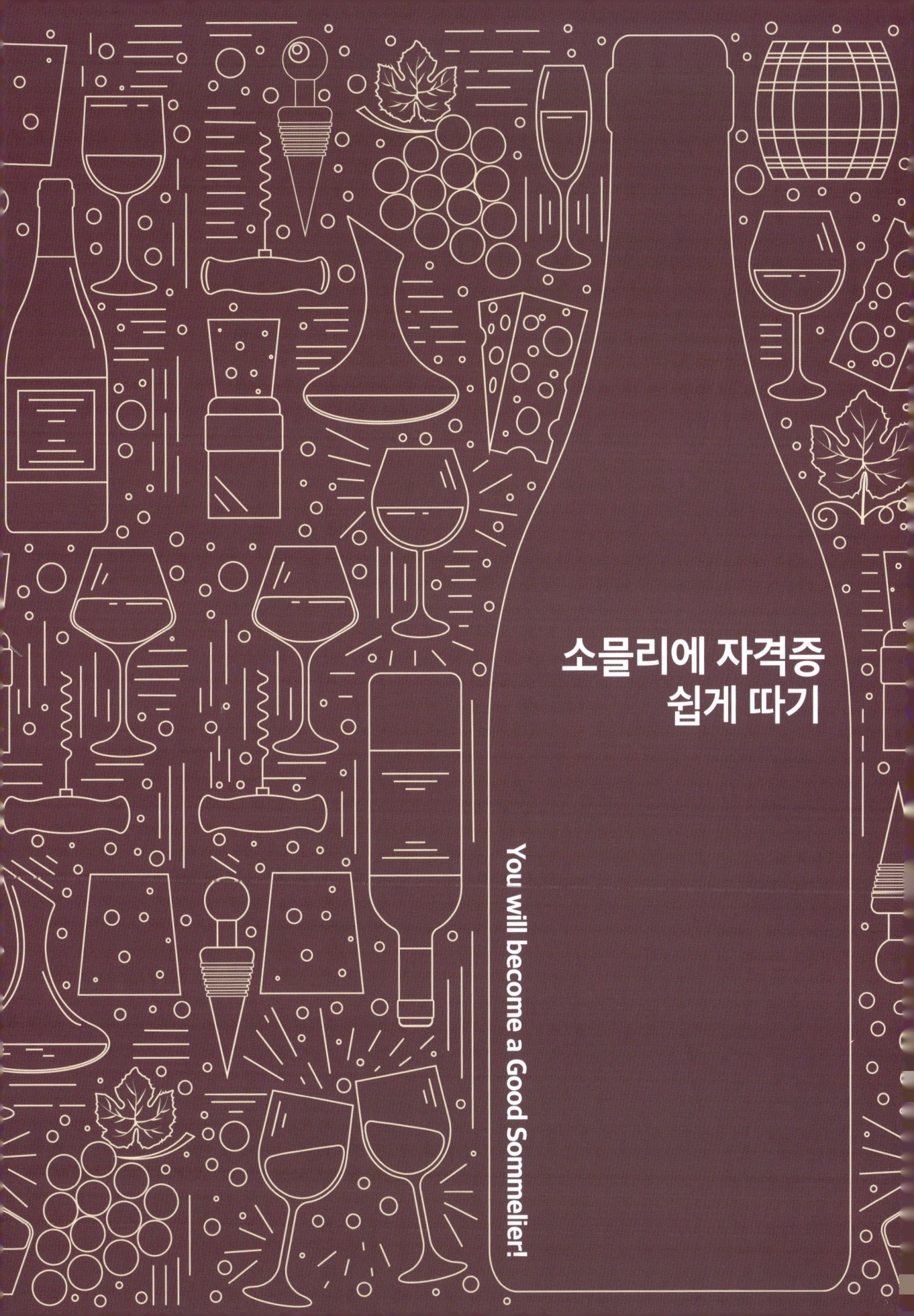

Preface

　1998년 창립이래 우리나라 음료문화 발전을 위해 심혈을 기울여 온 (사)한국베버리지마스터협회가 현장에서 근무하는 최고의 소믈리에들과 대학에서 학생들을 지도하는 교수들, 그리고 각 분야 최고 전문가들과 함께 소믈리에 양성과 자격증 취득을 위한 교재를 준비하여 내놓게 되었습니다.

　이 책은 음료 관련 공부를 좀더 쉽고 재미있게 하고 자격증 취득을 쉽게 하며, 나아가 최고의 음료 전문가가 될 수 있도록 하기 위한 노력으로, 조주기능사 쉽게 따기 및 바리스타 자격증 쉽게 따기와 함께 최초로 시도되는 음료 관련 자격증 시리즈입니다.

　소믈리에를 꿈꾸는 이들과 와인을 사랑하고 배우고자 하는 이들에게 최고의 책이 될 것이라는 자부심을 갖고 있습니다.

　부족한 점은 보완하고 개정하여 더욱 좋은 교재로 발전시켜 나갈 것을 약속드립니다. 이 책이 나오기까지 함께 애쓴 모든 이들과 가족들에게 감사의 인사를 전합니다.

You will become a Good Sommelier!

저자 일동

Contents

Part 1. 와인 기초

제1절 와인의 정의 _15

제2절 와인의 역사 _16

  기출문제 1. 와인의 기초 _20

Part 2. 와인의 분류 [NCS]

제1절 [학습1] 포도 품종에 따른 와인 분류

1-1 포도 품종의 특징 _24

  [1] 와인의 포도 품종 _24
    1. 화이트 와인 포도 품종 _24
    2. 레드 와인 포도 품종 _29

1-2 떼루아 Terroir _35

  [1] 떼루아의 개념 _35

[2] 국가별 떼루아 _35
   1. 프랑스 _35
   2. 이탈리아 _37
   3. 스페인 _38
   4. 독일 _39
   5. 미국 _40
   6. 칠레 _40
   7. 아르헨티나 _40
   8. 호주 _41
   9. 뉴질랜드 _41
   10. 남아프리카공화국 _41

1-3 포도 재배, 기후, 토양 _42
[1] 포도 재배 _42
[2] 기후 _46
[3] 토양 _50
■ 학습평가 _51
기출문제 2-1. 포도품종에 따른 와인의 분류 _53

제2절 [학습2] 양조방법에 따른 와인 분류 _57

2-1 발포성/비발포성 와인 _57
[1] 발포성 와인 _57
  1. 스파클링 와인의 제조과정 _57
  2. 스파클링 와인의 만드는 법에 따른 분류 _61
[2] 비발포성 와인 Still Wine _62
  1. 화이트 와인 _62
  2. 레드 와인 _66
  3. 로제 와인 _70
  4. 오렌지 와인 _71

2-2 주정 강화 와인 _72
[1] 주정 강화 와인 _72
  1. 셰리 _72
  2. 포트 와인 _75
  3. 마데이라 _75
  4. 마르살라 _76
  5. 베르무트 _76
[2] 일반 와인 _76

2-3 스위트 와인 _77
[1] 귀부 와인 _77

1. 쏘테른과 바르싹 _77
　　　2. 토카이 _78
　　　3. 트로켄베렌아우스레제 _79
　　[2] 아이스바인 _79
　　■ 학습평가 _80
　　기출문제 2-2. 양조방법에 따른 와인의 분류 _82
　■ 다양한 와인 분류법 _86
　■ World Wine Belt _88

제3절 [학습3] 생산국가에 따른 와인 분류 _90

3-1 생산 국가별 와인 분류 _90

　[1] 프랑스 와인 _91
　　1. 프랑스 와인에 관한 법률 _91
　　2. 프랑스 유명 와인산지의 분류 _96
　　3. 보르도 지역 _96
　　4. 부르고뉴 지역 _103
　　5. 발레 뒤 론 _109
　　6. 발 드 루아르 _110
　　7. 알자스 _112
　　8. 샹빠뉴 _113
　　기출문제 2-3. 생산국가에 따른 와인의 분류 [프랑스] _116
　[2] 이탈리아 와인 _125
　　1. 이탈리아 와인의 등급에 의한 분류 _125
　　2. 이탈리아 와인 주요 포도품종 _127
　　3. 이탈리아 유명 와인산지 _129
　　기출문제 2-3. 생산국가에 따른 와인의 분류 [이탈리아] _136
　[3] 독일 와인 _140
　　1. 독일 와인에 관한 법률 _141
　　2. 독일 와인 주요 포도품종 _144
　　3. 각 지역별 와인 _146
　　기출문제 2-3. 생산국가에 따른 와인의 분류 [독일] _151
　[4] 스페인 와인 _154
　　1. 스페인 와인의 등급에 의한 분류 _155
　　2. 숙성에 의한 분류 _156
　　3. 스페인 와인 주요 포도품종 _156
　　4. 각 지역별 와인 _158
　　기출문제 2-3. 생산국가에 따른 와인의 분류 [스페인] _161
　[5] 포르투갈 와인 _164

  1. 포르투갈 와인의 등급에 의한 분류   _165
  2. 각 지역별 와인   _166
  기출문제 2-3. 생산국가에 따른 와인의 분류 [포르투갈]   _170
 [6] 오스트레일리아 와인   _172
  1. 각 지역별 와인   _173
  기출문제 2-3. 생산국가에 따른 와인의 분류 [오스트레일리아]   _176
 [7] 뉴질랜드 와인   _177
  1. 뉴질랜드 와인의 등급 분류   _178
  2. 뉴질랜드의 주요 와인산지   _178
  기출문제 2-3. 생산국가에 따른 와인의 분류 [뉴질랜드]   _180
 [8] 미국 와인   _181
  1. 미국 와인의 등급   _182
  2. 각 지역별 와인   _184
  기출문제 2-3. 생산국가에 따른 와인의 분류 [미국]   _193
 [9] 칠레 와인   _196
  1. 칠레 와인의 등급에 의한 분류   _197
  2. 각 지역별 와인   _198
  기출문제 2-3. 생산국가에 따른 와인의 분류 [칠레]   _200
 [10] 남아공 와인   _202
  1. 포도품종   _203
  2. 남아프리카공화국의 주요 와인산지   _204
  기출문제 2-3. 생산국가에 따른 와인의 분류 [남아프리카공화국]   _205
 [11] 헝가리 와인   _207
  1. 토카이 와인   _207
  기출문제 2-3. 생산국가에 따른 와인의 분류 [헝가리]   _210
 ■ 학습평가   _211

Part 3. 와인 서비스 [NCS]

제1절 [학습1] 소믈리에의 용모와 복장   _214
 ■ 학습평가   _220
제2절 [학습2] 와인서비스 테이블세팅   _222
 ■ 학습평가   _226
제3절 [학습3] 와인 서브   _228
 ■ 학습평가   _235

제4절 [학습4] 디캔팅 　_237
- 학습평가 　_238

제5절 [학습5] 트레이 사용 　_240
- 학습평가 　_242

Part 4. 와인 테이스팅 [NCS]

제1절 [학습6] 와인 테이스팅 사전 준비 　_246
- 학습평가 　_254

제2절 [학습7] 와인 테이스팅 하기 　_256
- 학습평가 　_266

Part 5. 와인과 음식

제1절 와인과 음식 　_271
1. 와인과 음식의 매칭 　_271

제2절 와인과 음식의 상호작용 　_284
1. 타닌성분이 많은 떫은 와인 　_284
2. 달콤한 와인 　_284
3. 신맛 나는 와인 　_284
4. 알코올 도수가 높은 와인 　_284

제3절 음식에 따른 와인 선택의 조건 　_285
1. 음식의 장점을 부각시키는 조화로운 와인 선택 　_285
2. 재료, 소스, 기름기를 감안한 와인 선택 　_287
3. 음식 종류에 따른 와인 선택 　_288
4. 특별한 경우의 선택 　_289

Part 6. 소믈리에 자격증

1. Wine S.V.C Procedure 실기 요령 _293
2. 소믈리에 실기시험 시나리오 _300
3. 소믈리에 자격증 _302
4. 소믈리에 자격증 실기 테이스팅 와인 _304
5. 소믈리에 테스팅 평가 채점표 _307
6. 소믈리에 자격증 필기시험 문제지 예시 _309
7. 소믈리에 자격증 필기시험 답안지 예시 _310

[부록] 와인 테이스팅 노트 _311

References _322

Part 1
와인 기초
Basic Wine Theory

You will become a Good Sommelier!

제1절 와인의 정의

와인Wine의 어원은 라틴어 '비넘Vinum'으로, '포도나무로부터 얻은 알코올음료'를 의미한다. 와인은 이탈리아에서는 비노Vino, 독일은 바인Wein, 프랑스는 뱅Vin, 미국과 영국은 와인Wine이라 불리고 있다.

넓은 의미에서의 와인은 과실을 발효시켜 만든 알코올 함유 음료를 말하지만, 일반적으로 순수한 포도만을 원료로 발효시켜 만든 포도주를 의미하며, 우리나라 주세법에서도 과실주의 일종으로 정의하고 있다.

와인은 다른 술과는 달리 제조과정에서 물이 전혀 첨가되지 않으면서도 알코올 함량이 적고, 유기산·무기질 등이 파괴되지 않은, 포도성분이 그대로 살아 있는 술이다. 와인의 성분을 분석하면 수분 85%, 알코올 9~13% 정도이고, 나머지는 당분, 비타민, 유기산, 각종 미네랄, 폴리페놀 동맥경화에 효능이 있는 카테킨 등으로 나누어진다.

와인의 맛은 원료인 포도가 자라는 지역의 토질, 기온, 강수량, 일조시간 등 자연적인 조건인 떼루아와 인위적인 조건인 포도 재배방법, 양조법 등에 따라 달라진다. 그래서 한 나라 안에서도 지역·생산연도에 따라 와인의 맛과 향이 달라지는 것이다. 와인은 이와 같은 자연성·순수성 때문에 기원전부터 오래도록 인류에게 사랑받아 왔고 현대에 이르러서도 일상적인 식생활에서 맛과 분위기를 돋우고 있으며, 더 나아가 서구문명의 중요한 부분을 차지하고 있다.

제2절 와인의 역사

기록상으로는 인류가 언제부터 와인을 마시기 시작했는지 정확히 알 수는 없지만, 고고학자들이 발굴한 유적과 효모에 의해 발효가 저절로 일어나는 와인의 특성을 감안할 때 와인은 인류가 마시기 시작한 최초의 술로 보인다.

포도나무의 조상은 칡의 일종으로서, 재배의 정확한 기원은 알 수 없지만, 8,000년 이상 된 와인 단지가 발견된 트랑스코카지아Trancocasie, 코카서스 3국인 조지아, 아제르바이잔, 아르메니아를 포도 재배의 발원지일 것으로 추정하고 있다. 문헌상 와인의 역사는 약 7,000년 전 소아시아와 메소포타미아 지방에서 시작되어 페니키아인에 의해 이집트, 그리스, 로마 등으로 퍼져나가면서 발전하였다.

가장 오래된 와이너리가 발견된 아르메니아 남부 아레니1동굴

메소포타미아 지역에서는 와인을 담는 데 쓰인 항아리의 마개로 사용된 것으로 추정되는 기원전 4000년경의 유물이 발견되기도 하였으며, 고대 이집트의 벽화와 앗시리아의 유적에 의하면 기원전 3500년경에 이미 와인을 마시고 있었다.

와인을 "신의 축복"이라 말하는 그리스는 기원전 600년경 페니키아인들로부터 포도와 와인을 전해 받은 유럽 최초의 와인 생산국이며, 로마에 와인을

포도 수확을 기록한 이집트 벽화

전파하였다. 지중해 세계의 중심이 된 로마는 지금의 프랑스, 독일 지역에 포도 재배와 와인 양조를 중요한 농업의 하나로 만들었다. 유럽을 점령하면서 주위에 적군이 숨어 있지 못하도록 주둔지 인근의 나무를 베어내고 포도나무를 심기도 하였으며, 또 이들 점령지에서 좋지 않은 식수를 마시고 배탈이 나는 것을 방지하기 위해 레드와인을 마시기도 했는데, 이 와인을 수송해 오는 것이 어려워 점령지에 포도나무를 직접 심고 여기서 생산되는 와인으로 수요를 충당했던 것이다. 이로 인해 유럽의 여러 지역으로 포도 재배가 빠르게 확산될 수 있었다.

중세시대에 와서는 교회의 미사에서 성찬용으로 쓰였으며, 또한 의약용으로 그 중요성이 강조되면서 포도 재배나 와인양조 기술이 엄청난 발전을 하게 되었다. 게다가 대형 와인공장의 출현으로 교회에서 필요한 양보다 많은 양의 와인이 생산되면서 와인산업이 높은 수익을 올리는 산업으로 발전하게 되었다.

영국에서도 와인소비가 급증하였는데, 후일 영국왕이 되는 플랜 태저넷 왕가의 헨리 2세 Henry II Plantagenet가 1152년, 프랑스 아키텐 지방의 알리에노르 아키텐 Alienor d'Aquitaine 공주와 결

와인의 전파

혼하면서 결혼 지참금으로 가져간 아키텐 지방의 일부인 보르도 지방이 영국령이 되어 와인이 세관 통관 없이 수출되면서부터이다. 당시의 와인은 배고픔과 통증을 잊게 해주는 수단인 동시에 물 대신 마시는 음료로 사용되었다.

근대에 들어서는 생활수준의 향상과 명문 와인의 등장, 병에 넣어 보관하는 방법, 편리한 운반 등으로 인해 와인의 보급은 물론 소비량 역시 크게 늘었다. 또 1679년 프랑스 베네딕토회의 수도사 동 뻬리뇽Dom Perignon, 1638~1715에 의해 샴페인 제조법이 개발되었고, 와인병의 마개로 코르크의 사용이 일반화되었다. 이때부터 품질에 따라 등급을 매겼으며, 유럽 전역뿐만 아니라 신대륙에서도 와인의 수요가 급증하면서 주요한 무역상품으로 자리잡게 되었다.

한편 18세기 후반 미국에서 수입된 야생포도나무의 뿌리에 있던 필록세라선충 Phylloxela, 포도나무뿌리 진딧물이 유럽 전역의 포도원을 황폐화시키는 위기가 있었지만, 이를 저항력이 강한 미국산 포도묘목과 유럽 포도묘목의 접붙이기로 해결할 수 있었다.

1857년 파스퇴르Louis Pasteur, 1822~1895에 의해 '락트산Lactic Acid 발효'에 대해 밝혀지고, 1861년 그 유명한 구부러진 플라스크 실

와인 양조법을 개척한 동 뻬리뇽과
현대화된 와인양조법을 발전시킨 파스퇴르

험을 통해 '미생물에 의해 발효와 부패가 일어난다'는 사실과 함께, 1863년 본격적인 와인의 과학적 연구로 효모의 배양·살균·숙성에 이르는 와인 제조 방법이 크게 발전하였다.

근대에 들어서는 포도 재배기술과 압축기, 여과기 등 양조기술의 발달로 훌륭한 와인이 많이 생산되었는데, 1935년 프랑스에서는 와인에 대한 규정인 AOC법을 제정하여 와인의 철저한 품질관리를 통해 세계적 명성을 유지하고 있다. 이후 이탈리아, 독일, 미국, 오스트레일리아, 스페인 등이 비슷한 와인법을 시행해 와인의 품질을 유지·발전시켜 나가고 있다. 또 교통의 발달로 와인의 생산과 교역이 활발해졌고, 아시아 개발도상국의 경제가 발전됨에 따라 이들 지역에도 와인의 소비가 확산되고 있다.

오늘날 와인은 프랑스, 스페인, 이탈리아, 독일 등 유럽의 전통 와인 생산국들과 미국, 오스트레일리아, 칠레, 남아공, 아르헨티나, 중국과 같은 신흥 와인 생산국 등 약 50여 개국에서 2016년 기준 연간 2억6,000만 헥토리터, 약 350억 병이 생산되고 있다.

유럽의 지역별 와인 명칭

 **1. 와인의 기초**

01 와인 단지가 발견된 코카서스 3국이 아닌 것은?

① 조지아 ② 아제르바이잔
③ 아르메니아 ④ 그리스

> **해설** 와인 재배의 정확한 기원은 알 수 없지만, 와인 단지가 발견된 트랑스코카지아(코카서스 3국인 조지아, 아제르바이잔, 아르메니아)를 포도 재배의 발원지일 것으로 추정하고 있다.

02 와인의 전파경로로 알맞은 것은?

① 코카서스 - 메소포타미아 - 이집트 - 그리스
② 코카서스 - 이집트 - 그리스 - 메소포타미아
③ 메소포타미아 - 코카서스 - 이집트 - 그리스
④ 이집트 - 그리스 - 로마 - 코카서스

> **해설** 와인의 전파경로는 코카서스에서와 메소포타미아 지방에서 시작되어 페니카인에 의해 이집트, 그리스, 로마 등으로 퍼져나가면서 발전하였다.

03 와인을 "신의 축복"이라 말하며, 기원전 600년경 페니키아인들로부터 포도와 와인을 전해 받은 유럽 최초의 와인 생산국은?

① 이집트 ② 그리스
③ 이탈리아 ④ 프랑스

> **해설** 그리스는 기원전 600년경 페니키아인들로부터 포도와 와인을 전해 받은 유럽 최초의 와인 생산국이다.

04 다음 ( ) 안에 알맞은 것은?

> 1679년 프랑스 베네딕토회의 수도사 동 뻬리뇽에 의해 (ㄱ) 제조법이 개발되었고, 와인병의 마개로 (ㄴ)의 사용이 일반화되었다.

① ㄱ 코르크 ㄴ 샴페인
② ㄱ 와인 ㄴ 병뚜껑
③ ㄱ 샴페인 ㄴ 코르크
④ ㄱ 샴페인 ㄴ 병뚜껑

해설 동 뻬리뇽에 의해 샴페인 제조법과 코르크 사용이 일반화되었다.

05 18세기 후반 미국에서 수입된 야생포도나무의 뿌리에 묻어서 들어와 유럽 전역의 포도원을 황폐화시킨 선충은?

① 필록세라
② 떼루아
③ 비니페라
④ 바이러스

해설 필록세라는 포도뿌리와 잎에 기생하는 해충으로 이 때문에 유럽, 특히 프랑스 포도원의 3/4을 파괴했다.

06 프랑스에서 와인에 대한 규정인 AOC법이 제정된 연도로 알맞은 것은?

① 1925
② 1935
③ 1945
④ 1955

해설 프랑스 AOC법이 제정된 연도는 1935년이다.

07 다음 중 신흥 와인 생산국이 아닌 것은?

① 미국
② 칠레
③ 아르헨티나
④ 스페인

해설 스페인은 유럽의 전통 와인 생산국이다.

08 다음 중 구세계 와인을 생산하는 국가는?

① 호주
② 스페인
③ 미국
④ 남아프리카공화국

해설 구세계와인은 유럽국가들로서 프랑스, 이탈리아, 독일, 스페인, 포르투갈이 대표적이고, 신세계와인은 미국, 호주, 칠레, 남아프리카공화국, 뉴질랜드 등이 있다.

정답 01 ④ 02 ① 03 ② 04 ③ 05 ① 06 ② 07 ④ 08 ②

WHAT IS THE SOMMELIER?

소믈리에Sommelier는 와인을 전문적으로 관리하고 추천하는 사람을 말한다. 이들은 일반적으로 바나 레스토랑에서 와인캡틴Wine Captain 또는 와인웨이터Wine waiter의 역할을 한다. 중세 유럽에서 영주가 식사하기 전 식품의 안전성을 알려주며 식품 보관을 담당하는 솜Somme이라는 직책에서 유래하였으며, 19세기경 프랑스에서 와인을 전문으로 담당하는 사람이 생기면서 지금과 같은 형태로 발전하였다.

Part 2
와인의 분류
Wine Classification

You will become a Good Sommelier!

제1절

학습 1 포도 품종에 따른 와인 분류하기
학습 2 양조 방법에 따른 와인 분류하기
학습 3 생산 국가에 따른 와인 분류하기

1-1 포도 품종의 특징

학습목표 ● 포도 품종의 특징에 대하여 분류하고 설명할 수 있다.

1 와인의 포도 품종

와인의 맛을 결정하는 여러 요소 중 가장 영향력이 큰 것은 포도 품종이다. 따라서 포도 품종에 대한 정확한 특성을 이해하는 것이 매우 중요하다.

1. 화이트 와인 포도 품종

주요 화이트 와인 포도 품종은 다음과 같다.

(1) 샤르도네 Chardonnay

대부분의 고급 화이트 와인을 만드는 품종으로 널리 재배되고 있다. 주요 산지는 프랑스 부르고뉴 지방으로서 샤블리 Chablis, 뫼르소 Meursault, 몽라쉐 Montrachet 등에서 이름난 화이트 와인을 생산하며, 캘리포니아와 칠레, 호주 등에서도 재배된다.

서늘한 기후대에서 자란 샤르도네는 섬세하고 기품 있는 와인을 생산하며, 뜨거운 태양 아래서 일조량을 많이 받은 샤르도네는 사과, 레몬, 자몽, 복숭아, 파인애플과 열대 과일향이 풍부한 강한 화이트 와인을 만들어준다.

오크 숙성을 통하여 부드러움과 복합미를 증진시킬 수 있으며, 화이트 와인 중에서 가장 오래 보관할 수 있는 품종이다.

(2) 쇼비뇽 블랑 Sauvignon Blanc

보르도 남서부 지방과 루아르Loire 지역이 대표적인 산지인데, 보르도 지역의 쇼비뇽 블랑은 대개 세미용 품종과 블렌딩하여 조화롭고도 싱그러운 느낌을 주고, 루아르 지역은 미네랄 성분이 강하고 쌉쌀한 풍미가 난다.

뉴질랜드에서 생산되는 쇼비뇽 블랑은 라임, 토마토 잎의 향과 함께 잘 익은 구스베리Gooseberry 향의 독특한 자극을 느낄 수 있다.

이 품종은 대단히 상큼하며 풋풋함이 넘쳐흐르고, 푸릇푸릇한 들판에서 갓 벤듯한 풀 향기가 인상적이다. 현대인의 입맛에 맞아 최근 들어 전 세계적으로 재배 면적이 급증하고 있다. 대표적인 화이트 와인으로는 상세르Sancerre, 푸이퓌메Pouilly Fume 등이 있다.

(3) 리슬링 Riesling

독일을 대표하는 품종으로 라인과 모젤 지방, 프랑스의 알자스에서 생산되는 화이트 와인의 대표적인 품종이다. 리슬링 품종의 화이트 와인은 섬세하고 기품 있는 와인으로 산도와 당도의 균형과 조화가 잘 이루어져 와인의 초보자가 마시기에 가장 적합한 와인이라 할 수 있고, 닭고기, 야채 등과 잘 어울린다.

(4) 슈냉 블랑 Chenin Blanc

프랑스 루아르 지방에서 가장 많이 재배되는 품종으로 신선하고 매력적이며 부드러움이 특징이다. 껍질이 얇고 산도가 좋고 당분이 높다. 세미 스위트 타입으로 식전주Aperitif로 많이 이용되고, 간편하며 복숭아, 멜론, 레몬 등의 과일향이 짙다.

(5) 세미용 Semillon

프랑스 보르도와 남서부 지방에서 주로 재배되는 청포도 품종으로 산도가 낮고 껍질이 얇으며 보트리티스 곰팡이에 매우 취약하다. 따라서 적합한 지역에서 자란 세미용은 스위트한 귀부와인으로 만들어진다. 귀부와인이란 보트리티스균이 포도의 껍질에 퍼져 포도 속의 수분만을 흡수함으로써 포도의 당도를 높여 만든 스위트 와인을 말한다. 유명한 스위트 와인 샤또 디껨Chateau d'Yquem도 이 품종을 80% 정도 사용한다. 최근에는 호주의 헌터밸리Hunter Valley 등에서도 좋은 와인이 만들어지고 있다.

(6) 게뷔르츠트라미너 Gewürztraminer

두말할 것도 없이 알자스 와인 중 가장 유명한 와인을 만드는 품종이다. 게뷔르츠트라미너는 황금빛 색조를 띠고 복합적인 맛을 지닌다. 향이 매우 강하여 모과, 자몽, 리치, 망고 등의 과일향을 띠며 아카시아, 장미 등의 꽃향기도 띤다. 또 향신료향이 두드러져 계피, 후추향이 나기도 하는데, Gewürz는 독일어로 향신료를 뜻한다. 입안에서 부드러움과 강함이 느껴지는 감미로운 와인을 만들 수 있고 장기숙성이 가능하다.

(7) 트레비아노 Trebbiano

이탈리아에서 가장 널리 재배되는 청포도품종으로 오르비에토Orvieto, 소아베Soave 등 드라이 화이트 와인을 주로 만든다. 높은 산도, 중간 정도의 알코올, 중성적인 향을 가지고 있으며, 바디감이 가볍고 평범한 특성 때문에 주로 다른 품종과 블렌딩용으로 사용된다. 프랑스에서는 위니 블랑Ugni Blanc으로 부르며, 주로 브랜디를 만든다.

(8) 비오니에 Viognier

원산지는 북부 론의 콩드리외Condrieu이고 현재는 세계적으로 널리 퍼져 있다. 완전히 익어야만 고유의 매혹적인 아로마가 형성된다. 론 지방의 다른 화이트 품종들과 블렌딩하는 경우도 늘고 있다. 특히 프랑스 남부에서는 섬세하지만 아로마가 강한 루산Roussanne이나 고소한 아몬드 향의 마르산Marsanne과 블렌딩한다. 빨리 숙성되지 않도록 시라Syrah와도 블렌딩한다.

비오니에는 고급 와인 콩드리외Condrieu와 샤토 그리에Château Grillet를 만들며, 꼬뜨 로티Côte Rôtie의 시라 포도나무와 함께 소량을 경작하기도 한다. 꼬뜨 로티에서는 이 비오니에를 시라

품종과 함께 수확하고 발효시켜 레드 와인을 만든다.

비오니에의 매력은 인동덩굴의 매력적인 풍미, 사향 냄새 나는 과일 맛, 원숙한 바디감, 그리고 라놀린 같은 질감에 있다. 비오니에는 프랑스 론 밸리와 캘리포니아 외에도 프랑스 랑그독 루시용Languedoc-Roussillon 지역과 미국 버지니아Virginia에서도 재배된다.

1980년대부터 남부 프랑스와 미국에서 선풍적인 인기를 끌었는데, 산도는 낮고 알코올 함량은 높으며 비단같이 부드러운 맛으로 아시아 요리, 닭, 새우, 가재 요리 등에 잘 어울린다. 장기 숙성용 와인은 아니기 때문에 어릴 때 마시는 것이 가장 좋다.

(9) 삐노 블랑Pinot Blanc

삐노 블랑은 푸른 회색 포도로 프랑스 알자스 지방 포도 재배량의 5%를 차지하며, 독일, 이탈리아, 오스트리아 등지에서 재배되고 있다. 이탈리아에서는 피노 비앙코Pinot Bianco라고 한다.

향이 유쾌하며 섬세하고 입 안에서는 신선하고 부드러움을 간직하고 있어 스파클링 와인을 만드는 데 좋은 포도품종이다.

(10) 삐노 그리Pinot Gris

삐노 누아의 변종으로 서늘한 기후의 프랑스 알자스, 헝가리 토카이 지역에서 주로 재배된다. 프랑스 알자스에서는 풀 바디Full Body, 부드러운 향, 중간 정도의 산도를 가지고 피니시가 기분 좋은 와인을 만들어 내는데, 재배 지역에 따라 풍미의 차이가 크다. 이탈리아 북동부에서 재배되는 것은 삐노 그리지오Pinot Grigio라고 불리는데, 프랑스산과는 전혀 다른 스타일이다. 독일, 오스트리아, 뉴질랜드, 미국 캘리포니아와 오리건의 서늘한 지역에서도 많이 재배되고 있다.

(11) 뮐러 투르가우Müller-Thurgau

독일에서 리슬링Riesling과 실바너Sylvaner를 교배해 개발한 품종으로, 만든 사람의 이름을 따서 명명되었다. 비교적 추운 지역에서 잘 자라고, 장기 숙성용 품종은 아니기 때문에 숙성 직후 바로 마시는 것이 좋다. 빨리 숙성하며 수확량이 많은 것이 특징인데, 부드럽고 꽃향기가 나며 비교적 산도가 낮은 와인을 만든다. 독일 외에 프랑스 알자스, 이탈리아 북부, 동유럽, 뉴질랜드 등에서도 재배된다.

(12) 질바너Silvaner

리슬링에 비해 조생종으로 리슬링이나 뮐러투르가우보다 바디Boddy가 더욱 있는 편이다. 향이 약하며 산도는 중간 정도이다. 순한 향의 생선요리, 닭고기, 송아지고기와 가벼운 소스가 있는 돼지고기요리에 잘 어울린다.

(13) 토론테스Torrontes

원산지는 스페인으로 아르헨티나와 칠레에서 주로 재배된다. 토론테스는 말벡과 함께 아르헨티나를 대표하는 포도 품종이다. 아르헨티나의 토론테스는 꽃 향과 과일 향이 풍부한 향기로운 와인으로, 상쾌하고 청량감을 주기 때문에 오크통에서 숙성하지 않는다.

(14) 뮈스카Muscat

여러 변종이 있으며 아주 다양한 기후에서 여러 가지 와인을 생산한다. 따뜻한 지역에서는 스위트 와인Sweet Wine을, 추운 지역에서는 드라이 와인Dry Wine을, 이탈리아에서는 스파클링 와인Sparkling Wine을 만들어 내고 있다. 가볍고 산도가 낮으며 아로마가 풍부한 것이 특징이다. 껍질은 녹색을 띠며 얇은 편이고, 주정 강화 와인의 원료가 되기도 한다.

이탈리아에서는 모스카토Moscato, 스페인에서는 모스카텔Moscatel이라고 부른다.

(15) 뮈스카데Muscadet

프랑스 루아르 지방의 낭트Nantes 부근에서 주로 재배되는 포도 품종이다. 이 지방에서는 믈롱 드 부르고뉴Melon de Bourgogne라고 부른다. 신선하고 가벼운 와인을 만든다.

(16) 뮈스카델 Muscadelle

보르도에서 재배되는 품종으로, 단일 품종으로는 사용되지 않고 블렌딩 보조 품종으로 사용되는데, 특히 세미용 Semillon, 쇼비뇽 Sauvignon과 혼합되어 사용된다. 산도는 낮지만 부드럽고 당도가 높으며, 잘 익었을 때는 진한 꽃 향기가 난다. 보르도의 쏘테른과 바르싹 지역에서 스위트 와인의 향을 내기 위한 보조 품종으로 사용된다.

2. 레드 와인 포도 품종

주요 레드 와인 포도 품종은 다음과 같다.

(1) 까베르네 쇼비뇽 Cabernet Sauvignon

레드 와인 하면 까베르네 쇼비뇽, 화이트 와인 하면 샤르도네라 할 정도로 까베르네 쇼비뇽은 레드 와인을 위한 포도품종으로 가장 많이 알려져 있다. 이 포도는 4가지 특징이 있는데, 작은 포도 알, 깊은 적갈색, 두꺼운 껍질, 많은 씨앗이 특징이다. 씨앗은 타닌 함량을 풍부하게 하고, 두꺼운 껍질은 색깔을 깊이 있게 나타낸다. 최고의 까베르네 쇼비뇽은 프랑스 보르도 지방에서 생산되는 것이지만 추운 독일 지역을 제외하고는 광범위한 지역에서 생산되고 있다.

블랙커런트, 체리, 자두 향기를 지니고 있으며, Young Wine일 때는 떫은맛이 강해서 거칠지만 오크통 숙성을 통해 맛이 부드러워진다. 이 포도로 만든 와인은 장기간 숙성이 가능하다.

(2) 메를로 Merlot

메를로는 까베르네 쇼비뇽과 유사하지만 까베르네 쇼비뇽에 비해 타닌 함량이 적고 부드러워서 마시기에 좋으며, 가벼워서 다른 포도의 거친 맛을 부드럽게 하기 위해 혼합용으로 많이 사용한다.

메를로는 보르도와 프랑스의 남쪽 지방, 캘리포니아, 칠

레, 남아프리카, 이탈리아, 헝가리 등에서 재배되고 있으며, 쌩떼밀리옹과 뽀므롤 지방에서는 주 품종으로 사용된다.

딸기, 체리, 자두, 꽃, 향신료 향을 지니고 있다. 일반적으로 빨리 숙성되는 경향이 있으므로 일찍 마실 수 있으나, 프랑스의 뻬트뤼스Petrus, 이탈리아의 마쎄또Masseto 등 특급 와인들은 장기간 보관도 가능하다.

(3) 삐노 누아 Pinot Noir

프랑스 부르고뉴에서 이 포도품종으로 세계 정상급의 레드 와인을 만들고 있다. 우아한 과실의 맛이 풍부하고, 비단같이 부드러우면서도 야생성을 지니고 있는 매력적인 와인이라 할 수 있겠다.

나무딸기, 딸기, 체리, 민트 향기를 지니고 있으며, 타닌이 적고 부드러워 마시기 좋다. 재배지역은 다른 품종들이 잘 자라지 못하는 서늘한 기후대를 선호한다.

대표 와인으로는 로마네 꽁띠Romanee-Conti, 샹베르땡Chambertin 등의 특급 와인이 있고, 샹빠뉴 지방에서는 스파클링 와인의 주 품종으로 사용된다.

(4) 시라 Syrah

프랑스 남부 꼬뜨 뒤 론 지역에서 주로 생산되며, 최근에는 호주의 대표 품종으로 자리 잡고 있다. 호주에서는 쉬라즈Shiraz 라고 부른다.

진하고 선명한 적보라빛 색상이 일품이며, 풍부한 과일향과 향신료향이 색다른 와인의 맛을 느끼게 해준다.

(5) 까베르네 프랑 Cabernet Franc

원산지는 프랑스 보르도인데, 까베르네 쇼비뇽의 조상으로 덜 농밀하고 더 부드럽다. 프랑스의 적포도 가운데 까베르네 쇼비뇽과 메를로 다음으로 중요한 품종이다. 보르도의 최고급 와인의 블렌딩에 빠지지 않는 품종이 바로 까베르네 프랑이다. 까베르네 쇼비뇽과 자주 비교되는 까베르네 프랑은 산도도 타닌

도 적어 까베르네 쇼비뇽과 블렌딩하는 환상적인 파트너로 좁은 재배면적에 비해 대단히 중요한 품종으로 확실하게 자리매김했다.

포도알이 빨리 익기 때문에 루아르와 쌩떼밀리옹의 서늘하고 눅눅한 토양에서 널리 재배되며, 메를로와 많이 블렌딩한다. 메독과 그라브에서는 까베르네 쇼비뇽 농사를 망쳤을 때를 대비한 일종의 보험용으로 기른다. 까베르네 쇼비뇽보다 타닌이 적어 일찍 숙성되지만, 장기간 숙성시킬 수 있는 특징도 있고 추위에도 강해 악천후와 추위로 까베르네 쇼비뇽이 흉작일 때 훌륭한 대안이 되기도 한다. 메를로보다 겨울 추위에 대한 저항력이 훨씬 높다.

뉴질랜드와 롱아일랜드, 워싱턴 주에서는 식전용 와인으로 만들기도 한다. 이탈리아 북동부 산은 기분 좋은 풀내음이 나며, 시농Chinon, 부르게일Bourgueil, 소뮈르 샹피니Saumur-Champigny, 앙주 빌라주Anjou-Villages 산들은 최고의 실키한 부드러움을 보여 준다. 가장 위대한 레드 와인 중 하나인 샤토 슈발 블랑Château Cheval Blanc이 까베르네 프랑을 중심으로 해서 만든다. 루아르에서도 광범위하게 재배하며 시농Chinon과 부르게이Bourgueil를 만든다.

(6) 가메Gamay

매년 11월 셋째 주 목요일 출시되는 보졸레 누보Beaujolais nouveau 때문에 갑자기 유명해진 품종이다. 프랑스 보졸레 지방의 토양이 화강암질과 석회암질 등으로 이루어져 배수가 뛰어나 부르고뉴의 주요 재배품종인 삐노 누아Pino Noir 대신에 이 토양에 적당한 가메Gamay종을 재배하고 있다.

루비색에 체리, 나무딸기, 과일향이 풍부한 와인이다.

(7) 네비올로Nebbiolo

이탈리아 북서부의 최고급 전통품종으로 바롤로와 바르바레스코를 생산한다. 네비올로Nebbiolo는 이탈리아어로 안개를 뜻하는 네비아Nebbia에서 유래되었다. 이 포도품종은 10월 말경에야 익게 되는 만숙종인데, 이때쯤 포도밭에 안개가 자주 끼는데, 이 안개가 네비올레의 거친 맛을 완화시켜 준다고 한다.

포도 알이 작고 껍질은 두껍고 짙은 보라색이며 풍미는 까베르네 쇼비뇽보다 훨씬더 부드럽다.

(8) 산지오베제 Sangiovese

산지오베제 Sangiovese는 네비올로 품종과 더불어 이탈리아를 대표하는 토착품종으로 중부지방의 주 포도품종이다. 끼안티를 비롯하여 중부지역의 주요 레드 와인 생산에 사용되고 있으며 껍질이 두껍고 씨가 많아, 타고난 높은 산미와 타닌으로 인해 견고한 느낌을 준다.

진하고 선명한 색상으로 초기의 향은 블랙체리, 말린 자두, 담뱃잎, 허브, 건초 등의 향이 나고, 숙성되면서 육감적인 동물적 풍미로 바뀐다.

(9) 뗌쁘라니요 Tempranillo

과일이 빨리 익어 갈수록 재배면적이 늘고 있는 품종이다. 스페인 최고급 품종으로 인정받고 있으며 백악질 토양에서 잘 자라고 산도가 낮으며 농익은 딸기향이 감도는 매우 섬세한 와인이 만들어진다.

부드럽지만 연약하지 않고 강하지만 거칠지 않은 풍성하면서 절제가 있는 와인이다. 리오하 Rioja 와인을 만드는 주품종이다.

(10) 진판델 Zinfandel

캘리포니아의 특화 품종인 진판델 Zinfandel은 이탈리아 프리미티보 Primitivo 품종이 건너온 것으로만 알려져 있었으나, 수년간 DNA검사를 통해 이 품종이 수도승들에 의해 이탈리아로 전해진 크로아티아의 플라박 말리 Plavac Mali라는 품종이라는 것이 밝혀졌다.

일반적인 진판델 와인의 맛은 약간의 산도와 단맛, 그리고 풍성한 과일향과 스파이시한 맛이 특징이다.

주요 재배지역으로는 소노마, 시에라 풋힐스, 산타 크루즈 등이 있다.

(11) 말벡Malbec

이 포도는 원산지 보르도에서는 인기를 끌지 못하다가 최근에 와서 칠레, 아르헨티나, 남아프리카공화국 등에서 널리 재배되고 있으며, 아르헨티나에서는 국가 대표 품종으로 육성하고 있다.

말벡은 까베르네 쇼비뇽의 힘을 부드럽게 하는 블렌딩용으로 많이 사용된다. 자두향이 물씬 풍기며 유연하고 안정된 와인의 맛을 보여주고 있다.

(12) 바르베라Barbera

이탈리아 피에몬테Piemonte에서 가장 널리 재배하는 품종으로 이 지역에서는 저녁 식사와 함께 마시는 와인으로 가장 인기가 있다. 재배하기 까다롭지 않고 가뭄이나 세찬 바람에도 잘 자라며 각종 질병에도 저항력이 높다.

바르베라는 밝은 색상의 낮은 타닌, 그리고 높은 산도를 지니고 있으며, 체리, 라즈베리, 블랙베리 등의 향을 가지고 있다.

호주, 캘리포니아, 아르헨티나 등 더운 지역에서도 재배되고 있다.

(13) 그르나슈Grenache

원래 이름은 그르나슈 누아Grenache Noir인데, 간단히 그르나슈Grenache라 불린다. 프랑스 론Rhône 지방과 스페인 북쪽에서 가장 널리 재배하는 적포도 품종으로, 스페인에서는 가르나차Garnacha라고 부른다.

높은 알코올 함량, 육중한 바디감, 향신료와 잼 같은 풍미 때문에 주로 블렌딩용으로 사용된다. 호주와 미국에서도 많이 재배한다.

(14) 카르메네르 Carménère

오래된 보르도 품종으로 18세기에 까베르네 프랑과 함께 널리 재배되었는데, 지금은 보르도에서는 찾아보기 힘들고 칠레에서 널리 재배된다. 대표적인 만생종이다. 부드럽고 산미가 낮다. 과일 향이 풍부하며 매콤한 향과 초콜릿, 시가, 오크 향 등이 나며 여운은 길게 남는다.

어원은 진홍색을 의미하는 카르민 Carmin 이다. 포도 잎이 낙엽이 되기 직전 붉게 변하기 때문에 지어진 이름이라고 한다. 이름처럼 이 포도 품종으로 만든 와인은 진하고 선명한 진홍색을 띤다. 과거에는 메를로로 알려졌는데 1990년대에 와서 메를로와 다른 품종으로 인정받았고, 1998년에 칠레 정부에서 하나의 품종으로 공식 인정받았다.

(15) 무르베드르 Mourvédre

프랑스 남부와 스페인 같은 더운 지역에서 잘 자라는 포도품종으로, 색이 진하고 알코올 함량은 와인을 만든다. 농축된 과일 향, 후추 향이 나고 스파이시 Spicy 하며, 블렌딩용으로 많이 사용한다. 스페인에서는 모나스트렐 Monastrell 이라고 부르며, 가벼운 레드 와인과 로제 와인을 만든다. 호주와 미국 캘리포니아에서는 마타로 Mataro 라고 부른다.

1-2 떼루아 Terroir

학습목표
- 떼루아의 개념을 설명할 수 있다.
- 떼루아를 구성하는 요소를 설명할 수 있다.
- 국가별 떼루아를 설명할 수 있다.

① 떼루아의 개념

프랑스어 떼루아Terroir는 좁은 의미로는 토양을 뜻한다. 하지만 와인과 관련지어 넓은 의미로는 포도가 자라는 데 영향을 주는 기후와 지리적 환경 등을 말하는데, 와인의 품질을 결정하는 핵심적인 요소 중 하나이다. 떼루아는 토양의 성질이나 구조, 포도밭의 경사도나 방향, 일조량, 고도, 강수량, 풍속, 안개 빈도수, 일광 누적시간, 온도평균 최고 온도, 평균 최저 온도 등 등이 모두 포함되는 포괄적인 개념이다.

때로는 와인 산지인 포도밭의 위치, 토질, 기후 등 자연적 요소는 물론 그 곳에서 와인을 만드는 사람들의 역사, 면면히 이어져 내려오는 기술, 장인 정신 등의 인적 요소를 모두 통틀어 말하기도 한다. 특히 프랑스에서는 떼루아를 중심으로 포도밭의 등급을 매긴다.

② 국가별 떼루아

같은 포도 품종이라도 재배하는 지역의 떼루아에 따라 전혀 다른 성질을 나타내기도 한다.

1. 프랑스

프랑스는 지중해성 기후, 대서양 기후, 대륙성 기후 등 크게 3개의 기후대가 존재한다.

(1) 보르도 Bordeaux

보르도라는 말의 어원은 '물의 가장자리' 즉 '물가'를 뜻한다. 보르도는 대서양 기후의 영향으로 연평균 온도가 12.5℃로 온화하며 강수량은 연간 850mm로 포도 재배에 적합한 곳이다. 토질도 포도 재배에 적당하기 때문에 좋은 품질의 와인이 많이 생산된다.

보르도에는 지롱드Gironde 강, 도르도뉴Dordogne 강, 가론Garonne 강 등 3개의 강이 흐르고 있고, 서쪽으로는 대서양이 인접해 있다. 인접한 바다와 강이 보르도의 기후를 조절하는 작용을

해 온화하고 안정적인 환경을 조성한다. 또한 남부와 서부가 소나무 숲으로 둘러싸여 있어 혹독한 날씨로부터 보호를 받는다. 보르도의 포도밭 대다수, 특히 마고, 포이약, 생떼밀리옹, 생테스테프를 포함하는 메독 지역은 경사가 거의 없는 편이다.

보르도는 해안지방이어서 자갈과 토사가 뒤섞여 있기 때문에 배수가 잘 된다.

(2) 부르고뉴 Bourgogne

보르도와 함께 프랑스 최고의 와인 생산지인 부르고뉴 지방은 대륙성 기후로서 겨울은 춥고 여름은 덥다. 특히 간혹 겨울철과 봄철에 서리 피해가 나타나는데, 겨울의 추위 정도와 초봄의 서리 일수에 따라 그 해 작황이 결정된다. 포도밭은 서리 저항성이 가장 큰 해발 200~250m 사이의 낮은 구릉 지대에 형성되어 있으며, 햇빛도 최대한 늦게까지 받을 수 있는 곳에 위치하고 있다. 지질은 쥐라기시대부터 형성된 모암과 퇴적암으로 되어 있다. 단층 운동 등의 영향으로 지역적으로 석회, 점토, 이회암, 자갈 등이 다양하게 나타난다. 충적토로 이루어진 저지대에는 부르고뉴 삐노 누아와 빌라주 와인이 생산된다. 석회암, 초크, 이회토로 구성되어 있는 산비탈 중턱 해발 250m 근방에는 프르미에 크뤼와 그랑 크뤼 포도밭이 집중적으로 분포되어 있다.

그라브(Grave)   샹빠뉴(Champagne)   보졸레(Beaujolais)

(3) 샹빠뉴 Champagne

샹빠뉴 지역은 기온이 상당히 낮아 가을철에 포도 주스가 완전히 발효되기도 전에 날씨가 추워진다. 겨울에는 춥고 봄에는 서리가 자주 내린다. 샹빠뉴 지역은 늦서리 문제, 개화기의 비, 바람, 우박 등의 영향으로 수확기가 9월 초에서 10월 중순 등으로 일정치 않고 연평균 강수량은 650mm, 연평균 온도는 11℃쯤 된다. 이 지방에서 생산되는 포도는 기후의 영향으로 산도는 상당히 높고 당도는 좀 낮다. 토질은 주로 석회질이며 그 외에 점토와 모래 등으로 되어있다. 샹빠뉴 지역은 배수가 잘 되는 이점이 있다.

2. 이탈리아

이탈리아는 지중해의 영향으로 온화한 기후 덕분에 포도 재배에 아주 좋은 조건을 갖추고 있어, 국토 전역에 걸쳐 와인이 생산되고 있다. 전국적으로 산악 지형이 많으며, 북부는 대륙성 기후, 남부는 지중해성 기후이며, 기후의 영향으로 포도의 당분 함량이 높고 산도가 약하다.

(1) 토스카나 Toscana

토스카나는 서쪽의 티레니아 해에서 동쪽으로는 에밀리아로마냐 Emilia-Romagna, 마르케 Marche, 움브리아 Umbria 지역을 분리하는 낮은 산맥들로 이어져 있는데, 68%가 언덕으로 되어 있으며, 토양과 기후가 매우 다양하다. 토양은 모래와 석회석으로 이루어져 있어 배수가 쉽고 기후가 온화하며 밤은 서늘하다. 중요한 와인 생산지는 북쪽으로 피렌체 Firenze에서 중부의 시에나 Siena, 그리고 남쪽의 작은 언덕 마을 몬탈치노 Montalcino까지이다. 이 지역의 기후는 따뜻하지만 티레니아 연안만큼 따뜻하거나 습도가 높지는 않다. 토양은 천차만별이지만 중부 언덕들의 배수가 잘 되는 경사지는 모래, 돌, 석회암으로 이루어져 있으며, 편암 Schist과 푸른빛이 도는 회색의 백악질 이회암 Marl의 일종인 갈레스트로 Galestro가 섞여 있다.

(2) 피에몬테 Piemonte

피에몬테는 '산기슭에 있는 땅'이라는 뜻을 가지고 있다. 이탈리아 북서쪽에 위치하며, 북쪽으로는 스위스, 서쪽으로는 프랑스와 국경을 접하고 있다. 이름에서 알 수 있듯이 산과 구릉이 많은 지역이다.

피에몬테 주요 언덕의 토양 성분과 크기는 다양한데, 예전에 이곳이 바다였던 관계로 지형 붕괴나 과격한 침식 작용에 의해 생긴 모래와 자갈 성분이 뭉쳐서 생긴 비교적 지름이 큰 입자의 토양과 점토, 미사, 이회토 등과 같이 입자가 작은 토양이 서서히 쌓여서 형성된 퇴적 토양으로 구분된다. 알프스 산맥 근방에 있는 언덕의 토양 성분은 고대에 발달했던 강이 운반해서 쌓아 놓은 자갈이 주류를 이룬다. 예전에 호수와 삼각주였던 곳이나 빙하기가 휩쓸고 간 곳은 입자가 작은 토양이 겹겹이 쌓여 있는 퇴적층이 발견되며, 바다 화석이 포함된 점토나 이회토 등이 혼합되어 발견된다. 알프스 산맥 산자락에 위치한 지역은 소량의 석회암이 포함된 결정질암으로 구성되어 있으며 언덕 지역은 최근에 형성된 퇴적암으로 되어 있다.

피에몬테는 다양한 지형으로 인해 여러 기후 패턴을 보인다. 알레산드리아Alessandria, 베르첼리Vercelli, 비엘라Biella, 노바라Novara 등 평지에 위치한 도시는 피에몬테주의 다른 도시보다 평균 기온이 약간 높은 편이고12.5~14℃, 수사 계곡Val di Susa, 토체 계곡Valle del Toce, 몽페라토Monferrato 지역, 그리고 랑게Langhe나 로에로Roero 언덕의 낮은 부분은 연평균 기온 11~12.5℃, 알프스 산자락과 근접한 언덕과 쿠네오Cuneo, 랑게 언덕의 높은 부분과 아펜니노Appennino 산맥의 해발 1,000m까지는 연평균 9~11℃를 나타낸다.

강수량은 봄과 가을에 최대를 보이며 여름과 겨울에는 적은 양의 비가 내린다. 특히 일부 지역과 알프스 산맥에는 여름에 거의 비가 내리지 않아 가뭄을 겪는 경우도 있다. 강수량이 가장 높은 곳은 마조레Maggiore 호수, 란조 계곡Valli di Lanzo으로 연평균 1,400mm이며, 아펜니노 산맥 최남단 지역에는 연평균 1,600mm 이상 내린다.

강수량이 최저인 곳은 알레산드리아, 몽페라토, 랑게 지역과 쿠네오, 토리노Torino, 수사 계곡 등이다.

(3) 베네토Veneto

베네토의 북부와 서부는 산이 많은 산악지대이지만 남쪽으로 내려갈수록 따뜻하고 바다에 가까워지며, 이웃인 북서부의 트렌티노 알토 아디제Trentino-Alto Adige와 남동부의 프리울리 베네치아 줄리아Friuli-Venezia Giulia에 비해 알프스 산맥의 영향을 덜 받는다.

3. 스페인

스페인은 평균 해발이 약 650m로 유럽에서 두 번째로 높은 고지대 국가인데, 포도재배 지역은 대체로 600~1,000m 높이에 위치한다. 스페인은 중앙의 거대한 고원과 이 고원을 둘러싸고 있는 산악 지형으로 되어 있고 기후와 토질은 지역별로 많이 다른데, 크게 나누어 석회와 편암과 점토 등으로 되어 있다.

스페인 북쪽 대서양 해안과 그 인근의 그린 스페인 지역은 여름에는 평균 온도가 24℃로 높고 겨울에는 8℃로 약간 추운 편이다. 비는 연간 2,000mm로서 많이 내리는 편이다. 메세타 지역 등 중부 지역은 대륙성 기후로 여름에는 평균 30℃ 이상으로 아주 덥고 겨울에는 평균 온도 4℃로 상당히 춥다. 강수량도 연간 500mm로 아주 적어서 포도 재배에 좋지 못한 기후이다. 지중해 해안 쪽 지역과 포르투갈 국경 지역은 바다에서 불어오는 바람으로 상당히 선선한 곳이다. 여름에 25℃, 겨울에 12℃ 정도로 온화하고 비는 상당히 적게 내린다.

4. 독일

주요 와인 생산국 중 와인벨트의 가장 북쪽에 위치하지만 북위 약 48~54°, 북대서양 난류의 간접 영향을 받기 때문에 포도재배가 가능하다. 여름이 짧고 기온이 비교적 낮고 일조량이 많지 않기 때문에 강이나 호수의 온실 효과와 햇빛의 반사를 받기 위해서 주로 강가의 가파른 언덕에 포도밭이 조성되어 있다. 남부 지역은 상당히 넓은 평지와 구릉지에 포도원이 있으나, 북부 지역은 대체로 경사가 급한 지역에 계단식으로 포도를 재배한다.

독일은 날씨가 춥고 일조량이 부족한 기후 특성상 포도의 당분 함량이 낮고 산도가 높아서 맛이 산뜻하다.

Photo_ Karsten Wurth

5. 미국

미국 동부 지역에서는 온화한 기후에서 재배되는 유럽의 포도가 추위에 견디기 힘들기 때문에 유럽 포도 품종은 많이 재배하지 않고 추위에 잘 견디는 자생 포도 품종이나 자생포도와 유럽 품종의 교잡종을 많이 재배하고 있다. 미국 서부 지역은 기후가 온화하기 때문에 유럽 포도 품종이 많이 재배되고 있다.

6. 칠레

지역에 따라 기후가 다르지만 동쪽에는 5,000~6,000m 정도의 안데스 산맥이 있고, 서쪽에는 태평양이 있으므로 그 사이에 있는 포도원은 바다와 높은 산의 영향을 받는다. 즉 낮에는 시원한 바닷바람이 불고 밤에는 높은 산에서 찬바람이 불어 숙성기간 중 포도의 당도가 높고 산도도 상당히 높아서 와인 맛이 조화를 잘 이룬다. 칠레는 특별한 기후와 토질 덕분에 19세기 필록세라Phylloxera로 전 세계의 포도원이 황폐화될 때도 아무런 피해를 받지 않았다. 강수량은 연간 380mm 정도로 적기 때문에 지하수 등 관개시설을 이용한다. 토질은 지역에 따라서 자갈, 모래, 점토, 석회암, 충적토 등으로 다양하다.

7. 아르헨티나

포도 재배 지역은 안데스 산맥의 산기슭에 있는 멘도사 주를 중심으로 집중되어 있고 대륙성과 반 사막형 기후이며, 강수량은 연간 200~250mm 정도로 적은 편이지만 대부분이 여름철 포도가 생장하는 기간 중에 내린다.

안데스의 눈이 녹아내린 물로 도랑을 만들어 관개를 하고 있다. 숙성 기간 중에는 주간 40℃, 야간 10℃ 정도로 심한 일교차를 나타낸다. 토양은 모래, 점토, 충적토 등으로 다양하다.

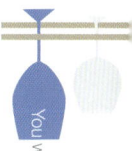

8. 호주

호주는 사방이 바다로 둘러싸여 있다. 북으로 티모르 해Timor Sea와 아라푸라 해Arafura Sea, 카펀테리아 만Gulf of Carpentaria이 있고, 동으로 코럴 해Coral Sea와 태즈먼 해Tasman Sea, 서쪽과 남쪽으로는 인도양이 있다. 지역적으로 차이는 있으나 대체로 여름은 덥고 겨울은 상당히 온화한 기후이다. 연중 평균 온도가 14℃ 정도이며 강수량은 연간 약 600mm로 포도 재배에 적당한 조건이다. 토질은 지역에 따라 다르지만 대체로 석회암, 모래, 양토, 점토 등의 토질이고 쿠나와라Coonawara 인근의 표토는 붉은 색으로 테라 로사Terra Rosa라고 부르는 토질인데, 이곳의 심층토는 석회암 등으로 포도 재배에 적합하다.

9. 뉴질랜드

뉴질랜드는 온화한 해양성 기후의 영향을 받아 강한 태양과 서늘한 바닷바람이 해안가에 위치한 포도원에 많은 영향을 미친다. 북쪽 섬은 선선한 해양성 기후이며 비가 많이 오고 습하다. 남쪽 섬은 선선하며 건조한 지역이다. 토양은 지역에 따라서 화산암 위에 점토, 모래, 자갈 등의 다양한 토질로 되어 있다.

10. 남아프리카공화국

전반적으로 온대성 및 아열대성 기후에 속하며, 케이프타운Cape Town 부근은 대체로 덥고 건조하며 해안 가까운 쪽은 뱅겔라 해류Benguela Current의 영향으로 시원한 바람이 불어서 내륙보다는 선선하고 비가 많이 온다. 연간 강우량은 200~1,000mm로 다양하나 포도 생장 기간 중 약 30%가 내린다. 포도 수확기에는 비가 거의 오지 않으므로 포도의 질병이 적다.

1-3 포도 재배, 기후, 토양

학습목표
- 포도 재배에 대하여 분류하고 설명할 수 있다.
- 기후에 대하여 분류하고 설명할 수 있다.
- 토양에 대하여 분류하고 설명할 수 있다.

1 포도 재배

완벽한 기후와 토양이 형성되어 있다고 해도 그곳에서 재배하는 포도 품종을 빼놓고 이야기할 수는 없다. 삐노 누아를 재배하기에 너무 따뜻한 기후라면 오히려 시라 재배에는 완벽한 기후일 수 있다. 포도 품종마다 온도, 일조량, 물, 바람, 기후와 토양 등 모든 요소에 따라 달리 반응한다. 단지 메를로가 더 인기가 있다고 해서 훌륭한 리슬링을 생산하는 포도나무를 뽑아내고 메를로로 갈아 심으면 안 되는 이유이다. 대체로 까베르네 쇼비뇽, 진판델, 쇼비뇽 블랑 등은 비교적 따뜻한 기후를 좋아하고, 삐노누아, 리슬링 등은 서늘한 기후를 좋아한다. 샤르도네 같은 종은 믿기 어려울 정도로 적응력이 좋은데, 추운 지역인 프랑스 부르고뉴 샤블리에서도 잘 잘라지만 호주처럼 따뜻한 지역에서도 잘 자란다.

■ 포도나무의 계절별 경작과정

1월 휴식기

- **가지치기** Pruning_ 좋은 품질의 포도를 생산하기 위한 과정으로, 나무의 생장 균형을 유지시키며 수명을 길게 하고 포도의 질, 적당한 수확량, 경작을 용이하게 위해 행해진다. 품종, 토양, 기후에 연결된 여러 요소들을 고려하면서 판단하고 관찰해야 하는 중요하고 섬세한 작업으로서 주로 1~2월에 행해진다.

2월 휴식기

- **잔가지 태우기_** 잘라낸 잔가지들을 모아 태우는 작업으로서, 최근의 대규모 재배지에서는 땅에 가지를 묻거나 가루로 만드는 방법으로 대체하기도 한다. 주로 1~2월에 한다.
- **밭 갈기_** 포도나무를 재배했던 곳의 부족한 영양분을 보충해주고 새로 심을 어린 포도나무를 위하여 밭을 갈아준다.

3월 양수기

- **재배** Planting_ 와인을 만드는 첫 번째 단계는 포도나무의 재배에서 시작된다. 새로 심는 포도나무는 심고 나서 약 5년이 지나야 상업용으로 쓸 수 있는 포도가 생산되기 시작하며, 약 85년 정도 수확이 가능하다. 좋은 와인은 대체로 젊은 포도나무 약 20~30년에서 나오는 포도로 만들어진다.

- **비료 살포**_ 연속되는 수확으로 인해 부족된 필수성분들을 보충해 주어야 하며, 땅속에 아직 남아 있는 성분들도 재구성되도록 해야 한다. 비료를 주는 것은 포도나무의 식물생장 주기와 함께 열매가 맺히는 것을 돕고 병충해와 서리로부터 저항력을 길러주기 위한 것이다.

- **포도나무의 눈물**_ 가지치기가 끝나면 수액이 올라와 가지 친 끝으로 흘러와 맺히는 것을 '포도나무가 운다'고 표현한다. 이를 보고 뿌리조직의 활동이 시작되었음을 알 수 있고, 드디어 포도나무의 생장주기가 시작된 것이다.

- **솎기** Thinning_ 가지치고 난 다음 단계는 솎기 다듬기인데, 이는 초봄에 실시한다. 솎기는 생성되기 시작하는 포도나무의 불필요한 부분을 제거하는 것을 말한다. 가지치기와 솎기가 필요한 이유는 포도의 수를 줄여서 더 좋은 품질의 포도를 생산하고 당분 함량을 높이기 위함이다.

4월 발아기

- **데뷔타주** Le débuttage_ 포도 그루터기 밑동을 파내기 위해 나무의 열 가운데 쪽으로 흙을 모아주는 작업이다. 이를 통해은 제초작업이 될 뿐만 아니라 토양이 숨쉬게 하며, 빗물이 스며들도록 한다.

- **발아**_ 봉우리가 점점 커지기 시작하여 기온이 10℃ 정도가 되고 알맞은 습도를 유지하면 벌어지게 되는데, 이 때 봉우리를 감싸고 있던 보호비늘이 벗겨지면서 솜털 같은 발아가 나타난다. 포도나무의 식물생장 주기가 시작되는 것이다. 옅은 초록색 어린 싹이 돋아난 후 토양이 덥혀지면 곧이어 나뭇잎이 돋아나게 된다.

5월 전엽기

- **첫 손질_** 포도 재배자는 봄에 시작되어 여름에 끝나는 여러 가지 손질을 계속해야 한다. 포도나무가 곰팡이 또는 흔치는 않지만 기타 바이러스나 박테리아로 인해 유발되는 병에 걸리지 않도록 돌보아야 한다.
- **농약 살포 및 꽃피는 시기_** 와인법에 준하여 허가된 농약만을 살포할 수 있다.

6월 개화기

- **개화_** 개화는 섭씨 15~20℃가 되면 시작되어 10여 일에 걸쳐 진행된 후 꽃으로 피어난다. 개화가 수확시기를 결정짓는 조건이다.
- **결실_** 어느 정도 번식력 있는 꽃들은 일반적으로 '과실'을 맺는다. 그러나 꽃가루가 묻지 않은 몇몇 꽃들은 떨어져버리는 낙화 과정을 거친다. 이런 자연적인 과일 흉년은 온도가 조금 낮으면 나타나며 수확량에 차질을 줄 정도로 중요하다.

7월 결실기

- **자르기 또는 상순 자르기_** 계속해서 자라면서 포도가 흡수할 영양분을 가로챌 우려가 있는 포도나무의 가지 끝을 자른다.
- **열매 따기_** 수확할 포도에 충분한 영양분을 주기 위하여 불필요한 열매는 제거해 준다.

8월 결실기

- **잎 따주기_** 포도송이 주변의 잎들을 어느 정도 제거해 주어야 일조량을 늘릴 수 있으며, 포도 껍질의 착색과 포도알의 성숙을 촉진시킬 수 있다.
- **포도 제조용기의 준비_** 8월 말경이 되면 포도는 성숙을 마친다. 포도 재배자는 손질을 끝내고 양조통을 닦거나 와인 제조용기들을 검사해 본다.
- **물들기_** 초여름 동안 알이 커진 포도는 아직은 초록색의 단단한 모양을 하고 있다. 그러나 8월 중순경이 되면 색깔이 변하여 품종에 따라 짙은 보라색이나 반투명의 노란색으로 변한다.

9월 성숙기

- **성숙기_** 8~9월에 뿌리와 나뭇잎으로부터 영양분을 공급받는 포도 알은 당분으로 가득 차고 산도가 낮아지며 말랑해진다. 수확 전까지 타닌과 색소, 아로마 함량은 계속해서 증가한다.

10월 수확기

- **수확**Harvesting_ 포도가 익어가면 당분이 증가하게 되어 본래의 신맛은 점차 사라진다. 8월 중순 늦여름부터 10월 하순 사이 각 포도품종이 최고의 상태에 있을 때를 선택하여 수확하는데, 잘 익은 건강한 포도를 수확하려면 포도의 익은 상태에 따라 같은 지역에서도 수확날짜가 달라지게 된다. 수확은 보통 개화 후 약 100일 후에 실시한다. 그 최고 상태의 시점은 종류마다 약간씩 다르다. 가장 드라이한 스타일의 스파클링 와인을 만들려면 1% 정도의 산도Acidity, 신맛 정도와 18~19브릭스Brix의 당도를 가질 때 수확한다1브릭스는 100g당 1g의 당도를 의미하며, 대체로는 브릭스에 0.55를 곱하여 알코올농도를 추정할 수 있다. 테이블 화이트 와인에 쓰이는 포도는 산도 0.8%와 당도가 21~22브릭스 때에 주로 수확하고, 화이트 와인용 포도는 대체로 산도 0.65%와 23브릭스일 때 수확한다. 디저트용과 애피타이저용은 당도가 23브릭스, 산도는 낮을 때 수확한다. 하지만 이 수치는 일반적인 관례일 뿐이고 대부분의 와인 제조자들은 이것에 얽매이기보다는 포도의 맛과 상태를 더욱 중요시한다.

11월 낙엽기

- **잎이 떨어짐_** 포도나뭇잎이 변색되고 떨어져버린다. 포도나무가 식물생장기 중 휴식기에 들어가게 되는 것이다. 색이 물드는 초기부터 잎을 통해 진행되던 광합성작용으로 저장된 물질들이 가지에 쌓이게 된다. 이 저장된 성분들의 양에 따라 나무의 생물학적 균형이나 수명이 결정된다. 주로 10~11월에 진행된다.

12월 휴식기

- **두둑 만들기_** 흙을 나무 그루터기에 부어주어 겨울의 결빙을 막는 작업으로, 큰 추위가 오기 전 주로 11~12월에 행해진다.
- **겨울잠_** 포도나무는 잎을 잃고 식물생장기 다음의 휴지기로 들어간다. 주로 11~3월에 해당된다.

② 기후 Climate

포도나무는 다양한 기후적 배경에 적응할 수 있지만, 대개 결빙과 서리에 약하고 햇빛을 잘 받아야 포도가 잘 익을 수 있으므로 일반적으로 온화한 기후대에서 좋은 품질을 얻게 된다.

1. 포도에 영향을 주는 3대 기후요소

포도농사에 있어 기후는 직접적인 관계가 있다. 적당히 추운 겨울과 겨울비, 그리고 적당히 더운 여름과 여름비 등은 햇빛과 비의 양을 조절한다. 이런 것들이 포도농사에 있어서 항상 희망하는 기후조건이다.

늦가을의 첫 추위나 이른 겨울은 포도나무의 좋은 휴식조건이며 나무를 튼튼하게 하는 데 좋다. 그러나 혹한은 나무를 동사시킬 우려가 있다. 그리고 충분한 햇빛은 포도를 과육 속까지 깊게 익히므로 온대지역에서는 가능한 늦게 수확하는 것이 좋다. 늦여름의 잘 익은 포도는 늦가을에 서늘한 기후로 마무리를 잘 짓기 때문에 와인을 담는 데 이상적이다. 비는 대체적으로 겨울과 이른 봄에 오면 좋다. 여름에 비가 많이 와서 습도가 높고 햇빛이 충분하지 못하면 병충해가 바로 번져서 포도수확이 줄게 되며 덜 익은 포도를 수확하게 된다. 한랭한 서리와 우박은 포도수확에 큰 타격을 주며, 바람이 심하면 포도를 떨어뜨려 수확이 줄어든다. 그리고 포도밭이 호수나 강가에 너무 가까이 있으면 물의 냉기가 포도밭의 열을 식히므로 좀 떨어져서 포도밭을 조성해야 좋다.

■ 와인의 품질을 결정하는 요소

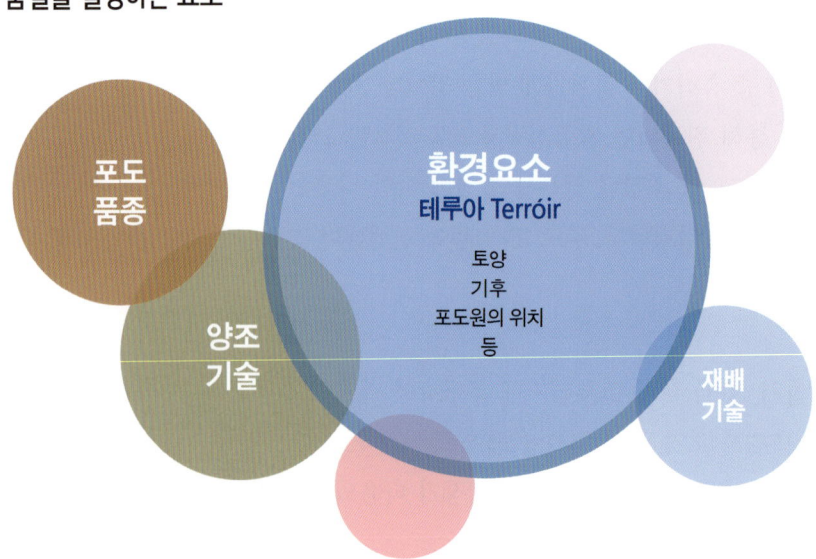

- **햇빛** Sun Light

햇빛은 와인의 색을 결정한다. 포도에 당분을 형성시키고 붉은 색소가 합성되기 위해 많은 태양에너지가 필요한데, 이러한 이유로 알자스, 샤블리, 샹빠뉴 등 북쪽지역에서는 화이트 와인을 많이 생산하며, 남쪽에서는 레드 와인을 생산하는 것이다.

일조량이 적으면 당도가 떨어지고 산도가 높고, 일조량이 많으면 당도가 높고 산도가 낮다. 와인의 맛은 당도 Sweetness, 산 Acid, 타닌 Tannin의 조화이다.

- **온도** Temperatures

포도나무는 서리를 싫어하므로 연평균 기온이 높아야 하며, 포도나무의 생장주기 기간에 포도의 숙성을 위해서도 열이 필요하다.

- **강우량** Rain

강우는 수확의 양과 질에 지대한 영향을 미치는데, 특히 연중분포와 어떤 형태로 내리는가가 중요하다 자주 오는 비인가, 폭풍우인가. 비가 오는 시기에 따라 포도나무의 반응은 제각기 다르다. 강우량이 많으면 포도의 산도 Acid는 높아지는 반면 당도 Sweetness는 낮아진다. 반대로 강우량이 적으면 산도는 낮아지고 당도는 높아져서 좋은 와인을 만들 수 있다.

■ **4월~10월 사이 보르도 Bordeaux, 샹빠뉴 Champagne 지방의 일조량, 평균온도 및 강수량**

3대 기후 요소	Bordeaux	Champagne
햇빛(Sun light, 일조량)	2,010시간	1,560시간
온도(Temperatures)	12.9℃	11.1℃
강우량(Rain)	909mm	673mm

2. 포도원의 방향 Vineyard Exposure

포도원의 방향은 남향, 남동향이 좋다. 이는 포도나무에 아주 중요한 일조량에 크게 영향을 주기 때문이다. 부르고뉴 포도원은 동향인데, 그 이유는 아침 해를 받아 토양이 서서히 달궈지고 서쪽으로부터 부는 바람과 비를 피할 수 있기 때문이다.

기후의 문제들

- **겨울의 서리** : 기온이 영하 15℃ 정도 되면 포도나무 등지나 뿌리가 얼어서 부분적 또는 전체적으로 큰 피해를 입게 된다.
- **봄의 서리** : 꽃봉오리와 어린 싹에 피해를 주어 수확에 큰 피해를 준다.
- **온도의 상승** : 포도나뭇잎을 그을려 누렇게 한다.
- **우박** : 부분적으로 수확에 영향을 주며, 다음 해 수확에도 영향을 미친다.
- **많은 비와 더위** : 밀디유노균병, 오이듐균, 보트리스티스 등 병충해를 유발한다.
- **많은 비와 추위** : 개화와 수분이 진행되는 동안에 포도 알의 성장을 막아 포도의 결실을 방해하여 수확량에 영향을 준다.

대서양 기후

- 연평균 11~12.5℃ 사이의 온화한 기후
- 일조량 보통
- 강우는 규칙적으로 조금씩 내리고 연중 고른 분포
- 세계 최대의 난류인 걸프해류멕시코만류, Gulf Stream로 인한 바닷바람의 영향
- 보르도, 코냑, 아르마냑 지방

내륙성 기후

- 연평균 10~12℃로 서늘한 기후
- 일조량 보통
- 적고 규칙적인 비, 연중 고른 강우량
- 산맥과 호수, 강 등이 포도재배에 중요한 역할
- 샹빠뉴, 부르고뉴, 알자스 지방

지중해성 기후
- 연평균 13~15℃ 사이의 가장 온화한 기후 포도의 당도를 높임
- 많은 일조량 연중 2,700시간
- 여름은 건조, 봄·가을은 비
- 바다와 대륙에서 부는 바람의 영향
- 론, 프로방스, 랑그독과 루시옹 지방

3. 해발 Altitude

해발 100m씩 올라갈수록 연평균 기온은 0.6℃씩 내려간다. 이는 포도의 성장을 변화시키는데, 산맥이 포도원에 가까이 있으면 서늘해서 열매가 서서히 익게 된다. 그리고 알자스 포도원과 같이 숲 가까이 있으면 찬바람으로부터 포도원을 보호할 수 있다.

③ 토양 soil

토양은 뿌리를 지탱하며 포도나무의 뿌리가 살고 있는 환경 전체로, 물과 영양분을 공급하는 보고寶庫이다. 진흙으로 된 영양분이 풍부한 토양은 곡물이나 야채 등의 재배에 적합하고, 돌밭이나 자갈밭같이 영양분이 충분하지 못하고 배수가 잘 되는 토양에서는 포도나무 재배가 적합하다. 배수가 잘 되지 않으면 수분이 너무 많아 와인의 원료인 포도의 당도가 떨어진다. 반면 배수가 좋고 영양분이 없는 토양의 포도나무는 수분과 영양분을 얻기 위해 뿌리를 깊이 내려약 5~15m 지하층 깊숙이 있는 여러 가지 미네랄Mineral을 충분히 흡수하여 영양이 풍부한 양질의 포도를 생산하게 된다. 이러한 이유로 포도를 수확할 때에도 수분이 거의 없는 아주 건조한 날을 선택한다.

포도나무는 품종에 따라 가장 이상적인 토양이 있는데, 이는 그 품종의 성질을 가장 잘 드러나게 해주기 때문이다. 예를 들어, 가메 누아Gamay Noir 품종은 보졸레의 화강암 토양에서는 섬세하고 육감적인 와인을 만들고, 진흙 석회질 토양에서는 훨씬 부드럽고 가벼운 와인이 된다. 토양은 포도의 질과 양을 결정짓는 중요한 요소이다. 따라서 토양의 영양공급은 와인의 아로마Aroma와 영양소를 형성하여 매우 중요하다.

- **영양분이 풍부한 땅**Rich Soils : 곡물이나 야채 재배에 적합
- **영양분이 없는 땅**Poor Soils : 돌밭, 자갈밭, 석회암. 포도 재배에 적합
- **가메**Gamay **품종** : 대체적으로 화강암Granitie 지역에서 잘 자라며, 주로 보졸레 지방에서 재배한다. 포도의 신맛이 강해서 일반적으로 라이트 와인Light Wine을 생산한다.
- **샤르도네**Chardonnay **품종** : 석회암 토양에서 잘 자라며, 주로 버건디 지방이나 샴빠뉴 지방에서 재배한다. 샤르도네 품종은 맛이 부드럽고 잘 빚어낸 맛, 섬세한 맛 등을 나타내며 타닌으로 묵직한 와인 만들기에 적합하다.
- **메를로**Merlot **품종** : 대체적으로 백악질 토양에 잘 어울린다. 개성이 있으면서 부드러운 맛으로 인해 보르도 지방의 까베르네 쇼비뇽과 완벽한 조화를 이룬다. 특히 쎙떼 밀리옹과 뽀므롤 지역에서 많이 재배한다.

NCS
학습1 평가

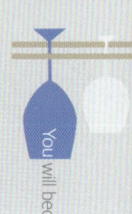

 평가 준거

학습 내용	평가 항목	성취수준		
		상	중	하
포도 품종의 특징	- 포도 품종의 특징에 대한 분류와 설명			
떼루아(Terroir)	- 떼루아의 개념 설명			
	- 떼루아의 구성 요소 설명			
	- 국가별 떼루아 설명			
포도 재배, 기후, 토양	- 포도 재배에 대한 분류와 설명			
	- 기후에 대한 분류와 설명			
	- 토양에 대한 분류와 설명			

 평가 방법

객관식 시험

학습 내용	평가 항목	성취수준		
		상	중	하
포도 품종의 특징	- 화이트/레드 와인 포도 품종의 구분 여부			
	- 주요 화이트 와인 포도 품종의 원산지, 특징, 주요 생산 지역, 다른 포도 품종과의 차 이점 파악 여부			
	- 주요 레드 와인 포도 품종의 원산지, 특징, 주요 생산 지역, 다른 포도 품종과의 차이 점 파악 여부			
떼루아(Terroir)	- 떼루아의 개념 파악 여부			
	- 떼루아의 구성 요소 파악 여부			
	- 국가별 떼루아의 특징 파악 여부			

학습 내용	평가 항목	성취수준		
		상	중	하
포도 재배, 기후, 토양	- 포도 재배의 월별 주요 작업 파악 여부			
	- 일조량과 포도 재배의 연관성 파악 여부			
	- 강우량과 포도 재배의 연관성 파악 여부			
	- 바람과 포도 재배의 연관성 파악 여부			
	- 온도와 포도 재배의 연관성 파악 여부			
	- 토양의 종류 및 구조와 포도 재배의 연관성 파악 여부			
	- 포도밭의 고도와 포도 재배의 연관성 파악 여부			
	- 포도의 방향과 포도 재배의 연관성 파악 여부			
	- 포도밭의 경사도와 포도 재배의 연관성 파악 여부			

 피드백

객관식 시험

- 포도 품종의 특징, 떼루아, 포도 재배, 기후, 토양에 관한 이해 여부를 평가하고. 부족한 부분에 대해서는 별도의 용지를 이용해 평가 결과를 피드백 한다. 일정 수준 이하의 평가 결과에 대해서는 학습 후 재평가 를 실시할 수 있도록 한다.

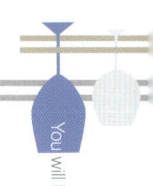

기출문제 2-1. 포도품종에 따른 와인의 분류

01 포도품종에 대한 설명으로 틀린 것은?

① Syrah : 최근 호주의 대표품종으로 자리잡고 있으며, 호주에서는 Shiraz라고 부른다.
② Sangiovese : 이탈리아를 대표하는 토착품종으로 껍질이 두껍고 씨가 많아 타고난 높은 산미와 타닌으로 인해 견고한 느낌을 준다.
③ Merlot : 보르도, 캘리포니아, 칠레 등에서 재배되고 있으며, 거친 맛을 부드럽게 하기 위해 혼합용으로 많이 사용한다.
④ Pinot noir : 보졸레에서 이 품종으로 정상급 레드 와인을 만들고 있으며, 보졸레 누보에 사용된다.

> **해설** 삐노 누아(Pinot Noir)는 프랑스 부르고뉴에서 이 포도품종으로 세계 정상급의 레드 와인을 만들고 있다. 우아한 과실의 맛과 풍부하고, 비단같이 부드러우면서도 야생성을 지니고 있는 매력적인 포도품종이다. 보졸레 누보는 가메(Gamay) 포도품종을 사용한다.

02 보르도가 원산지이고 현재는 아르헨티나 품종으로 알려져 있으며, 플럼과 같은 풍미의 보르도 클라레에 복합성을 주기 위하여 혼합할 때 사용되는 품종은?

① 까베르네 쇼비뇽(Cabernet Sauvignon) ② 말벡(Malbec)
③ 삐노 누아(Pinot Noir) ④ 메를로(Merlot)

> **해설** 아르헨티나의 대표 품종은 말벡이다.

03 프랑스 북부 론의 가장 중요한 품종으로, 최고 품질의 Hermitage를 만드는 데 사용되는 것은?

① 시라(Syrah) ② 말벡(Malbec)
③ 삐노 누아(Pinot Noir) ④ 메를로(Merlot)

> **해설** 프랑스 론 지방은 북부와 남부로 크게 나뉘는데, 북부 론의 주요 레드 품종은 시라이며, 남부 론의 주요 레드 품종은 그르나슈이다. 말벡은 아르헨티나의 주요 레드 품종이며, 삐노 누아는 프랑스 부르고뉴 지방의 주요 레드 품종, 메를로는 프랑스 보르도의 뽀므롤과 셍떼밀리옹 지역의 주요 레드 품종이다.

04 이탈리아의 피에몬테가 중요 재배지역으로서 바롤로, 바르바레스코 등을 만드는데 사용되는 품종은?

① 네비올로(Nebbiolo)　　　② 메를로(Merlot)
③ 삐노 누아(Pinot Noir)　　④ 산지오베제(Sangiovege)

> **해설** 바롤로와 바르바레스코는 이탈리아 피에몬테지방의 마을 이름으로서 피에몬테 지방의 레드 와인은 대부분 네비올로 품종으로 와인을 생산한다.

05 이탈리아 중부 토스카나가 주 생산지로서 끼안티, 비노 노빌레 몬테풀치아노 등을 만드는데 사용되는 대표 품종은?

① 네비올로(Nebbiolo)　　　　　　　② 산지오베제(Sangiovege)
③ 까베르네 쇼비뇽(Cabernet Sauvignon)　④ 메를로(Merlot)

> **해설** 이탈리아 중부 토스카나지방의 대표 레드 품종은 산지오베제이다.

06 이탈리아 프리미티보(Primitivo) 품종이 건너온 것으로만 알려져 있었으나, 수년간 DNA검사를 통해 이 품종이 수도승들에 의해 이탈리아로 전해진 크로아티의 플라박 말리(Plavac Mali)로 알려진 캘리포니아 특화 품종은?

① 말벡(Malbec)　　　② 바르베라(Barbera)
③ 그르나슈(Grenache)　④ 진판델(Zinfandel)

07 프랑스 부르고뉴에서 이 포도품종으로 세계 정상급의 레드 와인인 로마네 꽁티(Romanee-Conti)를 만들고 있으며, 비단같이 부드러우면서고 야생성을 지니고 있는 매력적인 품종은?

① 시라(Syrah)
② 삐노 누아(Pinot Noir)
③ 까베르네 쇼비뇽(Cabernet Sauvignon)
④ 까베르네 프랑(Cabernet Franc)

08 다음은 어떤 포도품종에 관하여 설명한 것인가?

> '작은 포도알, 깊은 적갈색, 두꺼운 껍질, 많은 씨앗이 특징이며 씨앗은 타닌함량을 풍부하게 하고, 두꺼운 껍질은 색깔을 깊이 있게 나타낸다. 블랙커런트, 체리, 자두향을 지니고 있으며, 대표적인 생산지역은 프랑스 보르도지방이다.'

① 메를로(Merlot)
② 삐노 누아(Pinot Noir)
③ 까베르네 쇼비뇽(Cabernet Sauvignon)
④ 샤르도네(Chardonnay)

09 부르고뉴 지역의 주요포도 품종은?

① 샤르도네와 메를로　　　　　　② 샤르도네와 삐노 누아
③ 슈냉블랑과 삐노 누아　　　　　④ 삐노 블랑과 까베르네 쇼비뇽

> **해설** 부르고뉴의 대표적인 포도품종에는 고급 화이트 와인을 만드는 품종으로 샤르도네와 세계 정상급의 레드 와인을 만들고 있는 삐노 누아가 있다.

10 독일을 대표하는 품종으로 라인과 모젤 지방, 프랑스 알자스에서 생산되는 화이트와인의 대표적인 품종은?

① 리슬링(Riesling)　　　　　　② 샤르도네(Chardonnay)
③ 세미용(Semillon)　　　　　　④ 쇼비뇽 블랑(Sauvignon Blanc)

> **해설** 리슬링은 프랑스 알자스와 독일의 주요 화이트 품종, 샤르도네는 프랑스 부르고뉴의 주요 화이트 품종, 세미용은 쇼비뇽 블랑과 함께 프랑스 보르도의 주요 화이트 품종이다.

11 보르도의 쏘테른 지방에서 귀부에 의한 스위트 와인을 만드는 데 사용되는 황금색의 껍질을 가진 품종은?

① 게뷔르츠트라미너(Gewurztraminer)　② 삐노그리(Pinot Gris)
③ 세미용(Semillon)　　　　　　　　　④ 알리고테(Aligote)

> **해설** 세미용은 특히, 프랑스의 쏘테른과 바작에서 스위트와인을 만드는 주요 화이트 품종이다.
> 게뷔르츠트라미너는 프랑스 알자스, 독일이 주요 지역이며, 삐노그리는 이탈리아, 알리고테는 프랑스 부르고뉴가 주요 지역이다.

12 다음은 어떤 포도품종에 관하여 설명한 것인가?

> 프랑스 포르도와 남서부 지방에서 주로 재배되는 청포도 품종으로서, 산도가 낮고 껍질이 얇으며 보트리티스 곰팡이에 매우 취약하다.

① 메를로(Merlot)　　　　　　② 삐노 누아(Pinot Noir)
③ 세미용(Semillon)　　　　　④ 슈냉 블랑(Chenin Blanc)

13 다음은 어떤 포도품종에 관하여 설명한 것인가?

> 대부분의 고급 화이트 와인을 만드는 품종으로 널리 재배되고 있다. 주산지는 프랑스 부르고뉴 지방이며, 샤블리(Chablis), 뫼르소(Meursault), 몽라쉐(Montrachet) 등에서 이름난 화이트 와인을 생산한다.

① 샤르도네(Chardonnay)　　　② 리슬링(Riesling)
③ 쇼비뇽 블랑(Sauvignon Blanc)　④ 슈냉 블랑(Chenin Blanc)

14 알자스 지방에서 주로 사용되는 품종으로 황금빛 색조를 지니며 향신료향이 두드러져 계피, 후추 향이 나기도하는 포도품종은?

① 슈냉 블랑(Chenin Blanc)
② 게뷔르츠트라미너(Gewurztraminer)
③ 세미용(Semillon)
④ 쇼비뇽 블랑(Sauvignon Blanc)

15 독일을 대표하는 포도품종으로 라인과 모젤 지방 그리고 프랑스 알자스에서 생산되는 화이트 와인의 대표적인 품종은?

① 슈냉 블랑(Chenin Blanc)
② 쇼비뇽 블랑(Sauvignon Blanc)
③ 샤르도네(Chardonnay)
④ 리슬링(Riesling)

16 와인의 품질을 결정하는 요소로 적합하지 않은 것은?

① 포도품종
② 양조기술
③ 환경요소
④ 소믈리에

해설 소믈리에(Sommelier)는 포도주를 전문적으로 서비스하는 사람 또는 그 직종. 포도주를 관리하고 추천하는 직업이나 그 일을 하는 사람을 말한다. 영어로는 와인캡틴(wine captain) 또는 와인 웨이터(wine waiter)라고 한다.

17 포도가 자라는 데 영향을 주는 기후와 지리적 환경을 무엇이라 하는가?

① 떼루아(Terroir)
② 데뷔타주(Le débuttage)
③ 랙킹(Racking)
④ 르뮈아주(Remuage)

해설 데뷔타주(Le débuttage)는 포도나무의 열 가운데 쪽으로 흙을 모아주는 작업
랙킹(Racking)은 과즙이나 와인을 정치시켜 찌꺼기를 가라 앉힌 다음 윗부분만 따라내는 작업
르뮈아주(Remuage)는 침전물을 병목에 모으는 작업

정답 01 ④ 02 ② 03 ① 04 ① 05 ② 06 ④ 07 ② 08 ③ 09 ② 10 ④
11 ③ 12 ③ 13 ① 14 ② 15 ④ 16 ④ 17 ①

제2절

학습1 포도 품종에 따른 와인 분류하기
학습2 양조 방법에 따른 와인 분류하기
학습3 생산 국가에 따른 와인 분류하기

2-1 발포성/비발포성 와인

학습목표
- 발포성/비발포성 와인을 양조 방법에 따라 분류할 수 있다.
- 샴페인과 기타 발포성 와인을 국가별로 분류할 수 있다.

1 발포성 와인 Sparkling Wine

일명 발포성 와인이라 부르는 스파클링 와인은 발효가 끝나 탄산가스가 없는 일반 와인을 병에 담아 당분과 효모를 첨가해 병내에서 2차 발효를 일으켜 와인이 발포성을 가지도록 한 것이다. 프랑스 샹빠뉴 이외 지역에서 만들어진 스파클링 와인을 끌레망 Crémant, 뱅 무스 Vin Mousseux 등으로 부르는데, 이것은 기타 지역, 신흥 와인생산국 등에서 스파클링 와인에 샴페인이라고 표기·판매한 것에 대한 샹빠뉴 지방의 반발 때문이라고 한다.

일반적인 병 속 압력이 상온 20℃에서 3기압 이상을 가진 스파클링 와인의 총칭은 독일 샤움바인 Schaumwein, 이탈리아 스푸만테 Spumante, 스페인 에스푸모소 Espumoso 등이며, 1~3.5기압의 약발포성 와인을 프랑스에서는 뱅 뻬티앙 Vin Petillant, 독일은 페를바인 Perlwein, 이탈리아는 프리잔테 Prizzante라고 한다.

또한 프랑스의 샴페인처럼 특별한 기준을 만족시키는 독일의 젝트 Sekt, 스페인의 까바 Cava와 같은 스파클링 와인도 있다.

모에 샹동 임페리얼
Moët Chandon

헨켈트로켄
Henkell Trocken

1. 스파클링 와인의 제조과정

일반적인 스파클링 와인과 샹빠뉴 Champagne, 영어식 발음으로 샴페인의 제조방법에는 약간의 차이가 있다. 샹빠뉴의 포도품종은 AOC법에 의해 삐노 누아 Pinot Noir, 삐노 뫼니에 Pinot Meunier, 샤르도네 Chardonnay 등 3가지 포도품종만을 사용해야 한다고 정해져 있는데, 화이트 포도품종인 샤르도네만을 사용하여 만든 샴페인은 블랑 드 블랑Blanc de Blancs이라 하고, 레드 포도품종인 삐노 누아, 삐노 뫼니에로 만든 것을 블랑 드 누아Blanc de Noirs라 한다. 보통은 이 세 가지 포도품종을 섞어서 만들며, 같은 해에 수확한 포도만으로 만들었을 때에만 빈티지를 사용할 수 있고 최소한 3년 이상이 경과해야만 한다.

샴페인Champagne 제조과정

각 회사마다 고유한 제조방법을 사용하는데, 샹빠뉴의 일반적인 제조과정은 다음과 같다.

- **포도 수확** : 포도원으로부터 잘 익은 포도를 수확한다. 샴페인 제조를 위한 대표적인 3가지 품종은 샤르도네Chardonnay, 삐노 누아Pinot Noir, 삐노 뫼니에Pinot Meunier종이다.

- **압착, 착즙** : 수확된 포도는 양조장의 착즙실로 운반되어 줄기를 골라내고 포도 품종별로 포도 껍질, 씨, 알맹이를 같이 으깨어 포도 주스를 만드는데, 분쇄기의 롤러 사이가 약간 떨어져 있어 포도의 주스만 분리해 내고, 씨나 껍질까지 완전히 으깨는 것은 아니다. 이때 주스가 만들어지면서 아황산염을 첨가하기 시작한다.

- **주정발효**1차 발효 : 품종별로 구분된 포도 주스는 탱크tank로 옮겨져 1차 발효에 들어간다. 이 발효에 의해 당분은 알코올로 변환되며 자연적으로 탄산가스CO_2가 생성된다. 이산화탄소는 외부 공기를 차단하여 산화를 방지하고 발효가 끝날 즈음에는 모두 탱크 밖으로 비산飛散된다. 화이트 와인 만드는 방식과 같이 발효시켜 각각의 화이트 와인을 만든다.

- **퀴베 만들기**아상블라주, Assemblage : 1차 발효가 끝나서 와인의 맛이 날 때 각 탱크 속의 와인은 나름대로의 독특한 맛과 향기를 지니게 된다. 여러 포도 품종이 들어가는 경우 서로 다른 품종의 1차 발효한 와인들을 혼합Blending하여 하나의 와인을 만드는 것을 퀴베Cuvée 만들기, 즉 아상블라주Assemblage라 하는데, 샴페인의 맛은 퀴베에 의해 크게 좌우된다. 까브 마스터Cave Master, 와인 저장고의 총책임자. 블렌딩, 숙성 정도를 총괄는 여러 와인의 상태를 파악하여 혼합 비율을 결정하여 자기 회사 고유의 개성 있는 맛과 향기를 창출해 낸다. 같은 해에 수확된 포도만으로 만든 퀴베에는 빈티지를 사용할 수 있지만, 수확연도가 다른 포도로 만든 퀴베를 사용할 시에는 빈티지를 사용할 수 없다. 이렇게 여러 가지 품종을 섞는 것이 샴페인의 맛을 월등하게 한다는 것은 동 뻬리뇽 수사에서 발견되었다.

- **병입** : 퀴베로 만든 화이트 와인을 병에 담을 때 2차 발효를 용이하게 하기 위하여 당분 및 효모를 첨가한다.

- **병 속 발효**2차 발효 : 1차 발효는 탱크에서, 2차 발효는 병 속에서 진행된다. 병입하기 전에 미량의 당분과 효모를 넣게 되는데, 병 뚜껑은 코르크 마개를 하지 않고 일반 음료수 병에 사용하는 왕관뚜껑을 사용한다. 1차 발효 때와 마찬가지로 알코올성분이 증가되며 동

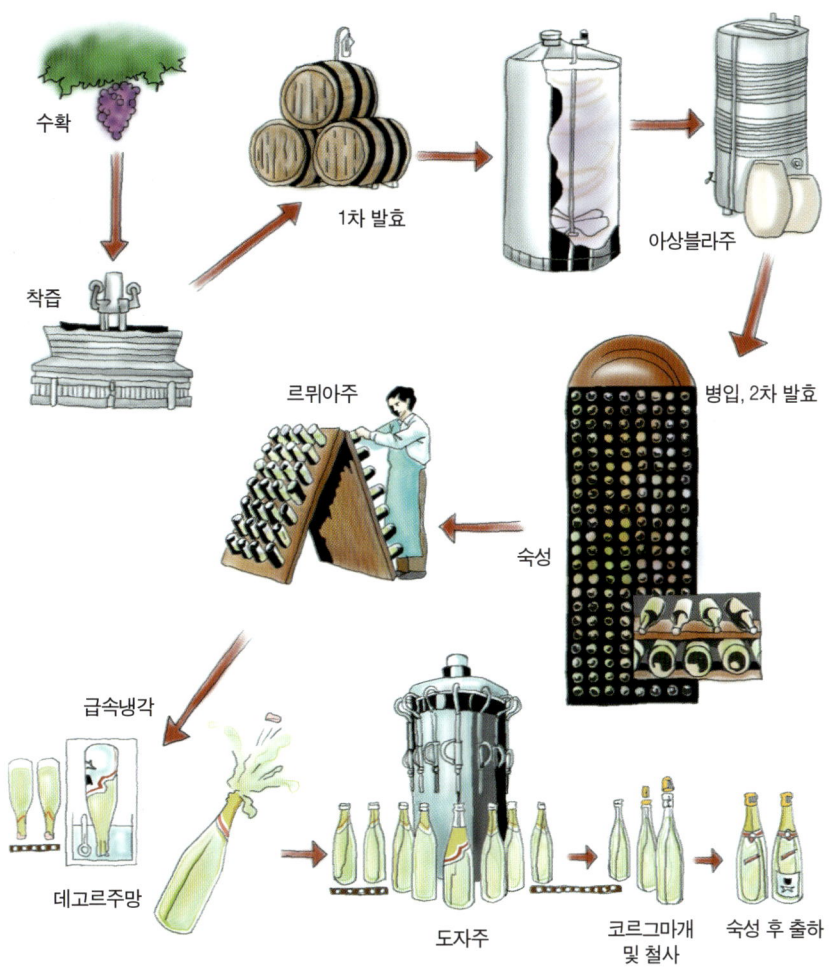

시에 발포성을 일으키는 이산화탄소가 발생되는데, 이로 인해 병내 기압은 6기압 정도까지도 높아진다. 강력한 압력을 분산시키기 위해 샴페인병 밑바닥은 펀트 punt라는 움푹 패인 특별한 구조를 취하게 된다.

- **병 저장 및 숙성** : 2차 발효기간 동안 샴페인은 지하 저장고에서 옆으로 눕혀 숙성시킨다. 숙성기간은 프랑스 법에는 1년 이상으로 되어 있으나 보통은 3년 이상 숙성하며, 빈티지 샴페인의 경우 10년 이상도 숙성한다.

- **병 돌리기** 르뮈아주, Remuage : 샴페인만의 유일한 공정인데, 뵈브 끌리꼬 퐁샤르뎅 여사가 발견하였다. 오랜 숙성기간 동안 형성된 병내 침전물 효모가 알코올과 탄산가스를 생성한 후 병 바닥에 쌓인 찌꺼기을 병 입구 쪽으로 모으는 과정이다. 특수하게 고안된 퓌피트르 Pupitre, 삼각형 받침대

(riddling rack)라고 하는 약 45도 경사진 나무판에 구멍을 뚫고 샴페인 병을 꽂아 매일 조금씩 3주~4개월 정도를 반복하여 한 방향으로 돌리면 부유물들이 병목부분으로 모아진다. 르뮈아주를 통해 아주 맑은 빛을 띠는 샴페인을 만들 수 있다.

- **찌꺼기 제거**데고르주망, Dégorgement : 병목에 모인 부유물 제거를 위해 냉동 소금물에 담가 순간냉동법으로 급랭시킨다. 급랭시킨 병목의 뚜껑을 열면 순간적으로 내부 압력의 차이로 응고되었던 목부분의 침전물이 병 밖으로 빠져나오는데, 이때 병 안의 탄산가스 손실 없이 맑고 깨끗한 샴페인을 얻을 수 있다. 이러한 과정을 데고르주망이라 한다.

- **부족 와인 보충**도자주, Dosage : 찌꺼기를 제거하고 나면 제거한 만큼의 공간이 생기는데, 여기에 설탕과 화이트 와인, 설탕과 레드 와인, 혹은 와인만을 넣기도 한다. 이 과정을 도자주라 하는데, 이때 첨가하는 설탕의 정도에 따라 당분의 함유량이 달라지고 샴페인에 붙여지는 이름도 달라진다. 도자주 과정에서 레드 와인을 넣으면 로제 샴페인이 되기도 한다.

- **코르크 마개 밀봉 및 철사 두르기** : 도자주 과정이 끝나면 비로소 코르크 마개로 밀봉을 하고 샴페인의 압력을 지탱하기 위하여 철사로 단단히 고정한다.

- **병 속 숙성** : 모든 과정이 끝난 샴페인은 안정화 과정 및 병 속 숙성을 위하여 다시 1~2년간 숙성시키고 상표를 붙여서 출하한다.

- **출하 및 판매** : 병 숙성이 끝난 후 판매되는 샴페인은 오래 보관하지 않고 가능한 바로 마시는 것이 좋다.

샴페인 트리보 로제

각국 와인의 당도 분류 기준

프랑스	이탈리아	독일	당 함량(g/ℓ)
Zero Dosage 제로 도자주	Pas Dose 파스 도제		감미 없음
Extra Burt 엑스트라 브뤼	Extra Burt 엑스트라 부르트	Extra Burt 엑스트라 부르트	0~6g/L
Burt 브뤼	Burt 부르트	Burt 부르트	15g/L
Extra Sec 엑스트라 쎅	Extra Secco 엑스트라 세코	Extra Trocken 엑스트라 트로켄	12~20g/L
Sec 쎅	Secco 세코	Trocken 트로켄	17~35g/L
Demi Sec 드미 쎅	Semi Secco 세미 세코	Halbtrocken 할프트로켄	33~50g/L
Doux 두	Dolce 돌체	Mild 마일드	50g/L 이상

2. 스파클링 와인의 만드는 법에 따른 분류

- **메토드 샹빠뉴아즈**Methode Champenoise, Methode Traditional, Methode Classico, Spumante Classico, Cava : 스틸 와인을 병입한 후, 당분 및 효모를 넣어 밀봉한 다음 병 속에서 2차 발효시키는 방법
- **메토드 샤르망**Method Charmant, Method Cuvée Close(밀폐탱크 방식) : 스틸 와인을 큰 탱크 안에 밀봉하여 2차 발효를 시키는 방법으로 1회 대량생산이 가능하고 원가를 절감하며 일반 스파클링 와인 제조 시에 사용
- **메토드 트랜스퍼**Methode Transfer : 2차 발효시켜 탄산가스가 있는 와인을 병 속에서 압력을 가하여 탱크에 넣고 냉각, 침전물을 제거하여 새로운 병에 병입하는 방법
- **가제피에 카버네이티드 스파클링 와인**Gazeifie Carbonated Sparkling Wine : 탄산가스를 강제로 주입하는 방법으로, 가장 저급의 스파클링 와인

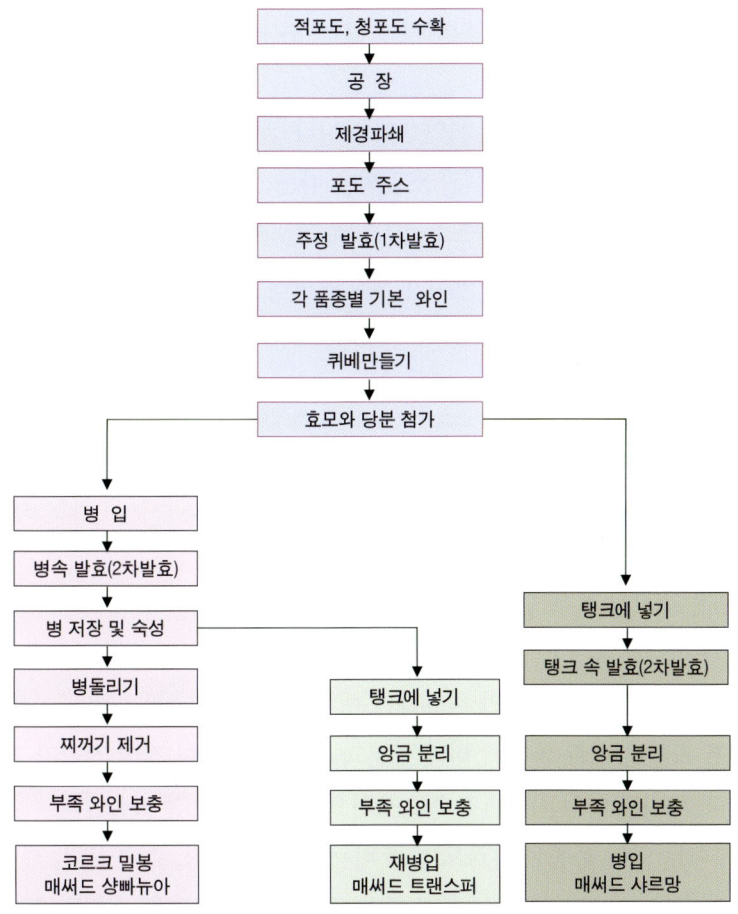

② 비발포성 와인 Still Wine

비발포성 와인, 일명 스틸 와인은 포도당이 분해되어 와인이 되는 과정 중에 발생되는 탄산가스를 완전히 제거한 와인으로 대부분의 와인이 여기에 속한다. 레드, 화이트, 로제 와인이 있으며, 알코올도수는 프랑스, 독일, 이탈리아 등은 대체로 10~12% 정도이다.

샤또 라세끄 쌩떼밀리옹
Château Lasseque St-Émilion

1. 화이트 와인 White Wine

화이트 와인은 잘 익은 백포도(금빛, 노랑, 청포도 등)로 적포도가 아닌 모든 포도 품종를 압착하여 만들거나, 적포도를 이용할 경우 적포도의 껍질과 씨를 제거하여 만드는데, 포도를 으깬 뒤 바로 압착하여 나온 주스를 발효시킨다.

이렇게 만들어진 화이트 와인은 껍질과 씨에 많이 포함되어 있는 타닌성분이 적어서 맛이 순하고, 알맹이에 있는 유기산으로 인해 상큼하고 노란색을 띤다.

화이트 와인이라고 해서 눈처럼은 하얀색이 아니라 색깔이 없는 무색을 뜻하는데, 대체로 연한 밀짚색과 노란색을 띠는 것이다.

화이트 와인의 일반적인 알코올농도는 10~13% 정도이며, 보통 와인 쿨러에 약 5~10℃ 정도로 차게 마셔야 제맛이 나지만, 지나치게 차면 화이트 와인에 포함되어 있는 산과 향(Aroma) 성분에 영향을 주어 제맛을 느낄 수 없다.

뿌이 퓌세　샤블리
Pouilly Fuissé　Chablis

(1) 화이트 와인의 제조과정

화이트 와인은 백포도 혹은 껍질과 씨를 제거한 적포도 품종으로 양조하는데, 포도를 으깬 뒤 바로 압착하여 나온 주스를 발효시킨다. 적포도의 색소는 껍질에 있으므로 포도를 압착하여 껍질을 제거한 후 맑은 포도즙만 짜낸다면 이 주스를 가지고 화이트 와인을 만들 수 있는 것이다. 화이트 와인은 레드 와인에 비해 당분과 타닌의 함량이 적어 장기간 저장할 수 없다는 단점이 있다. 화이트 와인은 일반적으로 생선요리나 야채에 잘 어울린다.

대표적인 화이트 와인 품종은 샤르도네, 쇼비뇽 블랑, 리슬링, 슈냉 블랑, 세미용, 게뷔르츠 트라미너, 트레비아노, 비오니에, 삐노 블랑, 삐노 그리, 뮐러투르가우, 실바너, 토론테스, 뮈스카,

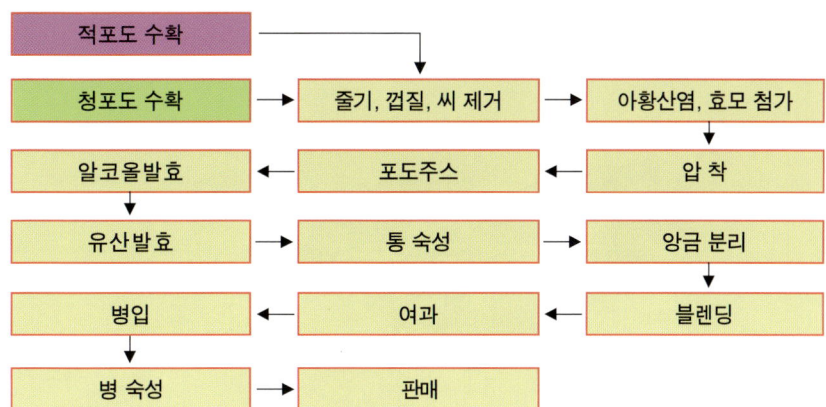

뮈스카데, 뮈스카델 등이다. 화이트 와인의 양조과정은 다음과 같다.

- **포도 수확** : 일반적으로 청포도를 사용하지만 적포도를 사용하기도 한다.
- **줄기 제거 및 파쇄** : 포도 줄기 부분을 제거하고 과육만을 으깬다.
- **압착** : 포도의 과육을 빠르게 압착하여 껍질과 씨를 제거한 후 과즙을 발효조에 넣는다. 껍질과 씨가 깨지면 안되기 때문에 과도한 압력으로 압착해서는 안 된다.
- **발효** : 발효는 미생물인 효모Yeast에 의해서 이루어지는데, 포도 껍질에도 야생 효모가 있지만 발효 능력이 떨어지기 때문에 대부분 순수 배양한 효모를 구입하여 사용한다. 대부분의 레드 와인은 유산 발효가 필수지만 화이트 와인은 선택이다. 유산 발효 과정을 거치면 산도가 낮아질 수 있고, 그 과정에서 버터 맛을 내는 화합물 디아세틸Diacetyl이 생성된다. 쇼비뇽블랑, 리슬링, 삐노 그리지오 등은 대개 유산 발효를 거치지 않고, 샤르도네는 대개 유산 발효 과정을 거친다.
- **오크통 숙성** : 화이트 와인의 숙성 기간은 일반적으로 레드 와인에 비해 짧은데, 과일 향을 그대로 유지하기 위해 오크통 숙성을 하지 않는 경우도 있다.
- **정제** : 정제에 사용되는 것은 달걀흰자, 젤라틴Gelatin, 벤토나이트Bentonite, 카세인Casein, 규조토 등이다. 독특한 맛과 향을 내기 위해 정제를 하지 않는 경우도 있다. 온도가 낮을수록 효과가 크기 때문에 겨울에 하는 것이 좋다.
- **병입** : 신선도 유지를 위해 보통 수확한 지 3~6개월 사이에 저온 상태에서 병입한다. 예전에는 병입 전에 가열하여 단백질을 응고시켜 제거하고 미생물을 살균하였으나, 요즘은 미세한 여과장치 개발로 가열에 의한 아로마나 부케의 손실을 줄일 수 있게 되었다.
- **병 숙성** : 장기 숙성용 화이트 와인은 오크통 숙성 저장실과 같은 환경에서 숙성시킨다.
- **출하 및 판매** : 병 숙성이 끝난 와인은 병에 레이블Label을 붙여 판매한다. 일반적으로 화이트 와인은 레드 와인보다 출하 시기가 빠르다.

와인 제조 공정

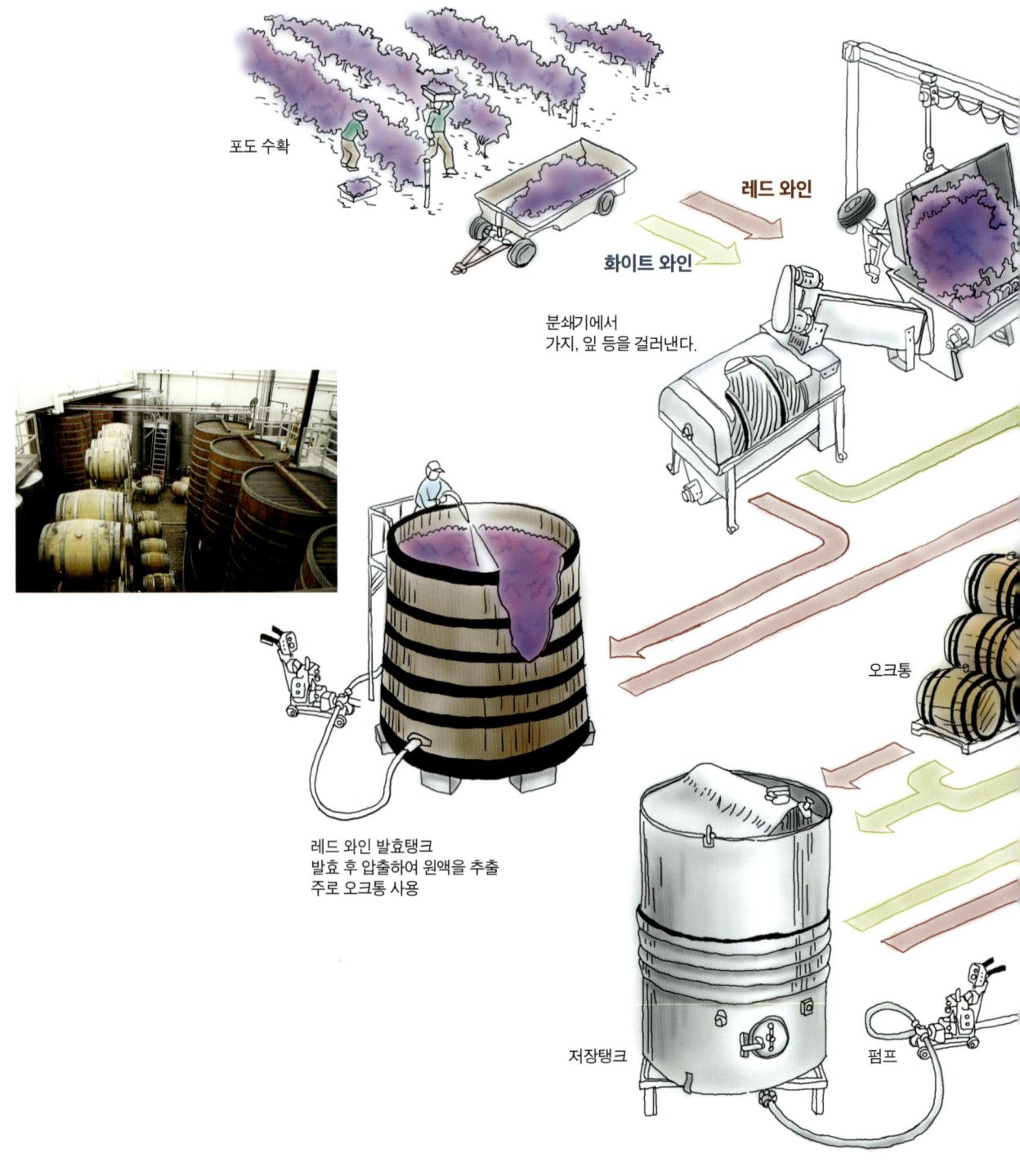

압축기
포도 원액 추출

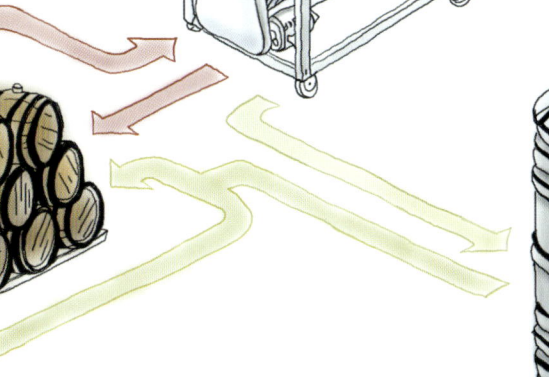

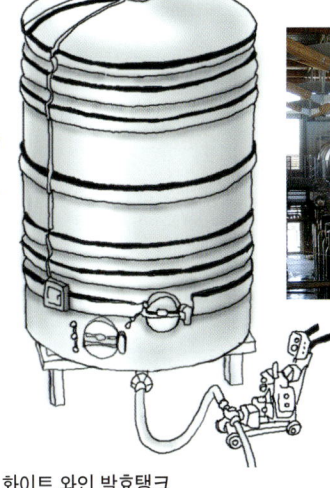

화이트 와인 발효탱크
압축해서 나온 포도원액만을
발효-냉장처리되는 스테인리스 스틸
발효탱크에서 사용

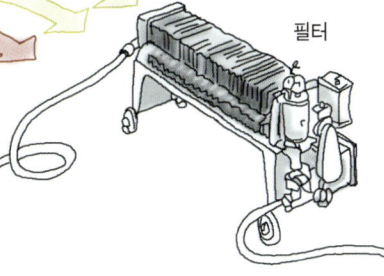

필터

병입

2. 레드 와인 Red Wine

일반적으로 적포도로 만드는 레드 와인은 화이트 와인과 달리 적포도의 씨와 껍질을 함께 넣어 발효시킴으로써 붉은 색소뿐만 아니라 씨와 껍질에 들어 있는 타닌tannin성분까지 함께 추출되므로 떫은맛이 나며, 껍질에서 나오는 색소로 인하여 붉은 빛을 띤다.

레드 와인의 맛은 타닌의 조화로움에 크게 좌우되며, 포도 껍질과 씨를 얼마 동안 발효시키느냐와 포도품종에 따라 타닌의 양이 결정된다. 레드 와인의 일반적인 알코올농도는 12~14% 정도이며, 타닌성분으로 인하여 상온약 13~19℃에서 마셔야 제맛이 나고, 레드 와인의 타닌성분은 와인이 차가울 때 훨씬 더 쓴맛이 나게 한다.

마고 Margaux   샤또 딸보 Château Talbot

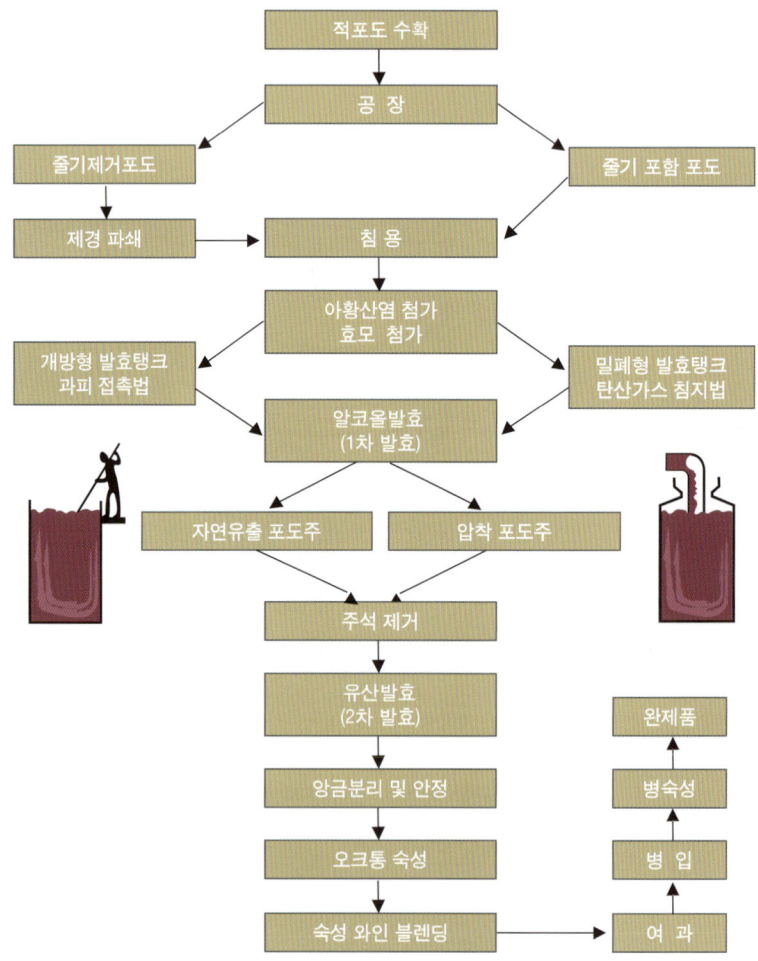

(1) 레드 와인의 제조과정

화이트 와인과 달리 레드 와인은 붉은색 및 타닌성분이 중요하므로 포도 껍질 및 씨에 있는 붉은 색소와 타닌성분을 많이 추출해서 와인을 만든다. 그러므로 화이트 와인보다는 제조공정이 조금 더 복잡하다.

- **포도 수확** : 포도원으로부터 잘 익은 적포도를 수확한다.
- **공장** : 수확한 포도를 공장으로 취합한다.
- **줄기 제거** Stemming : 수확된 포도의 줄기는 풀냄새가 나고 쓴맛이 나므로 제거한다. 스테머 Stemmer라는 분쇄기에 넣고 포도로부터 줄기와 대를 분리시킨다.
- **제경 파쇄** : 줄기를 골라낸 포도의 껍질, 씨, 알맹이를 같이 으깨는데, 이때 롤러의 사이가 약간 떨어져 있어 포도의 주스만 만들어내는 것이지 씨나 껍질까지 완전히 으깨는 것은 아니다.
- **침용** Maceration; 마세라시용, 과피침지 : 침용은 와인의 성격에 따라 다소 길어질 수 있다. 타닌성분이 적은 햇와인이라면 침용은 며칠이면 충분하고 장기보관용 와인은 2~3주 또는 그 이상도 걸린다. 색소와 타닌이 즙 안에 잘 퍼지도록 하려면 주조통 아래쪽의 즙을 위로 뽑아 올려 포도즙 덮개에 계속 뿌려주어야 주조통 안의 와인의 질이 비슷해진다.
- **아황산염** SO₂ 첨가 : 침용 시 아황산염 Sulfite과 효모를 첨가하는데, 아황산염은 항균제로서 포도에 부착되어 있는 야생효모의 생육을 저해하고 포도 과피에 붙어 있는 각종 부패균을 살균시킨다. 또한 과즙 중의 산화효소에 의해 색깔이 변화되는 것을 억제함으로써 과즙의 산화 및 페놀 Phenol류의 산화를 방지하고 과즙을 맑게 하여 와인이 식초로 변하는 것을 막아준다. 또한 포도세포를 죽여 포도 껍질로부터의 적색 색소 용출을 돕고 알데히드 Aldehyde와 결합하여 향미를 증진시키며 글리세린 Glycerine의 생성을 돕는다. 그러나 아황산염은 인공 첨가물이기 때문에 최소한의 허용치를 넣어야 한다. 특히 천식이 있는 환자에게는 민감한 반응을 보일 수 있으어 많은 국가들이 아황산염의 첨가를 제한하기도 한다. 아황산염은 양조 과정에서도 자연적으로 소량 생성되기도 하는데, 미국과 일본에서의 허용치는 350ppm이며, 아황산염이 첨가되지 않는 와인도 판매되고 있다.
- **1차 발효** 전발효 또는 알코올발효 : 침용한 포도즙은 발효통에 옮겨져 효모를 첨가하여 포도즙을 발효시킨다. 알코올발효는 약 10~20일 전후에 걸쳐서 진행된다. 이 기간 동안 온도와 농도를 세밀하게 관찰해야 한다. 온도가 높으면 당의 분해속도가 빨라지기 때문에 발효기간은 짧아진다. 또한 포도의 찌꺼기가 표면 위로 올라와 포도즙 맨 위쪽에 덮개를 형성하기 때문에 지속적으로 섞어주어야 한다. 이 때 포도 껍질의 타닌성분과 색소가 발효 중에 즙으로 우러나온다. 이것을 1차 발효라 한다.

포도즙은 10~32℃에서 효율적으로 발효되며, 그중에서 화이트 와인은 저온18~22℃에서 발효시켜야 좋은 와인이 되며, 레드 와인은 포도에 표피가 있는 관계로 28~32℃가 가장 좋다. 온도가 38℃ 이상이 되면 효모가 박테리아와 동화되어 유독성 물질을 발생시키고, 반대로 온도가 너무 낮으면 와인의 영양분 부족현상이 나타나 알코올함량이 낮아져 좋은 와인을 생산할 수 없게 된다. 발효통으로는 스테인리스 스틸통, 콘크리트통, 오크배럴 등을 사용한다.

- **압착** : 화이트 와인의 경우 포도 껍질과 씨를 분리시키기 위해 압착한 다음 포도즙만 발효시킨다. 그러나 레드 와인은 껍질, 과육, 씨와 함께 발효한 후 압착한다. 이렇게 해서 얻어지는 즙은 껍질에 의해 착색되고 향이 배게 된다. 로제 와인은 레드 와인과 화이트 와인을 섞어서 만드는 경우도 있지만, 대개는 레드 와인 만드는 과정을 따르며 내용물이 전부 발효되기 전에 압착한다.

  1차 발효가 끝나면 와인을 유출시킨다. 여기에서 자연적으로 유출된 와인을 뱅 드 구트Vin de Gôutte라 하고, 남아 있는 찌꺼기를 압착하여 얻어진 와인을 뱅 드 프레스Vin de Préss라 하며, 대개 타닌성분과 색상이 풍부하다.

- **주석 제거** : 압착이 끝나면 와인의 온도를 낮추어 주석酒石, Tartrate을 제거한다. 이것을 스타빌리사시용Stabilisation이라 한다.

- **2차 발효**후발효 또는 유산발효 : 압착된 포도즙과 자연 유출된 포도즙을 합쳐 오크통이나 스테인리스 스틸통에서 2차 발효를 시킨다. 젖산 또는 유산 발효로 부르는 2차 발효는 포도에 포함되어 있는 사과산Malic Acid을 유산균의 작용으로 유산Lactic Acid과 이산화탄소CO_2를 발생시키는 필수적인 과정으로 와인의 맛을 좀 더 부드럽게 한다. 그런데 이 2차 발효는 언제 발생할지 모르기 때문에 요즈음에는 2차 발효 매개물질인 박테리아를 실험실에서 배양하여 1차 발효가 끝나기 전에 첨가하여 와인의 숙성을 촉진시키고 병 속에서 2차 발효가 일어나는 것을 방지한다. 이때 발효통으로는 주로 오크배럴을 사용하는데, 작은 통의 숙성기간이 큰 통보다 짧다. 그래서 배럴 발효Barrel fermentation라고도 한다.

- **앙금 분리**걸러내기 : 후발효가 끝난 와인은 앙금을 분리하여 숙성에 들어간다. 이때 와인 속의 색소, 찌꺼기와 단백질, 주석산Tartaric Acid 물질 등을 침전시켜서 와인을 맑고 깨끗하게 하는 것으로, 찌꺼기를 최대한 분리하기 위해 청징제를 배럴에 첨가하며 불순물들이 청징제와 같이 엉겨 있을 때 제거한다. 청징제로는 달걀흰자, 젤라틴, 소피, 벤토나이트Bentonite, 화산재의 풍화로 만들어진 점토의 일종 등을 사용한다.

- 과피접촉법Skin Contact : 포도의 껍질과 씨를 그대로 발효시킴으로써 포도 껍질과 씨 속에 들어 있는 타닌과 색소 등을 용출시키기 위한 과정을 말한다. 고급 와인일수록 과피접촉을 오래하는데, 미국의 오프스 원opus one 같은 경우는 약 45일 동안 실시한다.
- 탄산가스 침지법마세라시용 카르보 니크, Maceration Carbonique : 발효통 안에 탄산가스를 가득 차게 해서 그 탄산가스의 압력으로 포도 껍질을 터트려 알코올발효가 일어나게 하는 것으로 주로 보졸레 지방에서 사용한다.
- 효모의 첨가 : 효모Yeast란 진핵 세포로 된 고등 미생물로서 주로 출아에 의하여 증식하는 진균류를 총칭한다. 이스트Yeast란 명칭은 알코올발효 때 생기는 거품Foam이라는 네덜란드어인 'gast'에서 유래되었다. 효모는 식품 미생물학상 매우 중요한 미생물로서 알코올발효 등에 강한 균종이 많아 옛날부터 주류의 양조, 알코올 제조, 제빵 등에 이용되어 왔으며, 식·사료용 단백질, 비타민, 핵산 관련 물질 등의 생산에 큰 역할을 하고 있다.
    - 야생효모Wild Yeast : 자연계에서 분리된 그대로의 효모. 예) 과실의 표피, 우유, 토양
    - 배양효모Cultural Yeast : 우수한 성질의 효모를 분리하여 용도에 따라 인위적으로 배양한 효모
- 고온 발효마세라시용 아 쇼, Mac-eration-a-Chaud : 발효 시 불을 지펴서 뜨겁게 하여 와인을 제조하는 방법으로, 남프랑스의 가벼운 레드 와인이나 마데이라 와인 등에서 사용한다.
- 발효통의 명칭
    - 보르도 : 바리크Barrique라 부르며, 225L 통을 사용한다.
    - 부르고뉴 : 피에스Piece라 하며, 228L 통을 사용한다.
    - 미국 : 배럴Barrel이라 부르며, 여러 가지 크기를 사용한다.

- **숙성**Barreling : 지금까지의 과정으로 얻어진 것을 숙성시키기 위해 참나무로 된 통Vat으로 보낸다. 이 참나무통Oak Vat 또한 나무 그 자체와, 담겨지는 시기에 따라 향과 맛에 영향을 준다. 숙성장소는 진동이 거의 없어야 하고 숙성온도는 약 12~14℃, 숙성습도는 약 70%가 적당하고 숙성기간은 포도품종에 따라, 또는 만들고자 하는 와인의 종류에 따라 다르다. 보르도의 우수한 와인은 보통 12~24개월 정도 숙성시킨다.
- **블렌딩**Blending : 똑같이 숙성이 끝난 와인이라 해도 각 통마다 환경이 조금씩 다르기 때문에 약간씩 맛의 차이가 나게 된다. 이것을 보완하여 똑같은 맛을 내기 위하여 블렌딩 마스터Blending Master에 의해 여러 통들의 와인들을 섞는다.
- **여과 및 병입** : 블렌딩이 끝난 후 다시 한 번 불순물을 여과하면서 병에 담는다.
- **병 숙성** : 저급와인은 병입된 후 바로 판매에 들어가지만, 고급와인들은 병입 후 숙성을 통해서 와인을 한층 안정시키며 거친 맛을 최소화시킨다. 기간은 와인마다 다르나 약 3~24개월 병 숙성을 하게 된다. 보르도의 우수한 와인의 경우 숙성온도 약 10~15℃, 습도 약 75%가 적당하고 코르크 마개가 마르지 않도록 반드시 눕혀서 보관한다. 이때 습도가 너무 높으면 라벨이 썩고 코르크에 곰팡이가 피어 와인향에 영향을 주며, 습도가 너무 낮으면 코르크가 빨리 말라 와인이 산화되어 맛이 시큼해진다.
- **출하 및 판매** : 병 숙성이 끝난 와인은 병에 라벨Label을 붙여 판매한다.

3. 로제 와인 Rose Wine

대체로 적포도로 만드는 로제 와인의 색깔은 블러시Blush color부터 밝은 핑크Pink color 색상까지 아름다운 색을 띠며, 제조과정은 레드 와인과 비슷하다. 레드 와인과 같이 포도 껍질을 같이 넣고 발효시키다가레드 와인의 경우 며칠 또는 몇 주, 로제 와인은 몇 시간 정도 어느 정도 시간이 지나서 색이 우러나오면 껍질과 씨를 제거한 채 화이트 와인과 같이 과즙만을 가지고 와인을 만들거나, 또는 레드 와인과 화이트 와인을 섞어서 만들기도 한다.

로제 와인은 보존기간이 짧아 오래 숙성하지 않고 마시는 것이 좋고, 맛은 화이트 와인에 가까워 차게 해서 마시는 것이 좋다.

따벨로제 Tavel Rosé

4. 오렌지 와인 Orange Wine

피부 접촉 화이트 와인, 피부 발효 화이트 와인 또는 앰버 와인 Amber Wine으로도 알려진 오렌지 와인은 백포도 품종을 껍질과 오랜 기간 접촉하며 발효한 와인을 의미한다. 오렌지 와인이라는 표현은 2004년 영국 와인 상인인 데이비드 하비 David Harvey가 와인 거래 시 와인 분류용으로 사용하기 시작했는데, 이 표현을 두고 논란이 많다. 일반

적으로 화이트 와인은 백포도를 압착해 즙만 발효하지만, 오렌지 와인은 껍질 때로는 줄기까지 짧게는 며칠에서 길게는 1~2년까지 접촉하며 양조한다. 발효를 마친 오렌지 와인은 껍질과 와인을 분리해서 숙성한 뒤 병에 담는다.

오렌지 와인은 8천년 전 조지아 Georgia에서 시작되었다고 한다. 조지아에서는 흙으로 만든 밑이 뾰족한 달걀 모양 암포라 Amphora인 크베브리 Qvevri를 땅에 묻고 여기에 백포도를 으깨어 즙과 껍질을 넣어 몇 달씩 발효해 와인을 만든다.

2-2 주정 강화 와인 Fortified Wine

학습목표
- 주정 강화 와인을 양조 방법에 따라 분류할 수 있다.
- 셰리, 포트, 마데이라, 베르무트에 대해서 설명할 수 있다.

1 주정 강화 와인 Fortified Wine

주정 강화 와인 또는 알코올 강화 와인이라고 한다. 과즙을 발효시키는 중이거나 발효가 끝난 상태에서 브랜디Brandy나 과일 등을 첨가한 것으로서 알코올도수를 높이거나 단맛을 나게 하여 보존성을 높인 와인이다. 프랑스의 뱅 드 리쾨르Vin de Liquoreux, 스페인의 셰리 와인Sherry Wine, 포르투갈의 포트 와인Port Wine이나 듀보네Dubonnet 등이 대표적인 주정 강화 와인이다.

셰리 와인 Sherry Wine   포트 와인 Port Wine

1. 셰리 Sherry

셰리는 세계에서 가장 유명한 주정 강화 와인 중 하나로 대부분 청포도 품종인 팔로미노Palomino로 만든다. 셰리는 헤레스Jerez, 세레스Xeres, 셰리Sherry 등 세 단어가 병레이블에 표기되는데, 헤레스는 스페인식, 세레스는 프랑스식, 셰리는 영어식 표현이다.

(1) 솔레라 시스템

셰리는 솔레라Solera 시스템이라는 독특한 방식으로 제조되는데, 숙성 창고에 오크통을 피라미드 모양으로 매년 차례로 쌓아두어 맨 밑에서 와인을 따라내면 위에 있는 와인이 차례로 흘러들어 가도록 만들어, 숙성된 와인과 신선한 와인이 섞이도록 해 놓은 반자동 블렌딩 방식이다. 아래층이 오래된 와인, 위층에는 최근 와인이 들어가는데, 맨 밑에 놓인 통, 즉 가장 오래된 것을 솔레라Solera라고 하며, 각 단을 크리아데라Criadera라고 한다.

(2) 제조 방법에 따른 분류

셰리는 드라이한 것에서 스위트한 것까지 스타일이 다양한데, 제조 방법에 따라 피노Fino와 올로로소Oloroso로 분류된다.

피노는 가볍고 드라이한 와인으로 피노Fino, 만사니야Manzanilla, 아몬티야도Amontillado, 팔로 코르타도Palo Cortado가 있고, 올로로소는 알코올 함량을 18% 이상으로 높여 더 진하고 때로는 스위트한 유형으로 공기와 바로 접촉하여 숙성시킨다. 올로로소는 올로로소Oloroso, 스위트Sweet, 크림Cream 등이 있다.

(가) 피노Fino 유형

피노의 주 포도품종은 팔로미노Palomino로서, 세련미와 복합미의 정수를 보여주는 셰리로서, 빛깔이 옅고 알코올 함량이 낮다.

발효를 마친 알코올 함량 11~13%의 화이트 와인에 브랜디를 첨가하여 알코올 15.5% 정도로 맞춘 후 이것을 600L 정도의 대형 오크통에 가득 채우지 않고 뚜껑을 열어 공기와 접촉시키면 플로르Flor라는 마치 빵처럼 생긴 헤레스 특유의 효모막Yeast Film이 생겨 그 아래서 숙성된다. 플로르는 와인을 산소로부터 보호하고 셰리 와인 특유의 향과 맛을 내는 역할을 한다.

만사니야는 산루카르 데 바라메다Sanlúcar de Barrameda라는 조그마한 해안 도시에서만 생산되는데, 피노를 좀 더 숙성시켜 플로르층이 더욱 두껍고, 습한 바다 공기로 인해 짠맛을 가지게 된다.

아몬티야도는 피노를 좀더 오래 기간, 약 5~6년간 숙성시킨 것이다. 이 와인은 솔레라 시스템으로 옮긴 후에 주정 강화를 함으로써 알코올 함량이 만사니야나 피노보다 더 높고 진한 견과류 풍미가 더해진다.

팔로 코르타도는 드라이한 아몬티야도 와인이다. 팔로 코르타도는 때로 드라이한 아몬티야도의 향과 섬세함, 그리고 드라이한 올로로소의 관능적인 바디감과 농축미를 함께 지니기도 한다.

티오 페페   만사니야   아몬티야도   팔로 코르타도

(나) 올로로소 Oloroso 유형

올로로소는 플로르가 형성되지 않기 때문에 산소에 많이 노출되어 와인의 빛깔이 더욱 짙어지고 견과류의 풍미가 더해진다. 농도가 짙으면서도 단맛이 나며, 마시기가 부드러워 주로 디저트로 사용된다. 스위트 셰리Sweet Sherry는 수확한 페드로 히메네스Pedro Ximénez나 모스까뗄Moscatel 품종을 장기간 햇볕에 말려 만들며 갈색을 띠며 리큐르와 같이 농후한 단 맛이 느껴지는데, 160g/L약15브릭스, 1Bx는 약 10.5g/L 이상으로 당도가 높고, 이름 자체로 페드로 히메네스, 모스까뗄이라 부르기도 한다.

올로로소   스위트셰리   크림셰리

크림 셰리Cream Sherry는 올로로소에 스위트 와인을 블렌딩하여 당도를 높인 셰리이다. 원래 영국 수출용으로 만들었는데, 단맛이 강해 미국과 북유럽에서 디저트 와인으로 인기가 높다.

	셰리 와인		알코올 도수	당분(g/L)
피노 Fino	피노 Fino		15-17	0-5
	만사니야 Manzanilla		15-17	0-5
	아몬티야도 Amontillado		16-17	0-5
	팔로 코르타도 Palo Cortado		17-22	0-5
올로로소 Oloroso	올로로소 Oloroso		17-22	0-5
	드라이 Dry		15-22	5-45
	페일 크림 Pale Cream		15.5-22	45-115
	미디엄 Medium		15-22	5-115
	크림 Cream		15.5-22	115-140
	돌체 스위트 Dulce / Sweet		15-22	160+
	스위트 Sweet	모스까뗄 Moscatel	15-22	160+
		페드로 히메네스 Pedro Ximénez	15-22	212+

Fino   Manzanilla   Amontillado   Oloroso   Cream Sherry   Pedro Ximenez

2. 포트 와인

포도원에서 직접 딴 포도를 화강암으로 된 통에 넣고 발로 밟아 으깬 후 발효가 끝나면 브랜드가 1/4 정도 차 있는 오크통에 이 와인을 넣어서 알코올도수 18~20도 정도에서 발효를 중단시키는 방법으로 만든다.

토니Tawny 포트는 오크통에서 황갈색이 날 때까지 몇 년 동안 숙성시킨 것으로서 다른 포트보다 더 가볍고 부드럽다. 루비Ruby 포트는 비교적 짧은 기간 동안 오크통에서 숙성시킨 포트로서 색이 더 진하고 맛이 거칠다. 화이트White 포트는 백포도로 만들어지며 레드 와인보다 더 드라이하기 때문에 아페리티프Aperitif로 마신다.

3. 마데이라Madeira

포르투갈에서 1,000km 떨어져 아프리카 모로코에 더 가까운 서쪽 600km 대서양 푼샬Funchal 군도의 화산섬 마데이라는 가장 이국적인 디저트 와인 마데이라를 생산하는 곳으로 유명하다. 1418년 해양탐험가 헨리Henry 왕자가 포르투갈을 위해 섬을 탐험하도록 주앙 곤살베스 자르쿠Jao Goncalves Zarco를 보냈다. 자르쿠 선장이 마데이라섬에 상륙했을 때 산림이 너무 빽빽해 섬 안으로 침투할 수 없자 섬에 불을 질러서 장애물을 제거하였는데, 이 불은 7년 동안이나 계속해서 맹렬하게 탔으며, 자르쿠 선장은 불이 진화될 때까지 오랜 세월을 기다려야만 했다. 산림이 탄 재는 섬의 화산토양에 거름이 되어 포도나무 재배에 아주 알맞게 되었다. 이후 음식과 물의 원천으로 마데이라섬은 정규 항구가 되었고, 극동과 오스트레일리아에 와인을 팔기 위하여 마데이라 와인을 오크통에 실어 운송했는데, 배가 열대를 통과하면서 와인이 45℃까지 데워지고 6개월간의 항해로 다시 와인이 식어갔다. 이러한 현상이 와인에 매우 특별한 특성

을 주게 되었다. 처음에는 이러한 현상을 전혀 알지 못하다가, 나중에 이러한 현상을 알게 된 이후 에스투파Estufa라 불리는 특별한 오븐에 열을 가하고 식히는 에스투파젬Estufagem 과정을 거치게 되었다.166쪽 설명 참고.

모든 마데이라 와인은 에스투파젬 과정에 앞서 정상적인 발효과정을 겪는다. 드라이한 와인은 에스투파젬 과정에 앞서 알코올이 강화되고, 스위트한 와인은 에스투파젬 과정 뒤에 알코올이 강화된다.

4. 마르살라Marsala

마르살라아라비아어로 '신의 항구'는 이탈리아 서남단에 있는 지중해 최대 섬 시칠리아Sicilia에서 생산되는 강화 와인이다. 시칠리아 서쪽 끝에 있는 항구도시인 트라파니Trapani 지방의 비옥한 평원과 낮은 구릉지에서 자란 그릴로Grillo와 카타라토 비앙코Catarratto Bianco 품종을 기본으로 만든다.

5. 베르무트Vermouth

베르무트는 독일명 베르무트Wermut에서 유래한다. 와인에 브랜디나 당분을 섞고 쑥, 용담, 키니네, 창포뿌리 등의 향료나 약초를 넣어 향미를 낸 가향 와인으로서 일반적인 주정 강화 와인과는 성격이 다르다.

캐러멜로 착색하여 붉은색이 나며 달콤한 스위트 베르무트Sweet Vermouth와 무색이며 단맛이 약간 덜한 드라이 베르무트Dry Vermouth가 있다. 유명 상표로는 이탈리아의 마티니Martini, 친자노Cinzano와 프랑스의 노일리빠르Noilly Part가 있다.

② 일반 와인Unfortified Wine

브랜디와 같은 별도의 증류주나 과일 등의 첨가 없이 만들어진 일반 와인을 말한다.

2-3 스위트 와인 Sweet wine

학습목표
- 스위트 와인을 양조 방법에 따라 분류하고 설명할 수 있다.
- 귀부 와인, 아이스바인, 건조 와인, 늦수확 와인에 대해서 설명할 수 있다.

주로 화이트 와인에 해당되며, 와인을 발효시킬 때 포도 속의 천연 포도당을 완전히 발효시키지 않고 일부 당분이 남아 있는 상태에서 발효를 중지시켜 만든 와인과 가당加糖: 설탕을 첨가을 한 와인 등이 있다.

1 귀부 와인

귀부 와인Botrytised Wine은 잿빛곰팡이, 즉 보트리티스 시네레아 Botrytis Cinerea라는 곰팡이에 감염되어 귀부병貴腐病, Noble rot, 고귀한 부패에 걸린 포도로 만든다. 곰팡이가 껍질을 갉아먹으면 껍질이 벌어지고 수분이 빠져나와 포도알이 쭈글쭈글해지는데, 이때문에 오히려 당도가 높아지게 된다.

귀부병

귀부 와인은 기후적인 영향을 많이 받는데, 습기와 햇빛이 번갈아 일어나는 조건에 있는 포도밭에서는 이 곰팡이 번식이 더욱 촉진된다. 아침에는 습기를 머금은 안개가 자욱하고, 오후에는 맑고 건조하며 강렬한 햇빛이 포도의 수분을 증발시킨다.

보트리티스 시네레아는 포도밭 전체에 일률적으로 나타나는 경우는 별로 없어 인부들이 여러 차례 일일이 손으로 수확을 하게 되고 따라서 작업 비용이 많이 들어간다. 프랑스 보르도 지방의 쏘테른Sauternes과 바르싹Barsac에서 유명한 귀부 와인이 생산되는데, 특히 쏘테른 지역의 샤토 디켐Château d'Yquem이 가장 유명하다. 그 외에 헝가리의 토카이Tokaji 와인, 독일의 트로켄베렌아우스레제Trockenbeerenauslese 와인 등이 있다.

1. 쏘테른Sauternes과 바르싹Barsac

쏘테른과 바르싹은 주로 세미용과 쇼비뇽 블랑으로 와인을 만든다. 이 지역 대표 품종인 세미용은 껍질이 얇고 당분을 많이 함유하고 있어 특히 곰팡이에 취약하여, 가을까지 수확하지 않고 그대로 두어 자연적으로 귀부병이 생기게 한다. 포도에 보트리티스 시네레아가 생기게 하려면 알맞은 습도와 온난한 기온이 조성되어야 하며 너무 높거나 낮지 않아야 한다.

쏘테른과 바르싹은 지리적으로 이상적인 조건을 갖추고 있는데, 시롱Ciron 강이 가론Garonne 강과 합류해 부드러운 아침 안개가 만들어지고, 이것을 인근 숲이 공기가 수분을 머금게 하는 역할을 한다. 여기에 날이 따뜻해지고 건조해지면 보트리티스 시네레아가 번식하기에 좋은 환경이 되는 것이다. 쏘테른 지역의 샤토 디켐Château d'Yquem이 대표적인 귀부와인이다. 샤토 디켐은 세미용Semillon과 쇼비뇽 블랑Sauvignon Blanc으로 만드는데, 포도나무 한 그루에서 한 잔 정도 생산되기 때문에 귀하고 상당한 고가의 와인이다.

쏘테른도 메독처럼 1855년에 등급이 매겨졌는데, 샤토 디켐만이 유일하게 특등급 와인으로 지정되었다. 샤토 디켐은 양조 기간이 오래 걸리고, 포도의 농축된 맛을 얻기 위해 가지치기를 많이 해서 수확량이 아주 적다. 포도 작황이 좋지 않은 해에는 아예 와인을 만들지 않는다. 벌꿀, 복숭아, 파인애플, 버터 등의 진한 향이 신맛과 조화를 이루고 있다.

세계 3대 진미 중 하나로 불리는 푸아그라Foie Gras와 샤토 디켐은 미식가들 사이에서 최고의 궁합으로 꼽힌다.

샤또 끌리망   샤또 디캠

2. 토카이Tokaji

헝가리의 토카이 지역은 세계 최초로 감미롭고 달콤한 귀부 와인을 만든 곳이다. 이 와인의 탄생은 일종의 우연이었다. 토카이 지역은 원래 드라이한 화이트 와인을 생산했는데, 17세기 투르크족의 침략 때문에 수확이 지연되었고, 포도는 쪼그라들 때까지 그대로 남게 되었다. 이 포도를 압착하여 와인을 만들었는데, 오늘날 토카이 와인으로 불리는 훌륭한 디저트 와인이 나오게 되었던 것이다.

토카이는 푸르민트Furmint, 하르슐레벨뤼Harslevelu 등의 헝가리 토착 청포도 품종으로 만든 스위트 와인인데, 푸토뇨시Puttonyos라는 단위로 당도를 표시한다. 보통 'Tokay'라고 하지만 원래 명칭은 'Tokaji'이다. 토카이 지역은 따뜻한 날씨와 티사Tisza 강의 영향으로 발생하는 안개 등으로 인해 귀부병을 일으키는 보트리티스 시네레아의 번식에 완벽한 환경을 제공한다. 토카이 와인은 루이14세 때 프랑스 왕실에 선물로 보내졌으며, 루이 15세는 이 와인을 일컬어 '왕들의 와인이자 와인의 왕'이라고 말했다고 한다.

3. 트로켄베렌아우스레제 Trockenbeerenauslese

귀부병에 걸린 포도송이 중에서 마른 알갱이만을 모아 만든 와인으로 아이스바인과 더불어 쌍벽을 이루는 최고의 절정에 달한 와인이다.

2 아이스바인 Eiswein

아이스바인 Eiswein 혹은 아이스 와인 Ice Wine 은 18세기 독일에서 비롯된 것으로 한겨울까지 포도를 수확하지 않고 두었다가 포도가 얼면 수확해 바로 압착해서 만든 스위트 와인이다.

아이스바인은 실수로 만들어진 와인이다. 독일의 한 와이너리에서 포도 수확시기를 놓쳐서 포도가 꽁꽁 얼어버렸는데, 혹한으로 얼어버린 이 포도로 와인을 만들어봤더니 맛이 더 달콤하고 향이 진한 와인이 되었다.

아이스바인은 포도의 수확부터 어렵다. 영하의 날씨가 지속되다가 -7℃ 아래로 내려가면 자정을 넘긴 꼭두새벽부터 꽁꽁 언 포도송이를 손으로 수확한다.

날이 새기 전 포도에서 꽁꽁 언 얼음 부분을 압착기로 분리해 내면 당도가 확 올라간 진액만 남는다. 이를 발효한 후 숙성·병입하면 아이스바인이 탄생하게 되는 것이다.

포도를 얼리기 때문에 다른 와인에 비해 빈티지의 영향을 크게 받지 않는다. 아이스바인은 주로 독일의 리슬링 Riesling 이나 캐나다의 비달 Vidal 품종으로 만든다. 독일에서는 게뷔르츠트라미너 Gewuürztraminer, 케르너 Kerner 등의 품종으로도 만들고 있으며, 캐나다 등에서는 레드 품종인 까베르네 프랑 Cabernet Franc, 삐노 누아 Pinot Noir 등을 써서 아이스와인을 만드는 경우도 있다. 독일, 캐나다, 오스트리아에서 생산된 아이스바인이 유명하다. 호주 등 일부 지역에서는 포도를 인공적으로 얼리고 농축해 저가의 아이스와인을 만들기도 한다.

NCS

학습2 평가

🍇 평가 준거

학습 내용	평가 항목	성취수준		
		상	중	하
발포성/비발포성 와인	- 발포성 와인의 양조 방법에 따른 분류			
	- 비발포성 와인의 양조 방법에 따른 분류			
주정 강화 와인 (Fortified Wine)	- 주정 강화 와인의 양조 방법에 따른 분류			
	- 셰리, 포트, 마데이라, 마르살라, 베르무트에 대한 설명			
스위트와인 (Sweet Wine)	- 스위트 와인의 양조 방법에 따른 분류와 설명			
	- 귀부 와인, 아이스바인, 건조 와인, 늦수확 와인에 대한 설명			

🍇 평가 방법

객관식 시험

학습 내용	평가 항목	성취수준		
		상	중	하
발포성/비발포성 와인	- 발포성 와인의 개념 파악 여부			
	- 국가별 발포성 와인의 명칭 파악 여부			
	- 샴페인의 유형 파악 여부			
	- 샴페인의 제조 과정 파악 여부			
	- 당분 함량에 따른 샴페인의 분류 파악 여부			
	- 국가별 발포성 와인의 특징 파악 여부			
	- 비발포성 와인의 분류 파악 여부			
	- 화이트 와인의 제조 방법 파악 여부			
	- 레드 와인의 제조 방법 파악 여부			
	- 로제 와인의 제조 방법 파악 여부			

학습 내용	평가 항목	성취수준		
		상	중	하
주정 강화 와인 (Fortified Wine)	- 주정 강화 와인 개념 파악 여부			
	- 셰리의 특징 파악 여부			
	- 포트의 특징 파악 여부			
	- 마데이라의 특징 파악 여부			
	- 마르살라의 특징 파악 여부			
	- 베르무트의 특징 파악 여부			
스위트와인 (Sweet Wine)	- 스위트 와인의 양조 방법에 따른 분류 파악 여부			
	- 귀부 와인의 특징과 대표 와인 파악 여부			
	- 아이스바인의 특징과 대표 와인 파악 여부			
	- 건조 와인의 특징과 대표 와인 파악 여부			
	- 늦수확 와인의 특징과 대표 와인 파악 여부			

 피드백

객관식 시험

■ 발포성/비발포성 와인, 주정 강화 와인, 스위트 와인에 관한 이해 여부를 평가하고. 부족한 부분에 대해 서는 별도의 용지를 이용해 평가 결과를 피드백 한다. 일정 수준 이하의 평가결과에 대해서는 학습 후 재 평가를 실시할 수 있도록 한다.

기출문제 2-2. 양조방법에 따른 와인의 분류

01 샴페인용 포도품종이 아닌 것은?

① 샤르도네(Chardonnay) ② 삐노 누아(Pinot Noir)
③ 삐노 뫼니에(Pinot Meunier) ④ 슈냉 블랑(Chenin Blanc)

02 샴페인 양조법에서 침전물을 병목으로 모으는 작업을 무엇이라 하는가?

① 르뮈아주(Remuage) ② 데고르주망(Degorgement)
③ 도자주(Dosage) ④ 펀트(Punt)

03 샴페인 당분함량 표기에서 Dry한 표기로 알맞은 것은?

① 브뤼(Brut) ② 쎅(Sec)
③ 두(Doux) ④ 드미 쎅(Demi sec)

해설 각국 와인의 당도 분류 기준

프랑스	이탈리아	독일	당 함량(g/ℓ)
Zero Dosage 제로 도자주	Pas Dose 파스 도제		감미 없음
Extra Burt 엑스트라 브뤼	Extra Burt 엑스트라 부르트	Extra Burt 엑스트라 부르트	0~6g/L
Burt 브뤼	Burt 부르트	Burt 부르트	15g/L
Extra Sec 엑스트라 쎅	Extra Secco 엑스트라 세코	Extra Trocken 엑스트라 트로켄	12~20g/L
Sec 쎅	Secco 세코	Trocken 트로켄	17~35g/L
Demi Sec 드미 쎅	Semi Secco 세미 세코	Halbtrocken 할프트로켄	33~50g/L
Doux 두	Dolce 돌체	Mild 마일드	50g/L 이상

04 샴페인의 제조과정 중 일부 단계이다. 옳은 순서는 무엇인가?

① Remuage - Degorgement - Dosage ② Degorgement - Dosage - Remuage
③ Remuage - Dosage - Degorgement ④ Degorgement - Remuage - Dosage

05 와인 제조과정 중 청징(Fining)작업을 할 때 주로 사용하는 재료가 아닌 것은 무엇인가?

① 달걀흰자　　　　　　　　　　② 젤라틴
③ 벤토나이트　　　　　　　　　④ 밀가루

06 셰리 제조 방법에 따른 분류 중 올로로소(Oloroso) 유형이 아닌 것은?

① 드라이(Dry)　　　　　　　　② 페일크림(Pale Cream)
③ 만샤니야(Manzanina)　　　　④ 돌체 스위트(Dolce Sweet)

> **해설** 만샤니아(Manzanina)는 피노(Fino) 유형에 속한다.

07 와인 양조 시 포도껍질 및 씨에서 색소 타닌 등 성분이 우러나오는 과정을 무엇이라 하는가?

① 침용　　　　　　　　　　　　② 르몽따주
③ 샤포　　　　　　　　　　　　④ 래킹

> **해설** 침용은 발효 중 포도주스부분과 껍질부분이 접촉하는 것을 의미하며,
> 샤포는 발효 중 이산화탄소에 의하여 포도즙 위로 떠오르는 포도껍질과 찌꺼기 등을 의미하며,
> 래킹이란 발효 중 생긴 찌꺼기 등을 걸러내는 작업을 의미한다.

08 보르도 와인의 숙성온도와 습도로 가장 알맞은 것은?

① 숙성온도 10~15℃, 습도 75%　　② 숙성온도 15~20℃, 습도 65%
③ 숙성온도 5~10℃, 습도 75%　　　④ 숙성온도 5~10℃, 습도 65%

09 로제 와인을 만드는 방식이 아닌 것은 무엇인가?

① 화이트 와인을 만드는 방식
② 부분추출(Skin Contact) 방식
③ 화이트 품종 + 레드 품종 혼합하여 사용하는 방식
④ 로제 와인용 품종을 사용하여 레드 와인 제조 방식

> **해설** 로제 와인용 품종이 따로 정해져 있지는 않다.

10 귀부 와인인 아닌 것은?

① 쏘테른(Sauternes)과 바르싹(Barsac)　　② 토카이(Tokaji)
③ 트로켄베렌아우스레제(Trockenbeerenauslese)　　④ 아이스바인(Eiswein)

> **해설** 아이스바인(Eiswein)은 한겨울까지 포도를 수확하지 않고 두었다가 얼면 수확해 바로 압착해서 만든 스위트 와인이다.

11 쏘테른(Sauternes) 지역의 대표적인 귀부와인은?

① 샤토 디켐(Chateau d'Yquem)　　② 토카이(Tokaji)
③ 트로켄베렌아우스레제(Trockenbeerenauslese)　　④ 헤레스(Jerez)

12 헝가리 토카이를 양조하는 토착 청포도 품종으로 올바른 것은?

① 게뷔르츠트라미너(Gewurztraminer), 비달(Vidal)
② 푸르민트(Furmint), 하르슐레벨뤼(Harslevelu)
③ 트로켄베렌아우스레제(Trockenbeerenauslese), 케르너(Kerner)
④ 비달(Vidal), 슈냉 블랑(Chenin Blanc)

> **해설** 토카이는 푸르민트, 하르슐레벨뤼 등의 헝가리 토착 청포도 품종으로 만든 스위트 와인이다.

13 와인 제조과정 중 말로락틱 발효(Malolactic Fermentation)란?

① 알코올 발효
② 1차 발효
③ 젖산 발효
④ 타닌 발효

> **해설** 말로락틱 발효(Malolactic Fermentation)는 2차 발효로 젖산발효라고도 한다. 이 발효는 포도 중의 사과산이 박테리아에 의해 젖산으로 변하면서 와인의 맛이 부드러워지고 향기가 변하여 훨씬 세련되어지므로 숙성의 첫 단계라고 할 수 있다.

14 헝가리 토카이(Tokaji)의 당도 표시로 알맞은 것은?

① 왹슬레(öchsle)
② 브릭스(Brix)
③ 사이크(Syke)
④ 푸토뇨시(Puttonyos)

> **해설** 토카이 아수(Tokaji Aszú)는 귀부포도로 만들어진 스위트와인을 말한다. 140리터의 큰 통에 25kg들이 작은 바구니(푸토니, Puttony)로 귀부포도를 몇 바구니를 넣었느냐에 따라 등급이 분류된다.
> - 아수 3 푸토뇨시 : 잔류당분 60g/L 이상
> - 아수 4 푸토뇨시 : 잔류당분 90g/L 이상
> - 아수 5 푸토뇨시 : 잔류당분 120g/L 이상
> - 아수 6 푸토뇨시 : 잔류당분 150g/L 이상
> - 아수 에센시아 : 잔류당분 180g/L 이상
> - 에센시아 : 잔류당분 450g/L 이상

15 와인에 브랜디와 당분을 섞고 쑥, 용담, 키니네, 창포뿌리 등의 향료와 약초를 넣어 향미를 낸 가향 와인으로 가장 적합한 것은?

① 베르무트(Vermouth)
② 마라살라(Marsala)
③ 샤토 디켐(Château d'Yquem)
④ 에스투파젬(Estufagem)

정답 01 ④ 02 ① 03 ① 04 ① 05 ④ 06 ③ 07 ① 08 ① 09 ④ 10 ④
11 ① 12 ② 13 ③ 14 ④ 15 ①

다양한 와인 분류법

포도 품종, 양조 방법, 생산 국가별 분류법 외에도 맛, 농도, 색 등 일반적으로 쓰이는 다양한 와인 분류법이 있다.

1. **색에 따른 분류**

    1) 레드 와인Red Wine

    포도가 완숙되었을 때, 껍질이 진청색 계열인 레드 와인용 품종, 또는 화이트 와인용 품종과 혼합하여 만든 와인으로서, 자주색에서 적벽돌색까지 다양한 색의 와인이 있다. 일반적으로 타닌이 있고 화이트 와인에 비하여 산도가 떨어지고 무거운 음식들과 잘 어울린다.

    2) 화이트 와인White Wine

    포도가 완숙되었을 때, 껍질이 초록색, 황금색을 하고 있는 화이트 와인용 포도 품종으로 만든 와인으로서, 엷은 지푸라기 색에서부터 황금색에 이르기까지 다양한 색의 화이트 와인이 있다.

    3) 로제 와인Rose Wine

    레드 와인과 화이트 와인을 혼합하거나 레드 와인용 포도로 만드는데, 위의 6번째 사진따벨 로제처럼 블러시Blush color, 분홍Pink color빛을 띤다.

2. **탄산가스 유무에 따른 분류**

    1) 스파클링 와인Sparkling Wine

    양조 과정에서 당분, 효모를 첨가해 2차 발효를 일으키는 등의 방법으로 20℃ 상온의 병 속에서 1기압 또는 2.5~6기압을 유지하는 와인으로, 프랑스의 샹빠뉴, 끌레망, 뱅 무스, 뻬티앙, 독일의 젝트, 샤움바인, 페를바인, 이탈리아의 스푸만테, 프리잔테, 스페인의 까바, 에스푸모소 등 생산국가·지역에 따라 다양한 이름으로 불린다.

    2) 스틸 와인Still Wine, 비발포성 와인

    양조 과정에서 발생하는 가스를 모두 제거한 와인으로, 레드 와인, 화이트 와인, 로제 와인이 여기에 해당된다.

3. **맛에 따른 분류**

    1) 드라이 와인Dry Wine

    발효 과정에서 원래 가지고 있는 포도의 최소 당분만을 함유한 와인으로, 1리터에 0~4g의 당분을 가지고 있다.

    2) 미디엄 드라이 와인Medium Dry Wine

    1리터에 4~8g, 혹은 4~30g 정도의 당분을 갖고 있다.

    3) 스위트 와인Sweet Wine

    1리터당 30~130g 정도의 당분을 갖고 있다.

4. 용도에 따른 분류

1) 식전 와인 Welcome Drink, Aperitif Wine
만찬이나 정찬 또는 일상에서 식욕 촉진제로 사용되는 와인으로, 맛이 드라이하고 산도가 높은 와인이다. 화이트 와인이 주로 해당되고, 웰컴 드링크로는 스파클링 와인이나 와인 칵테일 등이 사용된다.

2) 식중 와인 Table Wine
식사를 하면서 즐기기에 좋은 와인으로, 일반적으로 화이트 와인은 생선류 요리에, 레드 와인은 육류 요리에 잘 어울린다.

3) 식후 와인 Dessert Wine
만찬이나 정찬 또는 일상에서 식욕 억제제로 사용되는 와인으로, 디저트와 잘 어울리고 스위트 와인이 주로 해당된다.

5. 농도에 따른 분류

1) 가벼운 와인 Light Bodied Wine
입 안에서 느껴지는 와인의 농도와 질감이 가벼운 와인으로, 대체로 낮은 알코올과 약간 높은 산도, 낮은 당도를 가지고 있다.

2) 중간 와인 Medium Bodied Wine
가볍지도 무겁지도 않은 질감과 농도를 가지고 있는 와인이다.

3) 무거운 와인 Full Bodied Wine
입안에서 느껴지는 와인의 질감과 농도가 매우 무거운 와인으로, 대부분의 레드 와인과 고급 화이트 와인 일부가 여기에 속한다. 높은 알코올과 풍부한 타닌을 가지고 있다.

6. 알코올 등의 첨가 유무에 따른 분류

1) 주정 강화 와인
포티파이드 와인 Fortified Wine 이라 하며, 양조 과정에서 증류주나 주정 알코올을 첨가하여, 알코올 함량을 높인 와인이다. 스페인의 셰리 Sherry, 포르투갈의 포트 Port 와 마데이라 Madeira, 이탈리아의 마르살라 Marsalra 등이 유명하다. 주정뿐만 아니라 베르무트처럼 향료와 약초 등을 넣는 경우도 있다.

2) 일반 와인
강화 와인의 반대 개념으로, 알코올 강화 없는 일반 와인들이 언포티파이드 와인 Unfortified Wine 이다.

7. 생산국가에 따른 분류

1) 구세계 국가 와인
오랜 역사와 전통을 가진 와인 생산국들로 유럽의 프랑스, 이탈리아, 스페인, 포르투갈, 독일, 오스트리아, 헝가리, 스위스 등이 해당된다.

2) 신세계 국가 와인
유럽의 영향을 받아 대체로 식민지 지배 이후에 와인 생산이 시작된 신대륙 국가들로서, 미국, 칠레, 호주, 아르헨티나, 뉴질랜드, 남아프리카공화국 등이 해당된다. 최근에는 생산량이 폭발적으로 증가하고 있는 중국 와인 등을 신세계 국가 와인, 또는 아시아 와인으로 분류하기도 한다.

World Wine BELT

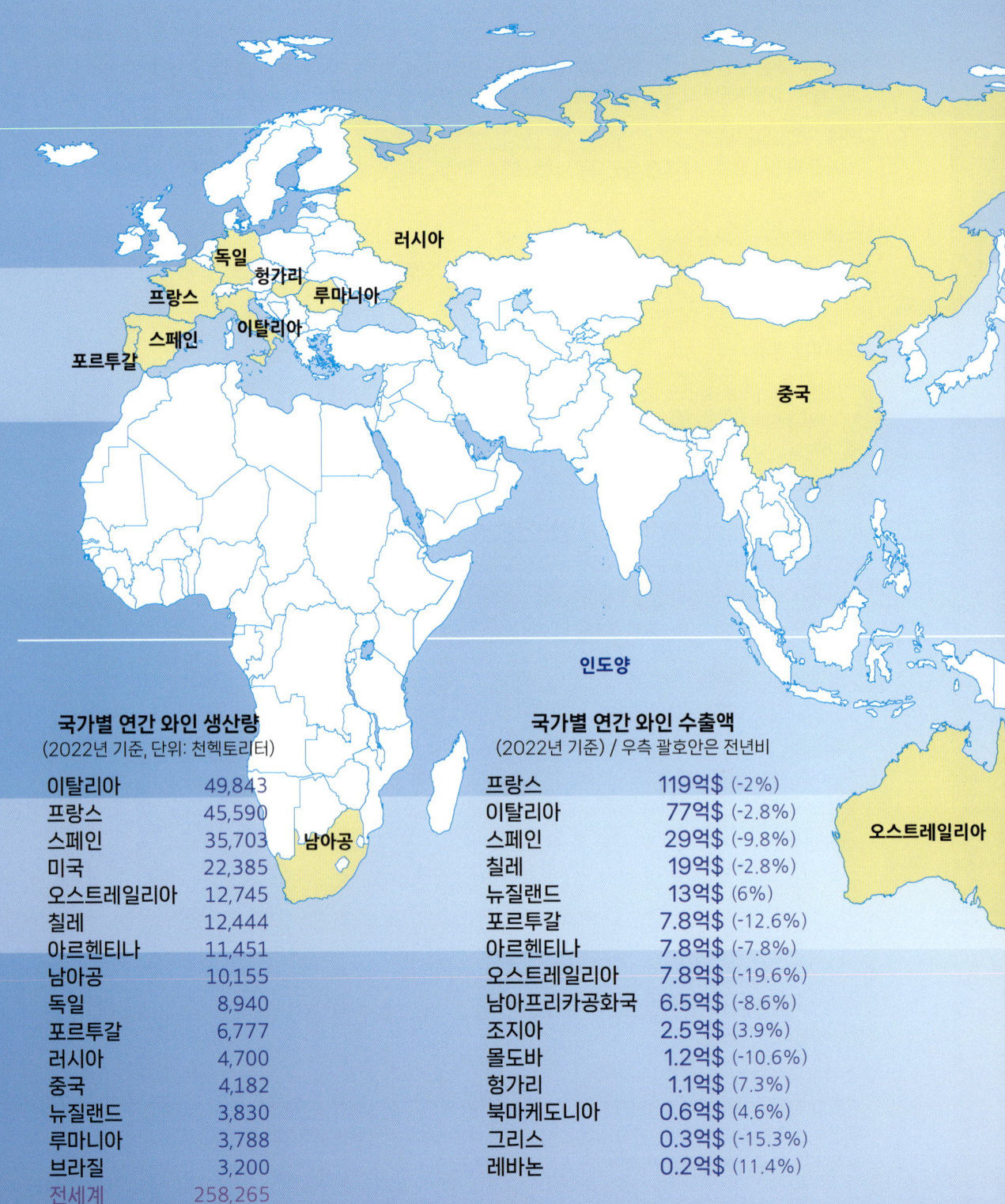

국가별 연간 와인 생산량
(2022년 기준, 단위: 천헥토리터)

국가	생산량
이탈리아	49,843
프랑스	45,590
스페인	35,703
미국	22,385
오스트레일리아	12,745
칠레	12,444
아르헨티나	11,451
남아공	10,155
독일	8,940
포르투갈	6,777
러시아	4,700
중국	4,182
뉴질랜드	3,830
루마니아	3,788
브라질	3,200
전세계	258,265

국가별 연간 와인 수출액
(2022년 기준) / 우측 괄호안은 전년비

국가	수출액	전년비
프랑스	119억$	(-2%)
이탈리아	77억$	(-2.8%)
스페인	29억$	(-9.8%)
칠레	19억$	(-2.8%)
뉴질랜드	13억$	(6%)
포르투갈	7.8억$	(-12.6%)
아르헨티나	7.8억$	(-7.8%)
오스트레일리아	7.8억$	(-19.6%)
남아프리카공화국	6.5억$	(-8.6%)
조지아	2.5억$	(3.9%)
몰도바	1.2억$	(-10.6%)
헝가리	1.1억$	(7.3%)
북마케도니아	0.6억$	(4.6%)
그리스	0.3억$	(-15.3%)
레바논	0.2억$	(11.4%)

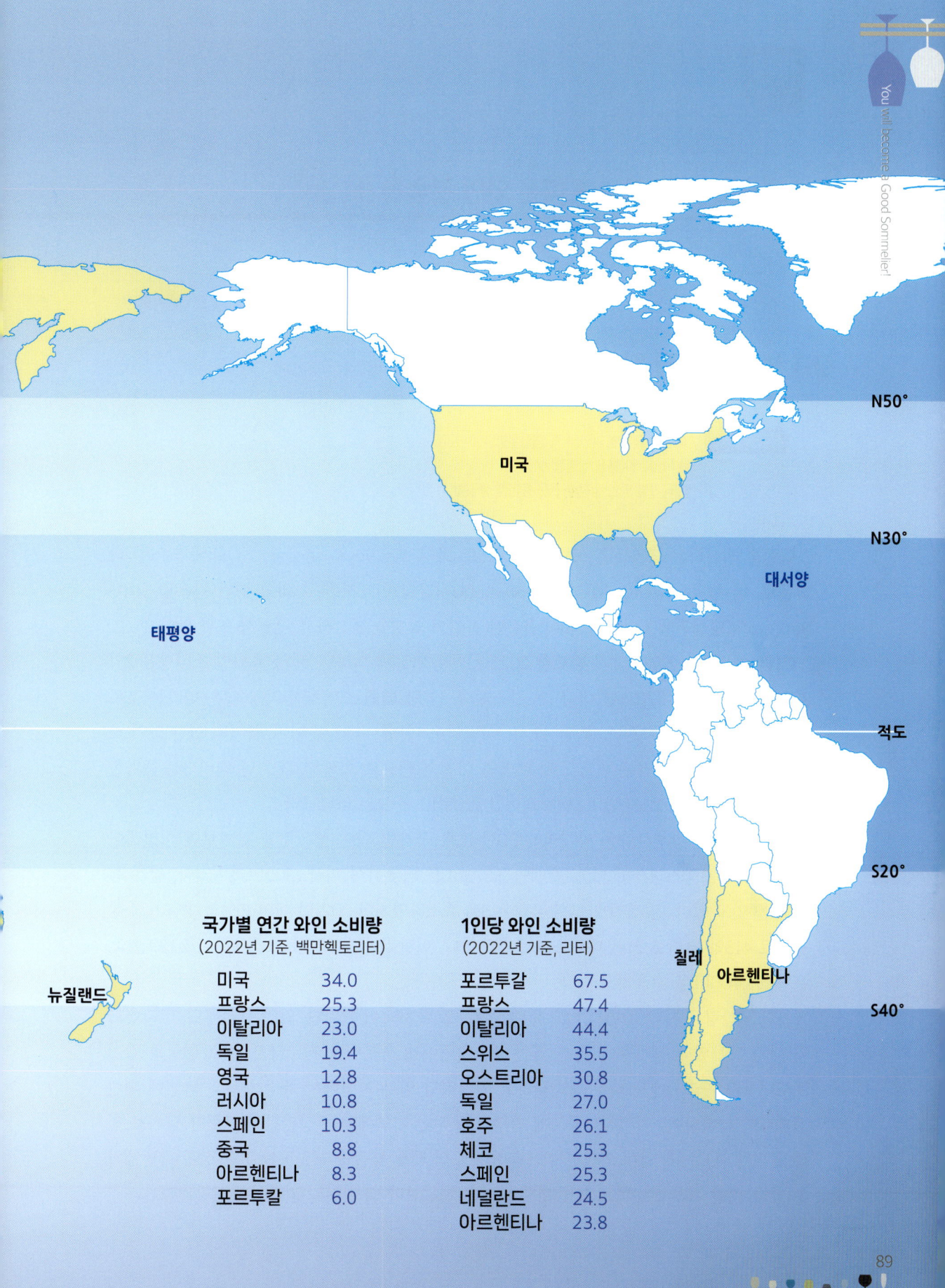

제3절

학습 1   포도 품종에 따른 와인 분류하기
학습 2   양조 방법에 따른 와인 분류하기
학습 3 생산 국가에 따른 와인 분류하기

3-1 생산 국가별 와인 분류

학습목표
- 생산 국가별 와인의 특징을 설명할 수 있다.
- 와인 레이블을 설명할 수 있다.
- 국가별 와인에 관한 전문 용어를 설명할 수 있다.

　와인을 생산하는 국가들은 적도를 중심으로 와인 벨트북위 30~50°와 남위 20~40°에 위치한 나라들로, 연 평균 기온 10~20℃와, 1,250~1,500시간의 일조시간, 그리고 연간 강우량 500~800mm의 영향권에 있는 국가들이 훌륭한 품질의 와인을 생산하고, 생산량 또한 많다.

　OIV인터내셔널Vine&Wine협회가 발표한 2022년 기준 자료에 의하면 전 세계 와인 소비량은 2억 3,200만hL헥토리터로 2021년 대비 1% 감소했다. 1인당 와인 소비량이 가장 많은 나라는 포르투갈로 1인당 67.5L, 프랑스 1인당 47.4L, 이탈리아 1인당 44.4L 순이며, 국가별 연간 와인 소비량이 가장 많은 나라는 미국으로, 팬데믹 이전 수준으로 회복해, 2021년 대비 3% 증가한 3,400만hL, 프랑스 2,530만hL, 이탈리아 2,300만hL 순으로 나타났다.

　전 세계 와인 총생산량은 약 2억5,800만hL로 국가별 와인 생산량을 살펴보면 이탈리아 4,980만hL, 프랑스 4,560만hL, 스페인 3,570hL를 비롯하여 미국, 오스트레일리아, 칠레 등이 뒤를 잇고 있다. 전 세계 와인 수출량은 5% 감소하였지만 2021년 대비 15%의 평균가격 상승으로 413억 달러로 21년 대비 9% 증가하였다. 이탈리아 2,190만hL, 스페인이 2,120만hL, 프랑스 1,400hL를 수출하고 있다.

　와인 생산량은 지난 10년간 비교적 안정적으로 유지되어 왔지만, 와인 산업에도 기후 변화가 다가오고 있다. 따뜻한 기온은 와인 생산자들에게 축복이자 저주라고 한다. 영국과 같이 포도나무가 자라기에는 너무 척박하다고 여겨졌던 일부 지역에서 특정 품종과 와인에 대한 잠재력이 나타나기 시작함과 동시에 일부 전통적인 지역에서는 장기간의 따뜻한 날씨로 인해 포도가 과도하게 익어 와인 메이커들이 포도의 햇빛 노출을 제한해야 하는 상황이 발생하고 있다. 이런 기후 온난화로 인해 와인 생산은 지금보다 더 어려워질 것이라 전망된다.

1 프랑스 와인 French Wine

'Wine' 하면 가장 먼저 떠올릴 정도로 유명한 와인 생산국인 프랑스는 그리스 로마 시대를 거치며 기원전 500년경 프랑스 남부 지중해 연안으로 전래되었고, 이후 점차 프랑스 전역으로 전파되었다.

4세기 초 313년 로마의 콘스탄티누스 황제의 기독교 공인 이후 종교행사에 와인이 사용된 이후부터 포도의 재배는 더욱 확산되었고, 12세기경에는 프랑스 와인이 인기상품으로 이웃 나라에 수출되기까지 했다. 18세기에는 유리병과 코르크 마개의 사용으로 와인의 판매와 유통 경로가 더욱 다양해졌다. 19세기에는 철도의 가설로 인해서 남부의 와인산업은 더욱 발전했고 북부의 포도밭은 퇴조했다.

그러나 1864년 '필록세라Phylloxera'라는 포도나무뿌리 진딧물의 침입으로 인하여 프랑스의 모든 포도밭이 황폐해졌다. 그러다가 19세기 후반에 들어서면서부터 미국의 포도 묘목과 접목함으로써 필록세라 문제가 해결되어 1930년대에는 포도 생산량이 최대에 이르렀다. 현재 프랑스에서는 연간 약 4,560만 헥토리터 정도의 와인을 생산하며, 1인당 연간 약 47.4리터의 와인을 마신다고 한다. 프랑스는 1935년 와인에 관한 규정A.O.C. 규정을 만들어서 고급와인을 특별히 분리했고, 1949년에는 V.D.Q.S.에 관한 규정을 추가했으며, 1979년 뱅 드 뻬이Vins de Pays와 뱅 드 따블Vins de Table에 관한 규정을 신설하여 와인을 등급별로 관리해 오고 있다.

프랑스 와인
- 포도 재배의 최적지
- 연평균 기온 : 10~20℃
- 포도 재배면적 : 123만ha
- 다양한 토양에 맞는 다양한 포도품종 재배
- 연간 생산량 : 4,560만hL
- 화이트 와인 35%, 레드 와인 : 65%

1. 프랑스 와인에 관한 법률

• 와인 관련 법률

프랑스 와인산업은 1864년 미국에서 건너온 작은 진딧물인 필록세라Phylloxera가 가르Gard 지방에서 출현한 후 프랑스 포도밭의 대부분을 괴멸시켰지만, 필록세라에 강한 미국 포도품종과 프랑스 포도묘목을 접목시킴으로써 회복되었다.

필록세라 위기는 와인 품귀를 가져와 밀수와 가짜 와인이 성행하였다. 1889년 8월 14일자 법령은 이런 부정행위를 막고자 와인에 대해 '신선한 포도나 포도즙을 부분적으로 또는 완전히 발효시킨 제품'이란 법적 정의를 내렸으며, 1905년에는 밀수방지국이 창설되었다.

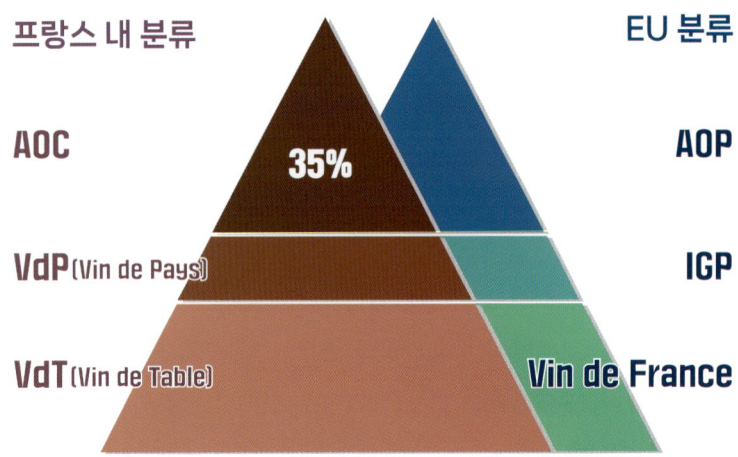

와인 법률	Quality Wine(품질이 우수한 와인)	Table wine	
등급	최상급	지방(지역 와인)	테이블 와인
프랑스	AOC	VdP(Vin de Pays)	VdT(Vin de Table)
EU 회원국	AOP	IGP	Vin de France

포도밭 재건 후에는 과잉생산과 가격폭락이 일어나기도 하였으며, 제1차 세계대전 동안에는 포도밭 일손의 부족으로 수확량이 감소되었다. 1930년대에는 다시 포도생산량이 급증하여 생산과잉으로 인해 비도덕적인 와인 생산업자들은 부정적인 방법으로 상표를 붙였는데, 이를 방지하기 위해 프랑스 정부가 1935년에 이를 통제하는 강력한 법을 제정하였다.

• AOP 법신 와인 법

2009년 유럽연합EU에 속한 국가들의 와인에 대한 지리적인 표시를 보호하기 위해서 와인 라벨 표기를 새롭게 규정하였다. 복잡했던 등급이 간소화되었는데, 프랑스에서 각 지역의 와인을 보호하는 것이 아닌 유럽연합에서 보호한다. 그래서 AOP 법에 따라 유럽 국가들은 자국 와인 법을 조금씩 수정했고, 이에 프랑스도 2009년 빈티지부터 AOP 법을 적용하고 있다. 하지만 AOP 법을 의무적으로 사용해야 되는 것이 아니어서 프랑스 내부에서 판매하는 경우 여전히 AOC를 유지하는 와이너리를 많이 볼 수 있다.

AOC는 AOP아뻴라시옹 도리진 프로데제Appellation d'Origine Protégée로, VDQS는 1949년 제정됐으나, 생산량이 1% 내외로 극히 미미해서 2011년 12월 폐기하고 2012년부터는 생산되지 않는다. 지역 등급와인인 Vin de Pays 와인은 IGP앵디카시옹 제오그라피크 프로데제Indication Geographique Protege로 Vin de Table 와인은 Vin de France 등급으로 개정되었다.

① **아뺄라시옹 도리진 꽁뜨롤레** Appellation d'Origine Controlée : A.O.C. 원산지 통제 명칭 와인

전국원산지명칭협회INAO가 정하고 농림부령으로 공인된 생산조건을 만족시키는 와인이다. V.D.Q.S. 규정보다 더 엄격한 A.O.C. 규정은 와인의 생산지역, 포도품종, 최저 알코올 함유량, 1헥타르당 최대 수확량, 포도 재배방법, 단위면적당 포도수확량 등을 엄격히 관리하여 기준에 맞는 와인에만 그 지역 명칭을 붙일 수 있도록 규정하고 있다.

A.O.C. 와인이 되려면 분석시험과 시음검사를 거쳐야 한다.

시음검사에 합격한 와인은 A.O.C. 인가증명서를 발부받는다. INAO가 발행하는 이 증명서는 와인이 해당 A.O.C. 명칭하에 시장에 출하되도록 허락해 준다. 인가받지 않은 와인은 A.O.C. 명칭으로 판매될 수 없다.

매우 엄격한 A.O.C. 법규는 원산지 통제 명칭 와인의 품질을 보장한다.

A.O.C. 포도주 의무 기재사항
❶ 원산지 명칭
❷ 'Appellation Controlée' 중간에 원산지명을 명기한다(Appellation Bordeaux Controlée). 단 샹빠뉴의 경우에는 의무 기재사항이 아니다.
❸ 병입자의 이름과 주소 : 이 병입자는 법적으로 포도주에 대한 책임자로서 간주된다.
❹ 병의 용량을 밀리리터(㎖)로 기재
❺ 알코올함량을 %로 기재

임의 기재사항
❻ 상표명이나 생산자명
❼ '소유주가 병입함' 표기(도멘느명, 샤또명, 생산지명 등). 이러한 기재들은 포도주가 포도를 수확한 장소나 인근 지역에서 양조되어 병입된 경우에만 해당된다.
❽ 수확연도

② **뱅 드 뻬이** Vins de Pays

뱅 드 뻬이란 뱅 드 따블 중에서 산지를 명시할 수 있는 선발된 와인이다. 뱅 드 뻬이의 칭호를 사용하려면 다음의 품질기준을 만족시켜야 한다.

- 권장 포도품종만을 사용하여야 하며, 한정된 지역도(道), 도 내의 특정지역, 여러 도를 합친 지방에서 생산되어야만 한다. 와인은 이 지역의 이름을 갖게 된다.
- 자연 알코올함유량이 지중해 지방에서는 10%, 그 외의 지역에서는 지역에 따라 9.5% 또는 9% 이상이어야 한다.
- 분석상의 특성과 시음상의 특징이 기준을 만족시켜야 하며, 이는 전국와인동업자연합회 ONIVINS가 승인한 시음위원회에 의해 감정된다.

VdP 포도주 의무 기재사항
① 'Vin de Pays' 표기와 함께 생산지역의 지리적 단위명이 따른다.
② 병입자의 이름과 주소(포도주명이 마을명으로 A.O.C.와 비슷하여 혼동될 경우 우편번호를 기재한다.)
③ 병의 용량을 센티리터(cℓ) 또는 밀리리터(㎖)로 기재
④ 알코올함량을 %로 기재

③ 뱅 드 따블 Vins de Table

이 와인의 알코올함유량은 생산지역에 따라 8.5% 또는 9% 이상이며 15% 이하여야 한다. 이 와인이 프랑스산일 경우 단일지방에서 생산된 와인 또는 여러 지방에서 생산된 와인의 혼성에는 '프랑스산 뱅 드 따블 Vin de Table Francais'이라는 칭호를 사용할 수 있다. 뱅 드 따블은 일상 소비용 와인으로서 일반적으로 생산방법에 따라 품질이 다른 일정한 맛을 지닌 혼성주이다. 1988년 5월까지는 유일하게 이 와인에 대해서만 알코올함량%이나 알코올도수를 라벨에 의무적으로 기재하도록 하였다.

- Vin de Table 와인에는 수확연도 표시가 금지되어 있다.
- 와인의 라벨 위에 기재된 품종명은 그 와인이 기재된 품종 하나로만 100%로 만들어졌다는 뜻이다.
- 프랑스산이라는 기재사항은 수출 시 몇 나라에서 요구하므로 반드시 기재해야 한다.
- 샹빠뉴 와인에는 와인의 타입 브뤼, 드미 쎅, 두…을 반드시 기재해야 한다.

VdT 포도주 의무 기재사항
① 프랑스에서 생산 양조된 포도주의 경우 : 프랑스 내수용이면 'Vin de Table de France' 또는 'Vin de Table de Francais'(모두 '프랑스 뱅 드 따블'이라는 의미임) 사항은 판독 가능한 문자로 기재되어야 한다.
② 병입한 회사의 이름과 본사 주소
③ 리터(ℓ), 센티리터(cℓ) 또는 밀리리터(㎖)로 표시한다.

임의 기재사항
사실의 경우에만 허가되어 있다.
⑤ 상표명

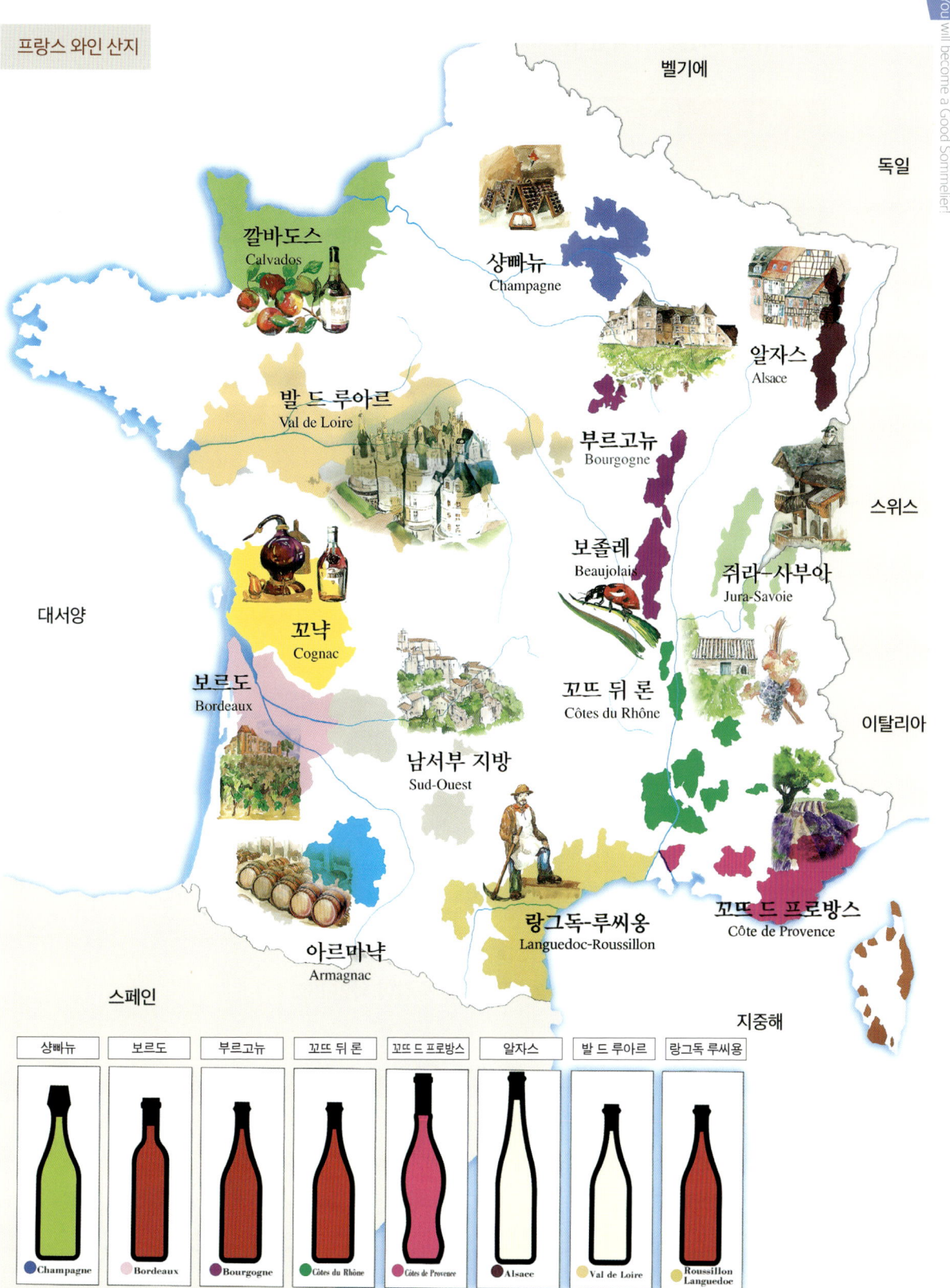

2. 프랑스 유명 와인산지의 분류

보르도 Bordeaux	메독(Médoc) 쏘테른과 바르싹(Sauternes et Barsac) 뽀므롤(Pomerol)	그라브(Grave) 쌩떼밀리옹(St.-Émillion) 프롱싹(Fronsac)
부르고뉴 Bourgogne	샤블리(Chablis) 꼬뜨 샬로네즈(Côte Châlonnaise) 보졸레(Beaujolais)	꼬뜨 도르(Côtes d'Or) 마꼬네(Mâconnais)
발레 뒤 론 Vallee du Rhône	꼬뜨 뒤 론(Côtes du Rhône) 북부 꼬뜨 뒤 론(Côtes du Rhône) 남부	
발 드 루아르 Val de Loire	뻬이 낭트(Pays Nantais) 뚜렌느(Touraine) 뿌이-쉬르-루아르(Pouilly-sur-Loire)	당주(d'Anjou) 상세르(Sancerre)
알자스 Alsace	콜마(Colmar) 북부 콜마(Colmar) 남부	
샹빠뉴 Champagne	몽따뉴 드 르앙스(Montagne de Reims) 발레 드 라 마르느(Vallée de la Marne) 꼬뜨 데 블랑(Côte des Blanc) 오브(Aube)	
프로방스 Provence	꼬뜨 드 프로방스(Côtes de Provence)	
랑그독 루시옹 Languedoc-Roussillon	랑그독(Lenguedoc) 루시옹(Roussillon)	

3. 보르도 Bordeaux 지역

- **포도원 총면적** : 113,000ha
- **총생산량** : 555만hL
- **레드 와인** 82%, **로제와인** 3%, **화이트 와인 및 중감미 와인** 15%
- **AOC** : 57종

보르도의 와인산지는 프랑스 남서부에 위치한 보르도시 주변에 있으며, 북쪽에 지롱드강이 흐르고 있다. 나지막한 구릉지로 이루어진 이곳은 연간 약 550만 헥토리터의 와인을 생산하여 단일 포도원으로는 세계 최대규모의 재배단지이다. 보르도 지방의 기후는 온화한 대서양 기후로서 이 지방의 온도를 조절해 주는 더운 바닷바람인 걸프해류Gulf Stream, 멕시코만류와 지롱드강 안으로 들어온 내포內浦와 강들이 있고, 서풍을 막아주는 랑드 숲으로 인해 이곳 기후는

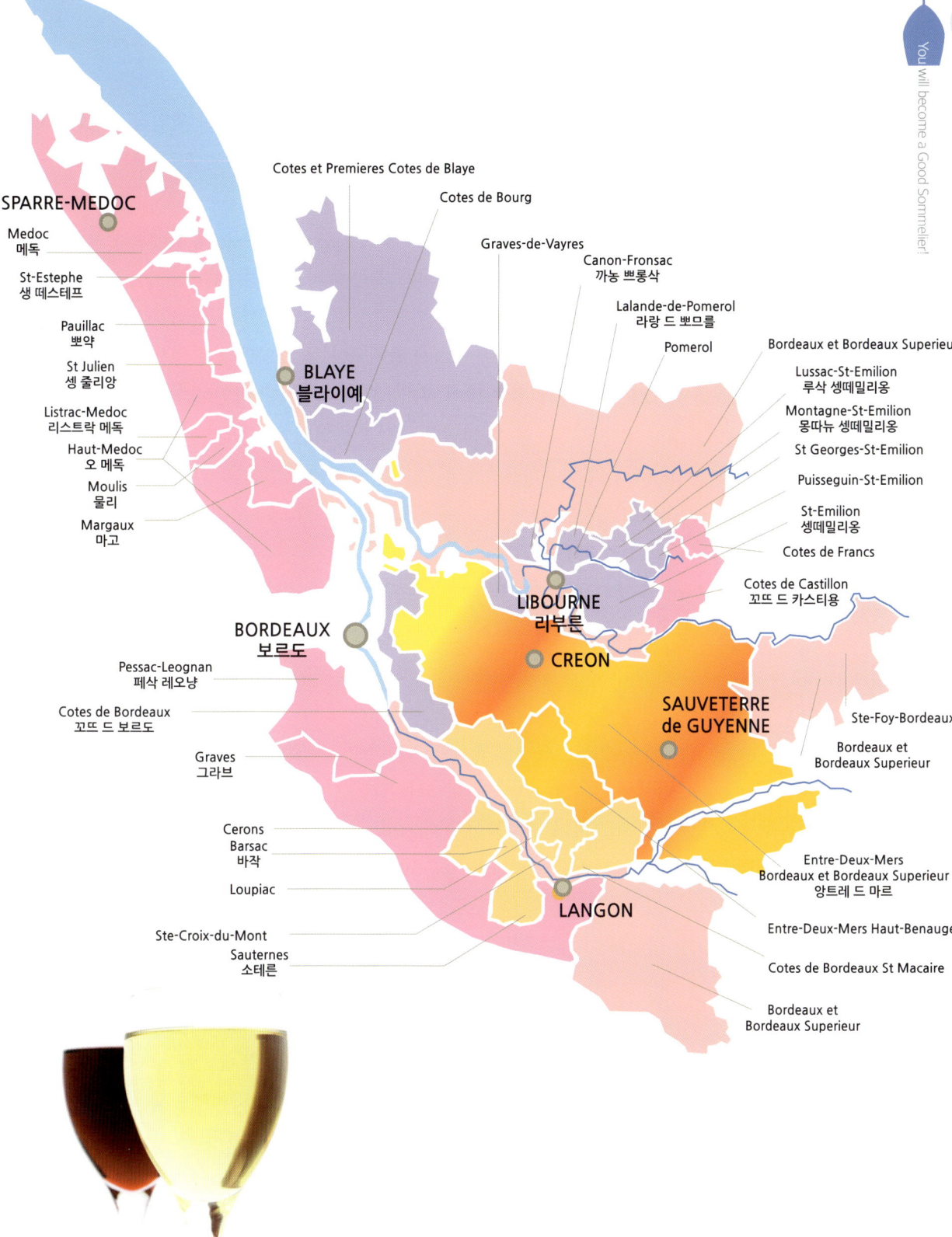

매우 온화하다.

주로 레드 와인82%을 생산하며 일부 지역에서만 소량의 품질 좋은 화이트 와인을 생산하고 있다. 보르도의 와인들은 다른 지역과는 달리 각 포도원마다 토양에 맞는 2~3종류의 포도를 재배해서 이를 특색 있게 혼합하여 와인을 만들고 있다.

레드 와인의 포도품종으로는 까베르네 쇼비뇽Cabernet Sauvignon, 메를로Merlot, 까베르네 프랑Cabernet Franc 등을 사용하고, 화이트 와인용 포도품종으로는 쇼비뇽 블랑Sauvignon Blanc, 세미용Semillon, 뮈스까델Muscadelle 등이 이용된다.

보르도 와인은 특유의 보르도 타입의 병에 담아서 판매되어, 병 모양만 봐도 보르도 와인이라는 것을 금방 알 수 있다. 보르도 와인은 맛이 무거우므로 여성적인 와인이라 하고 무게가 있으면서도 산미가 있는 부르고뉴Bourgogne 와인은 남성적인 와인이라고 한다. 보르도에서는 프랑스 전국적으로 고급와인에 사용하는 등급인 A.O.C. 이외에 특별한 '와인공장'을 구분하여 별도의 등급을 사용하고 있는데, 와인 병을 보면 프리미어 그랑 크뤼Premiers Grand Crus, 그랑 크뤼Grand Crus 등의 라벨이 표기되어 있다.

보르도 지역은 다시 몇 개의 중간 크기의 지방으로 구분되는데, 메독Medoc, 그라브Graves, 쏘테른과 바르싹Sauternes et Barsac, 쌩떼밀리옹Saint-Émllion, 뽀므롤Pomerol, 프롱싹Fronsac 등이 있다.

① 메독 Médoc; 15,000ha

메독Médoc이란 대서양과 지롱드강의 내포內浦에 위치하여, '중간에 위치한 땅'이라는 뜻을 갖고 있다. 메독Médoc 포도원의 독특한 특징은 크룹프라는 자갈, 모래, 조약돌 성분의 조그마한 언덕들이 이어지며 내포를 내려다보고 있다는 것이다. 이러한 척박한 토양은 배수가 뛰어나고 온기가 있어 이 지역의 주품종인 까베르네 쇼비뇽Cabernet Sauvignon 재배에 특히 알맞다.

보르도에서 가장 유명한 메독Médoc의 레드 와인은 짜임새가 있고 오래 보존할 수 있다.

- **지방명칭 와인 2개** : 메독Médoc과 오메독Haut-Médoc이 있는데 메독 포도원의 60%에 해당한다.
- **마을명칭 와인 6개**: 쌩떼스테프St. Estéphe, 뽀이약Pauillac, 쌩쥴리앙St.-Julien, 리스트락-메독Listrac-Médoc, 물리 엉 메독Moulis-en-Médoc, 마고Margaux 등이다. 메독Médoc 와인은 그랑 크뤼Grand Grus 등급의 대상이 되기도 한다.

오 메독   샤또 투르사 메독

• Premiers Crus

Château	A.O.C.	Second Wine
Ch. Lafite Rothschild 샤또 라피뜨 로칠드	뽀이약	Carruades de Lafite Rothschild 까루아드 드 라피뜨 로칠드
Ch. Latour 샤또 라투르	뽀이약	Les Forts de Latour 레 포르 드 라투르
Ch. Margaux 샤또 마고	마고	Pavillon Rouge du Ch. Margaux 파비용루즈 뒤 샤또 마고
Ch. Haut-Brion 샤또 오브리옹	그라브	Le Bahans du Haut Brion 르 바한 뒤 오브리옹
Ch. Mouton-Rothschild 샤또 무똥 로칠드	뽀이약	Le Petit Mouton de Mouton Rothschild 르 프티 무똥 드 무똥 로칠드

| 샤또 라피뜨 로칠드 | 샤또 라투르 | 샤또 마고 | 샤또 오브리옹 | 샤또 무똥 로칠드 |

- 그라브Graves에 있는 샤또 오브리옹Ch. Haut-Brion만 예외로 메독의 그랑 크뤼끌라세 등급에 들어갈 수 있다.
- **Second Wine** : 세컨드 와인에 공식적인 규정이 있는 것은 아니지만 대체로 어린 포도나무에서 수확한 포도로 만든 와인이나 유명한 포도밭을 소유한 사람이 이웃에 있는 포도밭을 구입하여 포도밭은 다르더라도 소유자가 같은 곳에서 나온 와인으로 세컨드 와인을 만든다.

② 그라브 Graves; 3,000ha

레드 와인과 화이트 와인을 생산하고 있으며, 토질은 자갈, 모래 등 퇴적물층으로 구성되어 있다. 우수한 그라브 지방의 레드 와인 생산 포도원 중에는 A.O.C. 포도원인 뻬샥 레오냥 Pessac Leognan 이 북쪽에 자리 잡고 있는데, 이 지역은 더욱 짜임새 있는 레드 와인을 생산한다. 남쪽으로는 토질에 모래성분이 많아 화이트 와인 생산이 유리하므로 레드 와인의 경우 가벼운 맛을 지닌다.

샤또 페랑드 그라브   시쉘 그라브

- **이름** : Gravier 조약돌, 자갈이라는 뜻 에서 유래
- **위치** : 남북으로 약 60km, 동서로 약 10km에 걸쳐서 조성
- **면적** : 3,000ha
- **토양** : 규토질, 점토질, 자갈이 섞인 토양
- **와인의 특징** : 레드 와인은 주로 북부지방에서 재배하며 까베르네 쇼비뇽, 까베르네 프랑, 메를로 등의 품종을 사용하여 메독과 비슷하나, 메독 와인보다 더욱 부드럽고 숙성된 맛을 풍기며, 부케 또한 풍부하다. 화이트 와인은 강하고 풍부한 맛을 내는 세미용과 신선하고 산미가 강한 쇼비뇽 블랑이 주로 사용된다.
- **Premier Cru Classés en 1855** : 가장 유명한 샤또 오브리옹 Château Haut-Brion 은 1855년 메독이 그랑 크뤼 끌라세에서 1등급으로 매겨진 바 있다.

• **Château Haut-Brion** 샤또 오브리옹

소유자	클라랑스 딜롱(Clarence Dillon)
면적 및 생산량	■ 레드 와인: 41ha, 12,000Cases/1년 ■ 화이트 와인: 3ha, 1,300Cases/1년
포도품종 배합비율	■ 레드 와인: 까베르네 쇼비뇽 55%, 까베르네 프랑 15%, 메를로 30% ■ 화이트 와인: 세미용 55%, 쇼비뇽 블랑 45%
와인의 특징	색이 진하고 섬세하며 부드러운 향기를 간직하고 있다. ■ 레드 와인: 적벽돌색에 맑게 빛나는 아름다운 색조로 풍부하고 감미있는 부케, 매끈한 감촉, 섬세함이 결합한 밸런스가 좋은 와인 ■ 화이트 와인: 맛과 향이 진하고 우아한 것이 깊이가 있다.
기타	1703년 건립한 샤또 건물은 화려한 백아성관을 이루어 많은 관광객들이 찾아온다.

③ 쏘테른과 바르싹 Sauternes et Barsac; 2,200ha

보르도 남쪽으로 40km 떨어진 곳에 위치한 이 지역은 특이한 기후의 혜택을 누린다. 시롱Ciron이라는 작은 강줄기가 있어 포도가 잘 익을 때쯤에는 하루 중에도 습한 날씨아침안개와 건조한 날씨가 교차하는데, 이러한 기후는 보트리티스 시네레아Botrytis cinerea의 생육조건을 조성해 주어 귀부병Noble rot에 노출될 수 있게 한다. 귀부병에 걸리면 포도 알의 즙은 농축되어 껍질은 쭈글쭈글해지며 포도즙의 당도가 높아져 특별한 향기가 나타나는데, 포도 알의 이러한 변형은 한꺼번에 일어나지 않으므로 여러 차례에 걸쳐 수확이 이루어지고, 이를 '계속적인 선별'이라 부른다. 따라서 생산성은 극히 떨어지게 된다. 샤또 디껨Château d'Yquem의 경우 한 포도나무당 한 잔의 와인이 만들어지며일반적으로 1에이커(acre, 약 4,000m²)에 1,950병 정도의 와인이 생산되지만, 샤또 디껨은 약 480병 정도, 숙성을 오래 시킬수록 황금색을 띠게 된다. 귤껍질이나 마른 살구, 꿀 또는 보리수향이 나며, 달콤하고 기름지며 오래 숙성할 수 있다.

스위트 와인
샤또 끌리망

쏘테른과 바르싹Sauternes et Barsac 와인도 그랑 크뤼Grand Grus급 분류의 대상이 된다. 세롱Cerons, 까디약Cadillac, 루피약Loupiac, 생트 크르와 뒤 몽SainteCroix-du-Mont 등도 이와 같은 조건에서 생산되는 리꿰르 와인감미 와인이다.

- **리꿰르 와인**감미 와인 : 감미 와인은 알코올도수가 높고 당분이 많이 함유된 것으로 특징지워지는 와인만을 말한다.
- **수확의 특징**
  ① 수확시기가 늦게 되면 포도에 곰팡이가 기생하여 귀부Noble Rot 상태로 된다.
  ② 귀부가 잘되어 상태가 좋은 것들만 골라 8~9회에 걸쳐 한 알, 한 알 수확한다. 이 포도들을 모아 으깨어 압착해서 포도 주스를 발효한다.
- **Premier Cru Supérieur** : 1개 샤또 Château d'Yquem샤또 디껨

  • **Château d'Yquem**샤또 디껨

소유자	알렉상드르 드 뤼르 살뤼스(Alexandre de Lur-Saluces)
면적 및 생산량	102ha; 5,500Cases/1년
포도품종 배합비율	Semillon 80%, Semillon Blanc 20%
화이트 와인의 특징	세계 최초로 스위트 와인을 생산하였고 황금색이 나며, 섬세한 향기를 갖고 있고 매우 부드럽다.

④ **쌩떼밀리옹** St-Émillion; 5,500ha

이 포도원은 석회질 고원, 석회성분과 모래진흙의 언덕들, 진흙 섞인 아래쪽 모래토양 등 상이한 토양들로 구성된 중세도시를 중심으로 형성되어 있다.

쌩떼밀리옹 와인은 일반적으로 매우 짜임새 있으나 토양에 따라 조금씩 차이가 있다. 쌩떼밀리옹 St-Émillion과 쌩떼밀리옹 그랑 크뤼 St-Émillion Grand Cru 두 종류의 AOC가 있다. 주변 명칭으로는 뤼삭 쌩떼밀리옹 Lussac St-Émillion, 몽따뉴 쌩떼밀리옹 Montagne Saint-Émillion, 퓌스갱 쌩떼밀리옹 Puisseguin St-Émillion, 쌩죠르쥬 쌩떼밀리옹 Saint Georges St-Émillion 등 4가지가 있다.

- 색깔은 메독이나 그라브에 비해 다소 짙다.
- 가벼운 송로 Truffle향, 체리 Cherries, 살구 Plums향이 난다.
- 깊은 풍미 Flavour와 타닌이 부드럽고, 바디는 Full, Medium, 풍부하다.
  독자적인 강한 바디가 있어 보르도의 버건디라는 별명을 가진다.
- 뽀므롤 와인보다 단기숙성을 하고 최적 숙성기간은 4~8년이다.
- 메독 와인보다 섬세함과 복잡함이 약간 결여되어 있고, 알코올도수는 1도 정도 높다.
- **Saint-Émillion Premiers Grands Crus Classés A** : 2개 샤또
  - 최저 알코올도수 : 11.5도
  - 1ha당 생산 제한량 : 4,200L

샤또 라쎄크 쌩떼밀리옹

• **Château Ausone** 샤또 오존

소유자	알랭 보티에(Alain Vauthier)
면적 및 생산량	10ha; 2,000Cases/1년
포도품종 배합비율	Cabernet France 50%, Merlot 50%
레드 와인의 특징	묵직하면서 섬세하고, 농익은 과일향
기타	오존은 이 지역에서 은거하며 시작에 열중한 로마 시인 아우소니우스(Ausonius; 310~395)의 이름을 딴 것이다.

• **Château Cheval Blanc** 샤또 슈발블랑

소유자	푸르코로사크(Fourcaud-Laussac)
면적 및 생산량	35ha; 12,000Cases
포도품종 배합비율	Cabernet France 66%, Merlot 33%, Malbec 1%
레드 와인의 특징	상쾌한 떫은맛과 산미가 절묘하게 조화를 이루는 뛰어난 와인. Dark Ruby 색깔을 띠며 부케가 아주 풍부하다.
기타	슈발블랑은 하얀 말이라는 뜻으로, 중세의 여인숙 백마정(白馬停)에서 유래

- **Saint-Émillion Premiers Grands Crus Classés 'B'** : 11개 샤또
    - 최저 알코올도수 : 11.5도
    - 1ha당 생산 제한량 : 4,200L
        · Ch. Beauséjour Duffau보세주르-뒤포
        · Ch. Beauséjour-Bécot보세주르-베코
        · Ch. Belair벨레르
        · Ch. Canon까농
        · Ch. Figeac퓌작
        · Clos Fourtet끌로 푸리떼
        · Ch. La Gaffeliere라 갸플리에르
        · Ch. L'angelus란젤루스
        · Ch. Magdelaine마들렌
        · Ch. Pavie빠비
        · Ch. Trottevieille트롯뜨비에이

⑤ 뽀므롤(Pomerol; 800ha)

독특하고 특별한 지리적 특성을 갖추고 있으며, 다소 작은 규모의 점토와 모래로 구성된 자갈땅, 지하에는 일명 쇠찌꺼기라 불리는 산화철 성분이 함유되어 있다. 와인의 맛은 부드럽고 섬세한 특징이 있다.

- Deep Ruby Red, 과일 꽃을 섞은 듯한 향을 갖고 있다.
- 매끄럽고 유연한 맛, 메독의 섬세함, 쌩떼밀리옹의 힘참, 샹베르땡의 강직함을 겸하고 있으며, 특히 쌩떼밀리옹과 비슷하면서도 향기와 입맛이 부드럽다.
- 마시기 좋은 최적의 시기는 5~6년이나 그 이상의 것도 있다.
- Grands Crus : 이 지역의 명예를 빛내 주는 샤또 뻬트뤼스Château Petrus는 세계적인 최고급 와인으로 잘 알려져 있다.

뽀므롤

· **Petrus**뻬트뤼스

소유자	장 피에르 무엑스(Jean Pierre Mouiex)
면적 및 생산량	11.4ha; 3,700 Cases/1년
포도품종 배합비율	Cabernet France 5%, Merlot 95%
레드 와인의 특징	입맛이 부드럽다. 아주 뛰어난 밸런스와 풍부한 바디와 부케를 갖는다. 품질의 변화가 적다.
기타	라벨의 초상화로는 교황 베드로(Peter)가 그려져 있다. 이 샤또의 소유자는 메독의 일류 크뤼 와인 판매가격 이하로는 출고하지 않는다는 자부심을 가지고 있다.

⑥ 프롱싹 Fronsac

보르도 북동쪽 40km, 리부른 북서쪽 5km에 자리잡고 있다. 포도원은 동쪽으로 아일Isle강과 남쪽으로 도르도뉴Dordogne강의 경계를 이루고 있으며, 두 개의 강은 봄 서리로부터 포도나무를 보호하는 역할을 한다. 토양은 석회질 점토로 비탈면과 협곡에 분포되어 있고, 여름은 덥고 가을은 따뜻하고 길며, 겨울은 온화하고 건조한 날씨로 온화한 해양성 기후이다.

가장 많이 재배되는 품종은 메를로가 70%를 차지하고, 그 외에 까베르네 프랑, 까베르네 쇼비뇽을 주로 재배한다. 프롱싹 와인은 진한 루비색과 붉은 과일의 아로마 향이 짙게 느껴지는 동시에, 종종 향신료와 송로 버섯의 향기가 느껴지기도 한다.

4. 부르고뉴 Bourgogne 지역

- **포도원 총면적** : 24,000ha
- **총생산량** : 1250hL
- **레드 와인** 48%, **로제와인** 52%
- **AOC** : 57종
- **VDQS** : 1종

영어로 버건디Burgundy로 부르는 부르고뉴 지역의 와인은 보르도Bordeaux 지방과는 달리 제한된 소수의 포도품종만을 사용한다. 즉 화이트 와인에는 샤르도네Chardonnay와 알리고테Aligote, 레드 와인에는 삐노 누아Pinot Noir와 가메Gamay를 사용한다.

대체로 토질이 척박하고 경사면으로 된 디종Dijon에서 리옹Lyon 사이의 론강 양쪽 계곡에서 생산되고 있으며, 혹독한 겨울과 잦은 봄의 서리가 특징인 대륙성 기후에도 불구하고 이곳의 포도원은 남향, 동향, 남동향과 평균 200~400m에 이르는 언덕에 위치함으로써 부르고뉴 포도원들은 서리로부터 잘 보호되고 서풍을 피할 수 있으며 최소한의 일조량을 보장받는다. 이곳에서 생산되는 와인은 산도와 알코올이 보르도 지역의 것보다 조금 높아 보르도 와인과 비교해 남성적인 와인이라 불린다. 이곳은 로마시대부터 유럽의 다른 지역으로 가는 교통의 요지여서 여관과 식당이 많았기 때문에 이 지역 와인이 세계적으로 유명해질 수 있었다. 부르고뉴 와인은 생산량으로 보면 프랑스 와인의 5%밖에 되지 않지만 보르도와 더불어 세계적인 명성을 지니고 있다.

부르고뉴 와인산지들은 남북으로 250km 정도 길게 펼쳐 있으며, 북쪽에서부터 샤블리Chablis, 꼬뜨 도르Côte d'Or, 꼬뜨 샬로네즈Côte Chalonnaise, 마꼬네Maconnais, 보졸레Beaujolais 5개의 중요 지역으로 나뉘어 있다.

뫼르소

① 샤블리(Chablis; 4,000ha)

샤블리는 부르고뉴Bourgogne의 중심에서 따로 멀리 떨어져 있지만 상빠뉴에서 더 가깝다 와인의 생산지로서는 부르고뉴에 속한다. 이곳은 화이트 와인만 생산하는데, 샤르도네Chardonnay 품종이 잘 적응하는 떼루아Terroir이다.

샤블리Chablis는 맛이 강하고 귀족적이며 우아한 화이트 와인으로서 그 명성이 너무 높아서 프랑스 외의 지역에서는 무감미 화이트 와인의 대명사로 잘 알려져 있다. 샤블리Chablis 지역에는 4개의 AOC 와인이 있다.

- **샤블리 그랑 크뤼**Chablis Grand Cru

  샤블리 그랑 크뤼는 7개의 작은 포도밭Climats, 끌리마으로 구성되어 있다. 부그로Bougros, 르 클로Les Clos, 그르누이Grenouilles, 블랑쇼Blanchot, 프뢰즈Preuses, 발뮈르Valmur, 보데지르Vaudesir는 모두 매우 경사진 언덕인 샤블리Chablis 마을에 위치한다.

  이 와인은 모두 향이 섬세하며 입 안에서 풍부함이 느껴지고 병입 후 5년 정도는 숙성되며, 15년 이상도 보관할 수 있다.

- **샤블리 프리미에 크뤼**Chablis Premier Cru

  양질의 토양에 일정조건을 갖춘 40여 개 포도밭에서 생산되는 고급와인으로 가격에 비하여 품질이 우수하다. 유명한 지역으로 몽떼 드 통네르Montée de Tonerre, 푸르숌프Fourchome, 몽 드 밀리외Monts de Milieu, 레 리즈Les Lys, 바이용Vaillons 등이다. 그랑 크뤼Grand Cru보다는 풍부한 맛이 덜하지만 몇 년은 보관하며 마실 수 있다.

샤블리 그랑 크뤼   샤블리 프리미에 크뤼

- **샤블리**Chablis

  언덕의 경사진 면이나 평평한 곳 등 20여 개 마을에서 생산되는 샤블리 와인은 신선하여 대개 기분 좋게 느껴지는 광물성 향의 뉘앙스를 풍기며, 병 입 후 2~3년 후 가장 최고조의 맛을 가진 와인이 된다.

  - **쁘띠 샤블리**Petit Chablis

    샤블리 포도원 근처에서 수확된 포도로 만드는데, 생동감 있고 가벼워 마시기 좋으며, 옅은 레몬향과 함께 샤르도네 특유의 꽃향이 난다. 쁘띠 샤블리의 매력은 자연스러움이다.

샤블리

② **꼬뜨 도르**Côte d'Or

꼬뜨 도르는 '황금언덕'이라는 뜻으로 부르고뉴 포도원의 심장부이며, 매우 좁은 구릉의 언덕을 따라 이루어져 있다. 이곳은 다시 꼬뜨 드 뉘La Côte de Nuits 와 꼬뜨 드본La Côte de Beaune으로 나누는데, 이 두 포도원은 부르고뉴에서 가장 유명한 레드 와인을 생산한다.

뉘뜨 생 죠르쥐
Nuit St George

- **꼬뜨 드 뉘**Côte de Nuits; 1,500ha

  토양의 지하는 산성백토酸性白土, 표면은 이회암泥灰岩으로 구성되었으며 약간 석회질이다. 부르고뉴 와인의 명성을 가져온 심오하고 풍요로운 탁월한 레드 와인만을 생산한다. 세계적으로 유명한 '로마네 꽁띠Romanée Conti'가 생산되며, 나폴레옹 1세가 즐겨마신 샹베르땡Chambertin, 벨벳처럼 부드럽고 레이스처럼 화려한 뮈지니Musigny 등 유명한 와인이 생산되고 있다.

- **꼬뜨 드 본**Côte de Beaune; 3,000ha

  이 지역은 꼬뜨 드 뉘Côte de Nuits보다 더 넓고 더 길게 퍼져 있다. 이 포도원의 원만한 언덕들은 굳은 석회질이며 화석이 풍부하여 샤르도네 품종이 자기의 우아함을 한껏 드러낼 수 있는 토양의 면모를 갖추고 있다. 여기서 꼬뜨 도르Côte d'Or의 유명

뉘뜨 생 죠르쥐
Nuit St George

꼬뜨 드 뉘 빌라지
Côte de Nuits-Villages

로마네 꽁띠
Romanée Conti

한 그랑 크뤼 화이트 와인을 만날 수 있다. 세계에서 비싸기로 유명한 그랑 크뤼로서 몽라쉐Montrachet, 꼬르똥 샤를르만뉴Corton Charlemagne, 슈발리에 몽라쉐Chevalier-Montrachet 등이 있다.

③ 꼬뜨 샬로네즈Côte Chalonnaise; 1,500ha

꼬뜨 샬로네즈는 꼬뜨 드 본Côte de Beaune과 마꼬네Maconnais 중간 지역에 위치하며 주로 레드 와인을 생산하고 화이트 와인은 소량 생산하고 있다. 레드 와인 품종인 삐노 누아는 갈색 석회석지대의 토양인 지브리Givry, 메르 뀌레Mercurey 등 일부 지역에서 재배된다. 꼬뜨 샬로네즈의 북쪽에서 생산되는 부르고뉴 알리고테 부즈롱Bourgogne Aligote Bouzeron은 매우 마시기 좋은 무감미 화이트 와인을 생산하며, 서쪽으로 쿠슈아Couchois 포도원에서는 부르고뉴 레드·화이트 와인을 생산한다.

꼬뜨 샬로네즈

④ 마꼬네Mâconnais; 5,000ha

마꼬네는 일반적으로 토양이 이회암질이며 화이트 와인을 생산하는 남부는 점토-석회질 토양이다. 마꼬네 포도원은 총면적이 5,000헥타르이며 평균 와인 생산량은 25만 헥토리터로 대부분은 화이트 와인이나, 레드 와인과 로제 와인도 생산한다.

이 가운데 가장 유명한 와인은 샤르도네 한 품종만으로 생산되는 뿌이-퓌세Pouilly-Fuisse이다. 이는 녹색을 띤 금빛의 무감미 화이트 와인이다. 섬세한 꽃 향기, 과일향 등 좋은 방향을 지녔으며, 일반적으로 숙성을 거치지 않고 마시는데, 10년 이상 보관기간을 거쳐도 향기를 잃지 않는다. 뿌이 로쉐Pouilly-Loche, 뿌이 뱅젤르Pouilly-Vinzelles도 생산량은 적지만 좋은 평가를 받는 와인이다.

뿌이-퓌세

⑤ 보졸레Beaujolais

보졸레 지역은 부르고뉴Bourgogne 지방의 마꽁Mâcon 마을 남쪽인 샤펠드 귄샤이Chapelle de Guinchay 지역에서 시작해 리옹Lyon 북쪽까지 이어졌고, 폭으로는 보졸레라는 말의 어원이 되었던 보쥬Beaujeu까지 이르는, 남북으로 60km, 동서로 30km 펼쳐져 있는 부르고뉴Bourgogne 지역 중에서도 가장 광대한 지역으로서 전체 부르고뉴 와인의 절반이 넘는 59%를 생산해 내고 있다. 보졸레 와인은 99.5%가 레드 와인Gamay 품종이고 화이트 와인Chardonnay 품종은 0.5%에 불과하다.

이 지역은 샤온Saône강을 내려다보는 평균 300m 높이에 위치해 있고 500m 이상까지 포도밭이 펼쳐져 있어, 샤온강과 더불어 또 하나의 붉은 와인 강이 흐르고 있다고 일컬어진다.

행정적으로는 부르고뉴 지방에 속해 있지만 토양이 화강암질과 석회암질 등으로 이루어져 와인 재배에 필수조건인 배수가 뛰어나고 또한 약간의 산성을 띠고 있어 부르고뉴의 주요 재배품종인 삐노 누아Pinot Noir 대신에 이 토양에 적당한 가메Gamay종을 재배하고 있다.

요즘은 보졸레 누보Beaujolais Nouveau에 의해 전 세계적으로 알려졌지만, 이 지역은 몇 세기 전부터 포도 재배가 발달했다. 가메품종은 다른 부르고뉴 지역에서 A.O.C. 규칙상에 있는 삐노 누아Pinot Noir 대신에 심어지는 것이며, 보졸레 이외의 지역에서는 명성이 매우 낮다. 가메품종은 질을 나타내기보다는 양을 나타내는 포도품종이다.

• 보졸레 누보Beaujolais Nouveau

보졸레의 햇와인이라는 뜻의 보졸레 누보는 오랫동안 이 지방에서 겨울이 오기 전 훈훈한 인정을 서로 나누며 행복을 기원하던 풍습에서 비롯되었다. 그러던 것이 와인 애호가들의 관심을 끌기 시작한 것은 20여 년밖에 되지 않는다. 생산자들이 장기간 저장과 숙성에 부담을 느끼고 있을 때 가벼운 와인의 유행과 더불어 보졸레 누보가 주목받게 된 것이다. 보졸레 누보의 출시는 1951년 프랑스 법령으로 규정되었고, 1985년부터 매년 11월 3째주 목요일이 출시일로 결정되었다. 보졸레 지역에서 생산되는 와인은 연간 약 1,350헥토리터이다.

보졸레 와인의 기본 요소는 Young하고, 친근한 대중적 와인이라는 점이다. 따라서 숙성이 별 도움이 되지 않고 오래 저장하지 않고 대체로 1~2년 사이에 마시는 젊은 와인이다. 포도 수확이 좋은 해에는 Fruity하고 부드럽지만, 좋지 않은 해에는 맛이 엷고 거칠다.

- 보졸레 누보Beaujolais Nouveau: 밝고 아름다운 핑크색을 약간 띤 옅은 자주색이다. 신선한 방향을 지녔고, 과일맛이 풍부하다.
- 보졸레 빌라쥐Beaujolais Villages: 보졸레 누보보다 깊은 맛이 있고, 순하며 신선하고 가장자리에 보라색이 감도는 신비한 루비빛을 띠고 있으며, 과일맛과 향이 조화롭게 느껴진다.
- 크뤼 보졸레Crus Beaujolais: 10개의 크뤼 와인들은 대체적으로 향이 좋고 숙성될수록 깊은 맛이 우러나온다. 보통은 3~4년을 숙성시키지만 물랭 아 방Moulin A Vent이나 플레리Fleurie 같은 와인은 6~10년까지 숙성시켜도 무난한 와인이다.

보졸레 누보 2016   보졸레 빌라쥐   물랭 아 방

5. 발레 뒤 론 Vallee du Rhône

발레 뒤 론 지역은 비엔Vienne에서 아비뇽Avignon에 이르는 론강 양쪽에 200km에 걸쳐서 포도 재배단지가 있는데, 보르도 다음으로 넓은 포도산지이다. 그리스인들에 의해서 개발되기 시작하여 로마시대부터 포도원이 확장되었다. 주로 레드 와인을 생산하며 약간의 로제 와인과 화이트 와인도 생산한다. 미스트랄이라는 바람이 북쪽에서 남쪽 지중해로 부는데, 이 차고 건조한 강풍 덕분에 포도의 부패가 방지되어 와인 생산에 큰 도움이 된다.

① 꼬뜨 뒤 론 Côtes du Rhône 북부 산악지역

이 지방의 와인은 모두 그랑 크뤼이며 동일한 포도품종을 사용하고, 포도원들이 론강가의 언덕기슭에 위치하고 화강암질이나 편암질의 토양으로 매우 어려운 재배조건을 가지고 있다. 꽁드리유Condrieu, 꼬르나스Cornas, 에르미따쥬Hermitage 지역의 유명한 언덕들도 모두 경사가 매우 심한 구릉지대에 위치하여, 계단식 경작으로 포도를 재배한다.

마르싼느Marsanne, 루싼느Roussanne, 비오니에Viognier 품종들이 화이트 와인을 생산하며, 레드 와인은 시라Syrah 품종에서만 얻어진다. 북쪽 끝에 위치한 꽁뜨리유Condrieu, 샤또 그리예Château-Grillet 포도원은 화이트 와인만을 생산한다.

꼬뜨 뒤 론   에르미따쥬

② 꼬뜨 뒤 론 Côtes du Rhône 남부 해안성

해안성의 꼬뜨 뒤 론 계곡이 펼쳐지면서 기복은 점점 완만해지고 포도나무는 조그만 언덕에서 재배되며 강가를 따라 펼쳐진다. 매우 더운 이곳의 지중해성 기후는 폭풍우의 형태로 불규칙한 비를 동반한다.

때때로 부는 매우 강한 바람인 미스트랄은 기본적인 기후 요소이다. 토양은 진흙이나 따벨Tavel의 둥근 자갈과 모래, 지공다스Gigondas의 석회질과 자갈, 샤또네프 뒤 빠쁘Châteauneuf-du-Pape의 굵은 자갈에 이르기까지 매우 다양하다.

이 지방은 AOC 꼬뜨 뒤 론에만 23개의 품종이 허가되어 있고 샤또네프 뒤 빠쁘Châteauneuf-du-Pape에는 13개가 되어 있을 정도로 많은 수의 품종이 공존하고 있다.

따벨 로제   샤또네프 뒤 빠쁘
Tavel Rosé   Châteauneuf-du-pape

이곳은 로제 와인인 따벨Tavel이 생산되고 있다. 그리고 프랑스에서 가장 유명한 적포도 중 하나인 샤또네프 뒤 빠쁘Châteauneuf-du-Pape 포도원이 위치한다. 진한 적색과 향신료의 향을 지닌 이 와인은 취기가 머리로 오를 정도로 알코올함량이 높으며, 힘차고 완벽하게 균형이 잡혔으며, 숙성할수록 우아해지고 위대한 와인이 된다.

이는 표면에 수미터 두께로 굵고 둥근 자갈이 덮인 모래와 사암으로 이뤄진 토양에서 재배된 13품종의 포도로 생산된다. 이 지역의 자갈은 낮 동안에 태양열을 비축하여 이를 밤 동안에 포도에게 제공하므로 당분함량이 충분해져 알코올함량이 높은 와인이 생산된다.

6. 발 드 루아르Val de Loire

- **포도원 총면적** : 75,000ha
- **총생산량** : 250만hL
- **레드 와인** 24%, **화이트 와인** 14%, **로제와인** 55%, **스파클링 와인** 57%
- **AOC** : 555종
- **VDQS** : 13종

발 드 루아르는 루아르강 유역의 포도 재배지역으로, 로마시대부터 포도가 재배되었다. 루아르강은 상류지역에서는 론강의 상류와 30마일 정도 떨어져서, 약 100마일을 평행하게 흘러가다가 유명한 휴양도시인 낭트를 지나 대서양으로 흘러들어간다. 대서양기후의 영향으로 온화한 이 지역은 루아르강 양쪽 연안 약 300km에 걸쳐 포도가 재배된다. 루아르 지역은 주위 경관이 수려해서 중세로부터 왕과 귀족들의 별장 100여 개가 있고, 20여 개의 아주 아름다운 샤또들이 있다. 유명한 관광지라는 것 때문에 이 지역의 와인은 널리 알려질 수 있었다. 이 샤또들의 대부분은 포도원을 소유하고 있지 않으나, 몇 개의 샤또에는 포도원이 있으며 이곳에서는 와인을 생산하고 있다.

발 드 루아르 포도원은 크게 4지역으로 갈라져 있다. 뮈스까데의 고향인 낭트Le Pays Nantais 지방, 당주와 쏘뮈르d'Anjou et Saumur, 뚜렌느La Touraine, 그리고 중부지역의 포도원, 즉 뿌이와 상세르La Region de Pouilly et Sancerre 등이 있다.

① 뻬이 낭트Pays Nantais; 뮈스까데Muscadet

숙성시키지 않고 병입 후 단시일 내에 마시는 가볍고 과일향기를 띤 화이트 와인인 뮈스까데의 요람이다. 면적이 13,000ha에 달하는 뮈스까데 포도원은 1년에 약 66만 헥토리터의 와인을 생산하며, 지질 제1기에 속하는 단단한 화강암, 사암, 운모편암 등의 바위로 구성된 산지에 위치한다.

17세기에 한파로 인해 이 지방 포도밭이 황폐해지자 믈롱 드 부르고뉴Melon de Bourgogne라는 품종이 도입되어 알맞은 토양과 기후 속에서 잘 적응하였는데, 이

뮈스까데

때부터 뮈스까데라는 이름이 정착되고, 오늘날에는 이 지방을 뻬이 뮈스까데 Pays Muscadet: 뮈스까데 지방라고 부르기도 한다.

② 당주 d'Anjou

당주는 루아르강의 지류인 레이용강 주변에 있는 포도 재배지역으로, 주로 로제 와인이 생산된다. 이곳에서 나는 와인은 세미 드라이semi dry한 정도의 감미가 있으며, 유명한 로제 당주Rose d'Anjou와 까베르네 당주Cabernet d'Anjou가 있다.

까베르네 당주

③ 뚜렌느 Touraine

완만한 산들이 솟아 있으며 강을 거슬러 올라가면서 루아르강의 지류인 셰르, 앵드르, 비엔 강가의 구릉지대에서 뚜렌느Touraine 지방의 9개 AOC 포도원을 발견할 수 있다. 이곳의 기후는 대서양기후와 대륙성 기후의 영향을 받기 때문에 '프랑스의 정원'이라 불릴 만하다. 주로 화이트 와인이 더 많은 이곳 와인은 대개 단일품종으로 양조된 와인들이다.

④ 뿌이-쉬르-루아르 Pouilly-sur-Loire

루아르강을 계속 거슬러 올라가면 뿌이-쉬르-루아르Pouilly-sur-Loire 포도원이 있다. 강 우안의 점토성분을 띤 석회질 토양에 900ha의 면적을 가진 이 포도원은 주로 쇼비뇽 블랑 포도와 드물게 샤슬라Chasselas 포도로 4만 헥토리터의 과일향을 띤 무감미 화이트 와인을 생산한다.

뿌이 퓌메Pouilly Fume와 뿌이-쉬르-루아르Pouillysur-Loire가 바로 이들이다.

뿌이 퓌메는 쇼비뇽 블랑 포도를 원료로 한 강한 향기를 띤 와인으로 병 내에서 수개월 숙성시키면 완벽해진다. 샤슬라를 원료로 한 뿌이-쉬르-루아르는 숙성시키지 않고 병입 후 곧 마시는 와인으로 산미가 약하고 맛이 순수하며, 쉽게 마실 수 있는 와인이다.

뿌이 퓌메

⑤ 상세르 Sancerre

상세르 포도원은 강 맞은편에 위치하며 역시 점토성분을 띤 석회질 토양에 주로 쇼비뇽 블랑 포도를 재배하지만, 적은 양의 로제 와인과 레드 와인을 생산하기 위해 약간의 삐노 누아도 재배한다. 상세르 와인은 일반적으로 화이트 와인으로 과일향을 지녔고 힘차며 '쇼비뇽' 특유의 방향을 띤다.

상세르 랑로-샤또
Sancerre Langlois chateâv

7. 알자스 Alsace

- **포도원 총면적** : 14,000ha
- **총생산량** : 110만hL
- **레드 와인** 8%, **화이트 와인** 82%, **로제와인** 10%
- **AOC** : 3종과 그랑 크뤼로 분류된 50개의 명칭

알자스 지역은 프랑스 내에서도 경치가 좋고 고급 레스토랑이 많기로 유명하다. 1세기경 로마군인들에 의해서 이 지역에 와인용 포도가 재배되기 시작했으며, 중세 때에는 알자스 와인이 왕실연회에서 사용될 정도로 사랑을 받았다. 그러나 30년 전쟁 1618~1648으로 포도원과 공장들이 황폐화되었다가 제1차 세계대전 이후부터 다시 포도원이 조성되기 시작했다. 1870~1918년 독일의 점령으로 인해 독일품종의 포도가 많이 재배되고 있으며, 독일 와인과 같이 단일한 포도품종만을 사용한 와인이 제조되고 있다. 또한 병의 모양 역시 목이 긴 독일식 병 모양을 하고 있다.

라인강을 따라 보쥬Vosges산맥의 구릉지대에 자리 잡은 알자스 포도밭은 너비 1~5km, 길이 100km, 총면적 약 1만 4천ha에 달하며, 연평균 110만 헥토리터의 와인을 생산한다. 보쥬산맥이 차갑고 습한 북서풍으로부터 보호해 주며 남동쪽으로 노출된 포도밭은 프랑스에서 가장 건조한 기후와 포도 수확 전 수개월간 풍부한 일조량의 혜택을 누린다.

프랑스의 다른 지역에서는 라벨에 포도원이나 마을의 이름을 기재하는데 비해 이 지역에서는 포도의 품종명을 기재하고 있다. 알자스에서 재배되는 7가지 포도품종을 살펴보면 다음과 같다.

게뷔르츠트라미너 리저브

① 실바너 Sylvaner

이 품종의 와인은 갈증을 풀어주는 신선하고 가벼운 와인으로서 과일향이 풍부하며 섬세하고 때로는 가볍게 방울이 일기도 한다.

② 리슬링 Riesling

섬세함이 극치에 이르는 와인을 만들어내는 세계적으로 훌륭한 백포도 품종의 하나이다. 섬세한 방향과 과일향에 때로는 광물성 부케도 띠는 이 품종의 와인은 귀족적이며 우아하다.

③ 삐노 그리 Pinot Gris

푸른빛이 도는 회색빛 청포도로, 와인이 황금색을 띠며 감미가 상당히 높다. 향이 매우 복합적이며 섬세하여 스모크향을 띠기도 한다. 레드 와인을 대치할 만큼 힘찬 성질을 갖고 있다.

④ 삐노 블랑 Pinot Blanc

향이 유쾌하며 섬세하고 입 안에서는 느껴지는 신선함과 부드러움이 좋다.

⑤ 뮈스까 Muscat

알자스 지방에서 재배 면적이 점차 줄어들고 있는 품종으로 드라이한 화이트와인을 만든다.

⑥ 삐노 누아 Pinot Noir

알자스에서는 유일한 적포도품종으로, 삐노 누아로 만든 레드 와인은 붉은 과일향이 나는 것이 특징이다. 실크처럼 부드러운 타닌성분을 나타낸다.

⑦ 게뷔르츠트라미너 Gewürztraminer

두말할 것도 없이 알자스 와인 중 가장 유명한 와인을 만드는 품종이다. 게뷔르츠트라미너 Gewürz는 독일어로 향신료는 황금빛 색조를 지니며 복합적인 맛을 지닌 와인이다. 향이 매우 강하여 모과, 자몽, 리치, 망고 등의 과일향을 띠며 꽃향기로는 아카시아, 장미향을 주로 띤다. 또 향신료향이 두드러져 계피, 후추향이 나기도 한다. 부드러움과 강함이 입안에서 느껴지는 감미로운 이 와인은 장기숙성이 가능하다.

8. 샹빠뉴 Champagne

- **포도원 총면적** : 30,000ha
- **총생산량** : 180만hL 매년 2억 5천만병을 수출

샹빠뉴 지역은 파리에서 동쪽으로 150km 떨어져 있는 세계적으로 유명한 샴페인 생산지이다. 샴페인의 품질에 미치는 포도나무 품종의 영향은 매우 중요한데, 샴페인에 최고의 맛을 결정해 주는 전통적인 포도는 샤르도네 Chardonnay 청포도품종, 삐노 누아 Pinot Noir 적포도품종, 삐노 뫼니에 Pinot Meunier 적포도품종 3가지이다. 이들 품종들의 공통적인 특징은 활발한 성장력, 높은 당분함량 및 비할 수 없는 향기와 당과 산의 적정한 비율 등이다. 특히 순수한 청포도로서 세계적인 명성을 자랑하는 샤르도네만으로 만든 샴페인을 특별히 '블랑 드 블랑 Blanc de Blancs'이라 통칭한다. 샴페인의 특성을 형성하는 미묘함, 향기, 성숙도 등은 모두 품종과 깊은 관련을 맺고 있다. 그런데 화학적 분석으로는 샴페인의 우수성을 구별할 수 없고 관능검사로서만 가능하여, 관능검사는 예술로까지 인정받고 있다.

샴페인 Champagne은 포도 주스 속의 당분이 모두 알코올로 변하지 않고 남아 있다가 술에 있

는 효모가 다시 2차 발효하면서 그 안에 탄산가스가 생기면서 만들어진다.

그 맛은 상큼하고 쌉쌀하다. 이렇게 만들어진 샴페인은 1700년대 베네딕트수도원의 와인 생산책임자였던 동 뻬리뇽이라는 수사가 연구에 연구를 거듭한 끝에 와인을 2차 발효시키는 방법과 이때 발생하는 탄산가스를 병 속에 담아두는 방법을 개발함으로써 탄생하게 되었다.

샴페인의 상업적 시작은 19세기 초 크리쿠오라는 여성에 의해 이루어졌다. 그녀는 샴페인의 초대 문제점인 침전물 제거 시 가스 분출로 인한 와인 손실량을 줄이기 위해 와인 책임자에게 나무로 만든 선반에 구멍을 뚫어 그 속에 와인 병을 거꾸로 꽂아서 병 입구의 코르크에 침전물이 모이도록 매일 돌려줄 것을 지시했다. 모든 침전물이 병 입구의 코르크에 모였을 때 코르크를 제거해 보니 아주 소량의 와인만이 손실되었다. 이것이 현재 샴페인 제조방법 중 가장 고전적이고 비싼 샴페인을 생산할 때 쓰이는 메토드 샹빠누아즈Method Champanoise이다.

현대적인 메토드 샹빠누아즈는 와인에 주스나 설탕을 첨가하고 효모를 넣어서 맥주병에 쓰는 것과 같은 왕관으로 뚜껑을 닫고 병 안에서 2차 발효 후, 이때 발생한 탄산가스를 병 안의 와인에 포화되도록 한 것이다. 이렇게 2차 발효를 마치고 완전히 숙성시킨 후 경사진 선반에 구멍을 뚫고 여기에 샴페인 병을 처음에는 수평보다 조금 세우는 정도에서 시작하여 대략 2주간에 걸쳐 수직으로 세우는데, 매일 조금씩 병을 좌우로 돌려주면서 약간씩 세운다. 거의 수직이 되면 왕관에 모든 침전물이 모이는데, 이때 병을 영하 20~30℃ 정도의 냉매가 있는 통에 조심스럽게 병 입구부분만 담가 입구를 얼리고, 이 상태에서 병 입구를 덮은 왕관을 제거하여 모든 침전물을 없앨 수 있다. 마지막으로 샴페인용 코르크 마개를 다시 씌우고 탄산가스의 압력으로 코르크가 튀어나오지 못하게 코르크와 병 입구부분을 철사로 붙잡아맨 후 판매한다.

샹빠뉴 지역에서 생산되는 세계적으로 유명한 샴페인 브랜드로는 멈G. H. Mumm, 모에 & 샹동Moët & Chandon, 랑송Lanson, 폴 로제Pol Roger, 동 뻬리뇽Dom Pérignon 등이 있다.

폴 로져   동 뻬리뇽   모에 샹동

세계 각국의 스파클링 와인 명칭

국가	명칭	
프랑스	샹빠뉴 Champagne	샹빠뉴 지방에서 만든 발포성 와인으로서, 20℃에서 병 속의 압력이 5기압 이상이어야 하고, 매년 같은 품질을 유지하기 위해 대부분 빈티지를 사용하지 않는다. · Vintage Champagne빈티지 샴페인: 수확 후 3년 이상 경과해야만 판매할 수 있다. 수확연도를 라벨에 기재해야 하고 다른 수확연도의 포도를 20%까지 혼합할 수 있다. · Blanc de Blancs블랑 드 블랑: 화이트 포도품종인 샤르도네만을 사용하여 만든다. · Blanc de Noirs블랑 드 누아: 레드 와인 품종인 삐노 누아, 삐노 모니에로 만든다. · Rosé Champagne로제 샴페인: 레드 와인 품종을 넣어 만드는 방법과 혼합 시 레드 와인을 첨가하는 방법이 있다.
	끌레망 Crémant	샹빠뉴 지방 이외에서 만든 발포성 와인으로 20℃에서 3기압 이상이어야 하며 모두 7개 지역의 A.O.C.가 있다. · Crémant de Loire 3.5기압 이상 · Crémant de Bourgogne 3.5기압 이상 · Crémant d'Alsace 4기압 이상 · Crémant de Limoux · Crémant de Die · Crémant de Bordeaux · Crémant de Jura
	뱅 무스 Vin Mousseux	샹빠뉴 지방 이외에서 만든 발포성 와인의 총칭 20℃에서 3기압 이상이어야 한다.
	뻬티앙 Petillant	약발포성 와인으로 20℃에서 1~2.5기압 이상이어야 한다.
독일	젝트 Sekt	기준을 만족시킨 발포성 와인 20℃에서 3.5기압 이상
	샤움바인 Schaumwein	발포성 와인의 총칭 20℃에서 3기압 이상
	페를바인 Perlwein	약발포성 와인 20℃에서 1~2.5기압
이탈리아	스푸만테 Spumante	발포성 와인의 총칭
	프리잔테 Frizzante	약발포성 와인 20℃에서 1~2.5기압
스페인	까바 Cava	병 내에서 2차 발효시키는 발포성 와인
	에스푸모소 Espumoso	발포성 와인의 총칭

샹파뉴 블랑 드 블랑   샹파뉴 블랑 드 누아   끌레망 드 쥐라   부르크 슈네크   헨켈 트로켄   아스티 스푸만테   까바

기출문제 2-3. 생산국가에 따른 와인의 분류 [프랑스]

01 1855년 나폴레옹 3세가 명명한 Bordeaux 와인의 Medoc 지구 Red 등급에서 총61개의 Grand Cru 등급와인이 지정되었는데, 예외적으로 Medoc 지역이 아닌 Pessac-Léognan 지역에서 적용된 와인이 있다. 이와인의 이름은?

① Chateau Margaux　　　　　　② Chateau Haut Brion
③ Chateau d'Yquem　　　　　　④ Petrus

> **해설** 미국의 3대 대통령이었던 토마스 제퍼슨이 특히 좋아했던 와인이기도 하다. 약간의 Truffle 향, Sweet Black Fruit(체리향), Mineral의 향, 감초류의 약초향과 나무 딸기류의 과일 향 그리고 다양한 꽃향이 어우러져 있으며 Finish가 Spicy하며 부드러운 Tannin이 느껴지는 Full-Body 스타일의 와인이며 풍부한 향미와 Powerful하면서 아주 복잡하고 다양한 Flavors가 있는 와인이다.

02 프랑스 쏘테른지방에서 1855년 스위트와인으로 유일하게 특1등급으로 자리를 잡았고, 쏘떼른 뿐 아니라 세계에서 가장 우수한 디저트 와인으로 유명한 와인은?

① Chateau Margaux　　　　　　② Chateau Haut Brion
③ Chateau d'Yquem　　　　　　④ Petrus

> **해설** 1594년 이후 오직 두 가족들이 소유하고 있으며 400여 년 동안 지속되고 있다. 생산 초기에는 은은한 벌꿀향과 풀 바디함, 리치함이 특징이다. 그리고 시간이 흐르면 점점 황금빛이 나고 강력한 벌꿀향의 부케가 나타나며, 우아함과 매혹적인 달콤함으로 훌륭한 디저트 와인이 된다. 이 와인은 생산 후 10년이 지나서 마셔야 제맛을 느끼기 시작하며, 10년 이후에는 신선하면서도 특별한 매력을 지니게 되고, 수십년동안 최고의 품질이 지속되는 와인이다.

03 다음 Bordeaux 지방의 AOC중 가장 구체적이고 세분된 AOC는 어느 것인가?

① Bordeaux　　　　　　　　　② Medoc
③ Bordeaux Superieur　　　　　④ Margaux

> **해설** 마고는 메독내의 마을로 가장 구체적인 마을 AOC이다.

04 보르도의 와인 산지 중 61개의 Chateau가 Grand Cru CLasse로 선정 되어있는 지구는?

① Medoc ② Graves
③ Saint-Emillion ④ Pomerol

> **해설** 메독 지구는 전형적인 Claret 생산지구, 균형잡힌인의 골격(Firm), Dry Young 할때는 자주색을 띄며 떫은 맛이 강하다. 숙성에 의해 우아하고 조화된 와인이다.

05 레드 와인 명산지로 샤또 슈발 브랑, 샤또 오존, 샤또 피작을 생산하며 주 품종이 Merlot인 관계로 부드러워 마시기 좋은 와인 생산 지구는?

① Medoc ② Graves
③ Sauternes ④ Saint-Emillion

> **해설** Medoc은 Graves의 와인과 비교 할 때 색깔이 다소 진하며, 맛이 강하고 무겁다.
> 숙성에 의해 색깔이 아름다워지는 것이 특징이며 주 품종이 Merlot인 관계로 부드러워 마시기 좋은 와인 생산 지역은 셍떼밀리옹이다.

06 다음 보르도의 와인 생산지 중 Merlot 종을 주품종으로해서 생산된 세계에서 가장 비싼 Petrus 와인을 생산하는 보르도 지역은?

① Graves ② Sauternes
③ Saint-Emillion ④ Pomerol

> **해설** Saint-Emilion과 Medoc와인의 중간 품질로 평가 받고 있다. 빛나는 Ruby색, 향기가 높고 감칠맛이 있는 와인으로 부드러워 마시기 좋은 와인 생산지구다.

07 Medoc 지구에서 생산된 유명한 와인은?

① Ch' Lafite Rothschild, Ch'Margaux, Ch' Latour , Ch' Mouton Rothschild(1973년에 승급)
② Chateau Haut Brion
③ Chateau d'yquem
④ Chateau Ausone, Chateau Cheval Blanc, Ch' Figeac

> **해설** 오브리옹(그라브), 샤또 디껨(쏘테른), 피작(셍테밀리옹)

08 Graves 지구에서 생산된 유명한 와인은?

① Ch' Lafite Rothschild, Ch'Margaux, Ch' Latour Ch' Mouton Rothschild(1973년에 승급)
② Chateau Haut Brion
③ Chateau d'yquem
④ Chateau Ausone, Chateau Cheval Blanc, Ch' Figeac

> **해설** 오브리옹(그라브), 샤또 디껨(쏘테른), 피작(셍테밀리옹)

09 Sauternes 지구에서 생산된 유명한 와인은?

① Ch' Lafite Rothschild, Ch'Margaux, Ch' Latour Ch' Mouton Rothschild(1973년에 승급)
② Chateau Haut Brion
③ Chateau d'yquem
④ Chateau Ausone, Chateau Cheval Blanc,Ch' Figeac

해 설 오브리옹(그라브), 샤또 디껨(쏘테른), 피작(생테밀리옹)

10 보르도 Chateau Wine 병 Lable 기재사항에 나와 있는 내용이 아닌 것은?

① 포도원명(Chateau명) ② 소유자 가족명
③ 포도원 소재지의 지구명 또는 마을명 -A.O.C ④ Vintage

해 설 Mis en Bouteilles au Chateau(Chateau 병입) 소유자 가족명은 필요하지 않음.

11 프랑스 와인 산지 중 프랑스 AOC와인 생산량의 1/4을 차지하고 있는 주요 와인 생산지역은?

① 보르도 ② 부르고뉴
③ 랑그도크 루시옹 ④ 알자스

해 설 프랑스 보르도에서 최고급와인을 생산하여 세계적인 명성을 얻고 있다.

12 보르도지역의 대표적인 레드와인 생산지역이 아닌 곳은?

① 메독 ② 그라브
③ 쏘테른 ④ 뽀므롤

해 설 쏘테른은 주로 감미와인(스위트) 화이트 와인 생산지역이다.

13 프랑스와인중 원산지 통제명칭 와인이란?

① A O C ② V D Q S
③ V D P ④ V D T

해 설 A.O.C(Appellation d'Origine Controlee):원산지 통제명칭와인.

14 보르도 지역 중 중간에 위치한 땅이란 뜻의 지명은?

① 메독 ② 생떼스떠프
③ 마고 ④ 보졸레

해 설 메독: 북쪽의 바메독과 남쪽의 오메독으로 나뉘고, 지롱드강, 가론강 사이 좁은 띠 모양으로 형성된 지역.

15 다음 프랑스 보르도 지역 중 자갈을 뜻하는 지역 이름은?

① 생쥴리앙 ② 포이약
③ 그라브 ④ 물리

해설 Chateau Haut Brion 생산한 지역으로 굵은 자갈과 조약돌 및 모래가 섞인 자갈을 뜻하는 그라브 지역이다.

16 다음 중 부르고뉴(Bourgogne) 와인 생산지역이 아닌 곳은?

① 앙트르-두-메르(Entre-Deux-Mers) ② 꼬드 드 뉘(Côte de Nuits)
③ 꼬뜨 또 드 본(Côtes de Beaune) ④ 마꼬네(Mâconnais)

해설 앙트르-두-메르('두 바다 사이'라는 뜻의 프랑스어)는 보르도 지방의 도르도뉴(Dordogne)강과 가론느(Garonne)강 사이에 위치해 있다.

17 샤블리(Chablis) 지역은 어떤 토질로 되어 있는가?

① 석회암 ② 점토
③ 자갈 ④ 진흙

해설 샤블리 포도원은 프랑스 부르고뉴(Bourgogne) 내 와인 산지로 White Wine을 주로 생산한다. 오쎄르(Auxerrois) 시 근처에 위치하며 석회암 토양에 재배된 샤르도네(Chardonnay) 포도는 바다감 있고 힘차며 섬세한 화이트 와인을 생산한다. 토양은 점토, 석회석(limestone, 石灰石), 굴껍질로 이루어져 있다.

18 본(Bonne)을 중심으로 '황금의 언덕'으로 불리며, 좁고 구릉지로 이루어진 이 포도원에서는 세계적으로 가장 완벽하다고 추앙받고 있는 지역의 이름은?

① 꼬뜨 도르(Côte d'Or) ② 꼬드 드 뉘(Côtes de Nuits)
③ 마꼬네(Mâconnais) ④ 마콩 빌라지(Marcon Village)

해설 꼬뜨(Côte)는 프랑스어로 '언덕'이란 뜻이며 오르(Or)는 황금이란 뜻이다.

19 색깔이 아주 엷고 밝으며 향기가 아주 화려하고 떫은 맛이 적고 신맛이 강한 와인의 특징을 가지고 있는 보졸레 지역의 포도 품종은?

① 가메(Gamay) ② 까베르네 쇼비뇽(Carbernet Sauvignon)
③ 까베르네 프랑(Carbernet Franc) ④ 쁘띠 베르도(Petit Verdot)

해설 가메는 밝은 색의 와인을 만들며 맛은 신선하고 가벼운 편, 과일향이 풍부하고, 적당한 산도를 가지고 있어 부드럽다. 하지만 타닌이 적고 알코올 함량도 낮아 오래 보관하기가 어렵다.

20 1936년 AOC 지정받고 프랑스 남쪽에 있으며 포도원에는 갈레(Galet)라는 조약돌이 깔려 있어 낮동안에는 열을 저장했다가 밤에 열을 발산함으로써 포도가 익는 데 많은 도움을 주며, 18가지 품종으로 블렌딩(Blending)을 하는 와인의 이름은?

① 샤토네프 뒤 파프(Châteauneuf du Pape) ② 뽀마르(Pommard)
③ 본(Beaune) ④ 알록스 꼬똥(Aloxe Corton)

해설 샤토네프 뒤 파프(Châteauneuf-du-Pape)는 남부 론 지역의 마을명 원산지 명칭이며 고가의 와인을 생산한다. 알코올이 높으면서도 발란스가 아주 뛰어나며, 풀-바디(Full Body)에 스파이시(Spicy : 향료를 넣은, 풍미가 있는)하며 라스베리 풍미가 특징이다. 5~20년의 장기 숙성이 가능한 와인이다.

21 프랑스 남부론 지역에 위치하며 로제 와인을 생산하는 곳으로 유명한 곳은?

① 따벨(Tavel) ② 몽라쉐(Montrachet)
③ 뫼르소(Meursault) ④ 뽀마르(Pommard)

해 설 Tavel(따벨)에서는 그르나슈(Grenache) 포도를 사용하여 Rose를 만들며, 쌩쏘(Cinsault) 등의 품종도 혼합한다. Red Wine 수준의 묵직한 Rose Wine을 생산한다.

22 보졸레 와인산지의 포도 품종 설명으로 알맞지 않은 것은?

① 가메를 주 품종으로 한 레드 와인 산지이지만 1% 미만의 샤르도네도 생산한다.
② 보졸레 크뤼급 산지에는 반드시 일정량 샤르도네를 생산한다.
③ 보졸레 지방도 원래는 삐노 누아를 생산했으나 부르고뉴와 다른 성격의 토양으로 인해 가메로 바꾸었다.
④ 보졸레 와인의 특징은 가메 품종에서 기인한다.

해 설 보졸레는 레드 와인 산지로서 10개의 크뤼급 산지는 보졸레 지방에서 가장 좋은 레드 와인을 생산한다

23 보졸레 누보의 출시일은 언제인가?

① 매 해 11월 1일 ② 매 해 11월 셋째 주 목요일
③ 매 해 10월 넷째 주 목요일 ④ 매 해 11월 첫째 주 월요일

해 설 보졸레 누보는 출시일을 지정하는 등 이벤트적 마케팅에 성공한 케이스이다.

24 보졸레 누보에서 누보란 어떤 의미를 갖고 있는가?

① 새롭다(new)의 의미이다. ② 숙성을 3개월 이내로 짧게 했다는 의미이다.
③ 보졸레에서 생산한 신선한 와인이라는 의미이다. ④ 가메 한 품종으로 양조 했다는 의미이다.

해 설 누보는 새롭다는 의미의 불어이다.

25 다음 중 남부 론 AOC는 무엇인가?

① 에르미타주(Hermitage) ② 생 조셉(Saint-Joseph)
③ 꼬드 로티(Cote-Rotie) ④ 샤토 네프 뒤파프(Chateauneufdupape)

해 설 남부 론의 AOC: 샤토 네프 뒤파프, 따벨, 지공다스

26 남부 론의 로제만 만들 수 있는 AOC는?

① 에르미타주(Hermitage) ② 지공다스(Gigondas)
③ 꼬뜨 뒤 론(Côtes du Rhône) ④ 타벨(Tavel)

해 설 남부론의 타벨AOC는 그르나슈와 생소로 강렬한 풍미의 무거운 바디와인으로 병 숙성 후 깊고 구수한 복합미를 가질 수 있는 잠재력을 가지는 로제 생산으로 유명하다.

27 남부 론의 중요 AOC가 아닌 것은?

① 리락(Lirac)　　　　　　　　　② 바리케스(Vacqueyras)
③ 샤토 뇌프 뒤파프(Chateauneufdupape)　④ 에르미타주(Hermitage)

> **해설** 에르미타주는 19세기에 세계적인 등급의 레드와 화이트 와인 산지로서 명성이 자자하고, 훌륭한 와인은 50년이상 버틸 수 있는 우수한 프리미엄급 와인을 생산하는 북부 론의 대표적인 AOC중 하나이다.

28 남부 론의 설명으로 알맞지 않은 것은?

① 타벨(Tavel)과 리락(Lirac) 은 론의 서쪽 강둑에 위치해 있다.
② 타벨(Tavel)은 로제 와인만 만들 수 있다.
③ 로제 와인은 주로 생소(Cinsault) 와 그르나슈(Grenache)로 만든다.
④ 타벨(Tavel)은 화이트 와인과 레드 와인의 주 산지이다.

> **해설** 타벨은 남부 론의 대표적인 로제 와인 산지이다.

29 타벨(Tavel)AOC와인의 주요 포도 품종의 설명이 옳은 것은?

① 생소(Cinsault)와 그르나슈(Grenache) 두가지 품종으로만 만든다.
② 주 품종은 생소(Cinsault)와 그르나슈(Grenache)와 그리고 기타 품종을 사용한다.
③ 타벨(Tavel)은 시라(Syrah)로 레드 와인만 생산 한다.
④ 타벨(Tavel)은 화이트, 레드, 로제 모두 생산 가능하다.

> **해설** 주로 그르나슈와 생소, 기타 품종으로 만들며, 강렬한 풍미의 무거운 바디와인으로 병 숙성 후 깊고 구수한 복합미를 가지는 잠재력을 갖는 로제 와인을 만든다.

30 꼬뜨 로띠(Côte-Rôtie)AOC의 설명으로 알맞지 않은 것은?

① 꼬뜨 로띠(Côte-Rôtie)AOC는 "구워진 경사지"라는 의미를 갖고 있다.
② 앙푸이 마을 주변의 포도밭은 론 계곡에서 가장 북쪽에 있는AOC이다.
③ 꼬뜨 로띠(Côte-Rôtie)는 매우 가파르고 좁은 계단식 층에 위치하고 있다.
④ 기계 접근이 용이하여 기계수확을 한다.

> **해설** 북부 론은 가파른 경사지 형태이므로 손수확을 통해서만 가능하다.

31 에르마타주(Hermitage) AOC의 설명으로 알맞지 않은 것은?

① 장기 숙성이 불가능하다.
② 시라와 함께 루산과 마르산을 15%까지 발효할 수 있다.
③ 북부레드 와인 중에 가장 무거운 바디를 가지며 숙성에 좋다.
④ 마르산(Marsanne) 위주로 만들어진 와인은 숙성을 통하여 꿀과 헤이즐넛 풍미를 생성할 수 있다.

> **해설** 에르미타주는 19세기에 세계적인 등급의 레드와 화이트 와인 산지로서 명성이 자자하고, 훌륭한 와인은 50년이상 버틸 수 있는 우수한 프리미엄급 와인을 생산하는 북부 론의 대표적인 AOC중 하나이다.

32 스페인이 원산지이며 샤토 네프 뒤파프(Chateauneufdupape)의 대표 품종으로, 알코올이 높고 농축된 향신료와 붉은 과일 풍미의 와인을 생산하는 품종은?

① 그르나슈(Grenache)　　② 비오니에(Le Viognier)
③ 템프라니요(Tempranillo)　　④ 모나 스트렐(Monastrell)

해설 그르나슈는 스페인에서는 가르나차(Garnacha Tinta)로 불리우며 알코올이 높고 일찍 숙성된다. 또한 일부에서는 오래된 포도 나무는 강하고 복합적인 무거운 바디의 레드 와인의 생산을 가능하게 한다. 남부론에서는 알코올이 높고, 농축된 향신료와 붉은과일의 풍미를 생성할 수 있다. 알코올 14.5% 이상 되는 와인도 볼 수 있다.

33 프랑스 와인 생산지역 중 콩트리에, 샤토그리예, 생조셉, 샤토네프 뒤 파페, 지공다스, 리락 등이 생산되는 와인 생산지역은?

① Rheingau　　② Alsace
③ Beaujolais　　④ Rhone

해설 론 지역: 생 조셉, 샤토네프 뒤 파페, 지공다스와 같은 와인이 생산되는 지역이다.

34 다음 중 루아르 와인 산지로 알맞은 것은?

① 뚜렌느(Touraine)　　② 그라브(Graves)
③ 보졸레(Beaujolais)　　④ 샤블리(Chablis)

해설 그라브: 보르도 지역의 포도산지이다.
샤블리: 부르고뉴 지역의 최북단에 위치하며, Dry White Wine으로 유명하다.
보졸레: 부르고뉴 지역의 포도산지이다.

35 샴페인 중 블랑 드 블랑(Blanc de Blanc)에 사용되는 포도 품종은 무엇인가?

① 샤르도네(Chardonnay)　　② 리슬링(Riesling)
③ 세미용(Semillon)　　④ 삐노 누아(Pinot Noir)

해설 블랑 드 블랑이란 프랑스 샴페인을 생산하는 샹파뉴 지방에서 화이트 품종인 샤르도네 한 가지만으로 만든 샴페인을 말한다.

36 샴페인의 크기 및 용량 중 2병 용량의 크기를 무엇이라 하는가?

① 제로보암(Jeroboam)　　② 므두셀라(Methuselah)
③ 매그넘(Magnum)　　④ 보틀(Bottle)

해설 1번은 4병 사이즈, 2번은 8병 사이즈, 4번은 1병 사이즈를 의미한다.

37 샴페인 제조 시 1차 발효 후 여러 가지 와인을 섞어서 2차 발효할 수 있는 단위의 와인을 무엇이라 하는가?

① 퀴베(Cuvee)　　② 띠라주(Tirage)
③ 지로빨레뜨(Gyropalettes)　　④ 르뮈아쥬(Remuage)

> **해설** 따라주는 병입을 의미하며, 지로빨레뜨는 샴페인제조 과정 중 효모 찌꺼기를 제거하기 위해 손으로 병을 돌리는 작업인 르뮈아쥬 작업을 용이하게 하기 위해 여러병을 한꺼번에 돌릴 수 있게끔 만들어진 빨레뜨를 의미한다.

38 독일과 인접한 지역으로 와인 이름에 포도 품종을 사용하는 지역은?

① 알자스　　　　　　　　　② 루아르
③ 보르도　　　　　　　　　④ 론

> **해설** 프랑스의 최북단인 알자스 지방은 독일과 인접한 지역으로서, 독일의 주요 품종인 리슬링, 게뷔르츠트라미너 등이 많이 생산되고 있다.

39 알자스(Alsace)에서 재배되는 포도품종이 아닌 것은?

① 게뷔르츠트라미너(Gewurztraminer)　　② 리슬링(Riesling)
③ 슈냉 블랑(Chenin Blanc)　　　　　　　④ 실바너(Sylvaner)

> **해설** 알자스에서 재배되는 7가지 포도품종으로는 실바너(Sylvaner), 리슬링(Riesling), 또께 삐노 그리(Tokay Pinot Gris), 삐노 블랑(Pinot Blanc), 뮈스까 달자스(Muscat d'Alsace), 삐노 누아(Pinot Noir), 게뷔르츠트라미너(Gewurztraminer) 등이 있다.

40 2000년대 들어 와인 생산량이 폭발적으로 늘어나고 있는 국가로 적합한 것은?

① 중국　　　　　　　　　② 호주
③ 독일　　　　　　　　　④ 남아프리카공화국

> **해설** 2016년 기준 중국의 와인 생산량은 1,150만hL로서 세계 6위권에 해당되며, 2011년 이후 와인 수출액도 1,761%나 증가하였다.

41 다음 와인산지에 대한 설명으로 적합한 지역은?

> 지롱드(Gironde)강 동쪽에 위치해 있으며, 일명 쇠찌꺼기라 불리는 산화철 성분이 함유되어 있다. 세계적인 최고급 와인인 샤또 뻬트뤼스(Château Petrus) 생산지로 유명하다.

① 뽀므롤(Pomerol)　　　　② 프롱싹(Fronsac)
③ 쏘테른(Sauternes)　　　　④ 바르싹(Barsac)

정답

01 ②	02 ③	03 ④	04 ①	05 ④	06 ④	07 ①	08 ②	09 ③	10 ②
11 ①	12 ③	13 ①	14 ①	15 ③	16 ①	17 ①	18 ①	19 ①	20 ①
21 ①	22 ②	23 ②	24 ①	25 ④	26 ④	27 ④	28 ④	29 ②	30 ④
31 ①	32 ①	33 ④	34 ①	35 ①	36 ③	37 ①	38 ①	39 ③	40 ①
41 ①									

이탈리아 와인 산지

② 이탈리아 와인 Italian Wine

이탈리아는 대부분의 지역에서 와인이 생산되고 있으며, 2022년 기준 연간 4,984만hL를 생산하여 전세계 생산량의 19.3%, 와인 생산량도 세계에서 제일 많고 유럽에서 가장 오래된 와인 생산국이기도 하다. 와인 수출량 역시 연간 2,190만hL 내외로 스페인과 더불어 가장 많은 와인을 수출하고 있는데, 다만 무역수지 측면에서 보면 프랑스의 연간 119억달러 수출에 비해 이탈리아는 약 77억달러를 수출하여 상대적으로 저평가되어 있음을 알 수 있다. 역사나 품질 면에 있어서 세계 최고의 수준으로 인정받는 이탈리아 와인이지만 프랑스에 비해 상대적으로 저렴하게 판매되는 것은 전통적 인식과 국제사회의 정치적 여건 및 국제적 마케팅 활동이 늦게 시작되어 적절한 평가를 받지 못하고 있기 때문이기도 하다.

이탈리아 사람들은 1인당 연간 44리터 정도의 와인을 마셔, 포르투갈, 프랑스 다음으로 많은 와인 소비량을 보이고 있다.

이탈리아 와인의 역사는 로마시대부터 시작된다. 이때는 와인을 생산한 후 인근에서 소비하다가 로마 군대가 유럽을 점령하면서 유럽 전역에서 양조용 포도가 재배되기 시작했다. 즉 프랑스를 점령한 로마 군대가 주둔지 근처에 포도나무를 심어 프랑스 와인이 시작되었고, 독일 점령 후 독일 지역에 포도 재배를 시작하여 독일 와인이 시작되었다.

1. 이탈리아 와인의 등급에 의한 분류

이탈리아는 크게 20개의 와인 생산지역이 있으며, 최상급 DOCG Denominazione di Origine Controllata e Garantita, 상급 DOC Denominazione di Origine Controllata, 지역와인 IGT Indicazione Geografica Tipica, 테이블와인 VDT, Vino da Tavola로 구분된다.

이탈리아 law 164/1992
- DOCG 원산지 와인의 관리 및 보장 지정
- DOC 통제된 원산지 와인
- IGT 전형적인 지리적 표시 와인
- VDT 테이블와인

유럽 regulation CE 479/2008
- DOP 원산지 와인의 보호 지정
- IGP 전형적인 지리적 표시 와인
- Varietal wines 품종과 연도가 표시된 일반 와인
- Generic wines 프로토콜이 없는 와인

Quality Wine(품질이 우수한 와인)		Table Wine	
최상급	상급	지방(지역) 와인	테이블 와인
DOCG	DOC	IGT	VdT
전체 생산량의 13%		전체 생산량의 87%	

- **데노미나찌오네 디 오리지네 콘트롤라타 에 가란티타**
  Denominazione di Origine Controllata E Garantita; DOCG

바르바레스코   끼안티

　DOCG 와인은 DOC보다 고급이며 최상급 와인이다. 이 와인은 더 엄격한 규정을 따라야 하며, DOCG의 가란티타Garantita란 이탈리아 정부에서 그 품질을 보증한다는 뜻으로 최상급 와인을 의미한다. 초기에는 이탈리아에 4개의 DOCG만 있었다.

　피에몬테 지역의 바롤로Barolo, 바르바레스코Barbaresco, 토스카나 지역의 브루넬로 디 몬탈치노Brunello di Montalcino, 비노 노빌레 디 몬테풀치아노Vino Nobile di Montepulciano 등이 그것인데, 1984년에 세계적으로 잘 알려진 끼안티Chianti가 추가되었고 1987년에는 알바나 디 로마냐Albana di Romagna가 추가되었으며, 그 이후에 6개가 더 추가되었다. 앞으로도 더 추가되겠으나, 그 숫자는 매우 한정되게 지정하여 최상급으로서의 권위를 지켜나갈 것으로 보인다. 이들 DOCG 와인은 병목에 분홍색 띠를 둘러서 아래 등급과는 차별되게 하여 판매하고 있다.

- **데노미나찌오네 디 오리지네 콘트롤라타**Denominazione di Origine Controllata; DOC

　DOC 와인 생산지는 지역 내의 자신의 포도원에서 재배한 포도를 사용해야 하고, 단위면적당 일정량 이상의 포도를 생산해서도 안되며, 정해진 기간 이상으로 숙성시켜야 하는 등 포도 재배와 와인제조에 대한 규제사항이 많다. 뿐만 아니라 당국의 주기적인 점검을 받아야 하며 많은 규제를 통해 고급와인을 생산하도록 하는 규정이 1963년에 제정되어 실시되고 있다. 현재 이탈리아 국내에 250개의 DOC 와인이 있으며, 이탈리아 전체 와인 중 약 10~12%만이 DOC등급으로 분류되어 있다.

- **인디카찌오네 제오그라피카 티피카**Indicazione Geografica Tipica

　생산지명만 표시하는 것과 포도품종과 생산지명을 표시하는 두 가지가 있다. 그 지방의 특색을 지니거나 생산자의 독자적인 성격을 가진 것이 특징이다. 일부제품은 등급은 낮지만 품질은 DOCG급에 해당하는 것도 있다.

- **비노 다 타볼라**Vino da Tavola

　이 등급은 특별한 제한이 없는 와인으로 저가로 판매되고 있다.

2. 이탈리아 와인 주요 포도품종

① Rosso Red

- **바르베라** Barbera: 이탈리아 피에몬테 Piemonte 지방에서 널리 재배되는 레드 와인 품종으로, 높은 산도와 조화로운 맛을 가지고 있지 않아 테이블 와인의 블렌딩용으로 많이 사용된다.

- **네비올로** Nebbiolo: 이탈리아 북서부의 최고급 전통품종으로 바롤로와 바르바레스코를 생산한다. 네비올로는 이탈리아어로 안개를 뜻하는 네비아 Nebbia에서 유래되었다. 이 포도품종은 10월 말경에야 익게 되는 만숙종인데, 이 시기에 포도밭에 안개가 곧잘 끼고 이 안개가 네비올레의 거친 맛을 완화시켜 준다. 포도 알이 작고 껍질은 두껍고 짙은 보라색이며 풍미는 까베르네 쇼비뇽보다 훨씬 더 부드럽다.

- **산지오베제** Sangiovese: 네비올로 품종과 더불어 이탈리아를 대표하는 토착품종으로 중부지방의 주 포도품종이다. 끼안티를 비롯하여 중부지역의 주요 레드 와인 생산에 사용되고 있으며, 껍질이 두껍고 씨가 많아 타고난 높은 산미와 타닌으로 인해 견고한 느낌을 준다. 진하고 선명한 색상으로 초기 향은 블랙

체리, 말린 자두, 담뱃잎, 허브, 건초 등의 향이 나고 숙성되면서 육감적인 동물적 풍미로 바뀐다.

- **돌체토** Dolcetto: 이탈리아 피에몬테 지방에서 재배되는 산도가 낮은 적포도품종으로 Dolcetto는 'little sweet one'이란 뜻이다. 진한 자주색을 내며, 과일향, 아몬드향, 감초향이 나는 부드러운 와인을 생산한다. 시간이 지나면 과일향이 감소하기 때문에 영한 상태에서 마시는 게 좋다.

- **그리뇰리노** Grignolino: 피에몬테 와인 중에서 가볍게 마시기 좋은 가벼운 레드나 로제 와인을 만들며, 강한 산도, 풍부한 과일향을 지니고 있다.

- **브라케토** Brachetto: 이탈리아 북서부 피에몬테 아퀴 Aqui 지방에서 주로 재배된다. 아로마가 강한 피에몬테 주의 브라케토와 단순한 맛을 내는 니짜 마리띠마 Nizza Marittima의 브라케토 두 종류로 알려져 있다. 섬세하고 특색 있는 부드러운 맛의 스푸만테를 생산하는 것이 일반적이지만 강도 높은 파시토 Passito; 건포도로 만든 와인를 만들기도 한다.

로사리갈
브라케토 다퀴

② **Bianco** White

- **모스카토** Moscato : 달콤한 스타일의 스위트 화이트 와인을 생산하는 품종으로 원산지는 지중해 연안이다. 뜨거운 태양 아래 과숙된 포도가 주는 짙은 풍미와 높은 당도 때문에 디저트 와인으로 이용되고 있다. 대부분 스위트 와인으로만 알고 있지만, 프랑스 알자스 지방에서는 드라이한 와인도 생산된다.

  빌라M

  - **프랑스 알자스** : 감미로운 풍미의 강한 드라이 와인. 감귤 껍질, 자몽, 화사한 꽃향기 등이 풍성한 드라이 와인 생산
  - **이탈리아 아스티** : 알코올함량 5~6% 정도의 가벼우면서 달콤한 사이다 같은 발포성 와인을 생산

- **삐노 그리지오** Pinot Grigio : 이탈리아 북동쪽에서 재배되고 있는 삐노 그리지오 Pinot Grigio는 프랑스에서는 삐노 그리 Pinot Gri라 불리는데, 주로 서늘한 지역에서 많이 재배되고 있다. 산도가 풍부하고 상큼한 라이트바디 Light Body 화이트 와인을 만든다.

  삐노 그리지오

- **트레비아노** Trebbiano : 이탈리아에서 가장 널리 재배되는 청포도품종으로 오르비에토 Orvieto, 소아베 Soave 등 드라이 화이트 와인을 주로 만든다. 높은 산도, 중간 정도의 알코올, 중성적인 향을 가지고 있으며, 라이트바디하면서 평범한 특성 때문에 주로 다른 품종과 블렌딩용으로 사용된다. 프랑스에서는 위니 블랑 Ugni Blanc으로 부르며, 주로 브랜디를 만든다.

  트레비아노

- **아르네이스** Arneis : 이탈리아 피에몬테에서 재배되는 대표 청포도품종으로 "개구쟁이"라는 뜻을 가지고 있다. 이 포도품종의 특징은 허브향과 아몬드향이 매력적이다.

  아르네이스

- **가르가네가** Garganega : 베네또 Veneto 지방의 부드러운 화이트 와인인 소아베 Soave를 만드는 전통 포도품종으로 전형적인 꽃향과 과일향, 신선하고 은은한 맛과 함께 스파이시한 끝맛이 난다.

  가르가네가

- **말바지아 비앙카** Malvasia Bianca : 청포도품종으로 달콤한 강화 와인을 만든다. 말바지아 화이트와인 Malvasia White Wine은 색이 짙고, 높은 알코올도수와 너트 Nut류의 향을 가지고 있다.

  말바지아 비앙카

3. 이탈리아 유명 와인산지

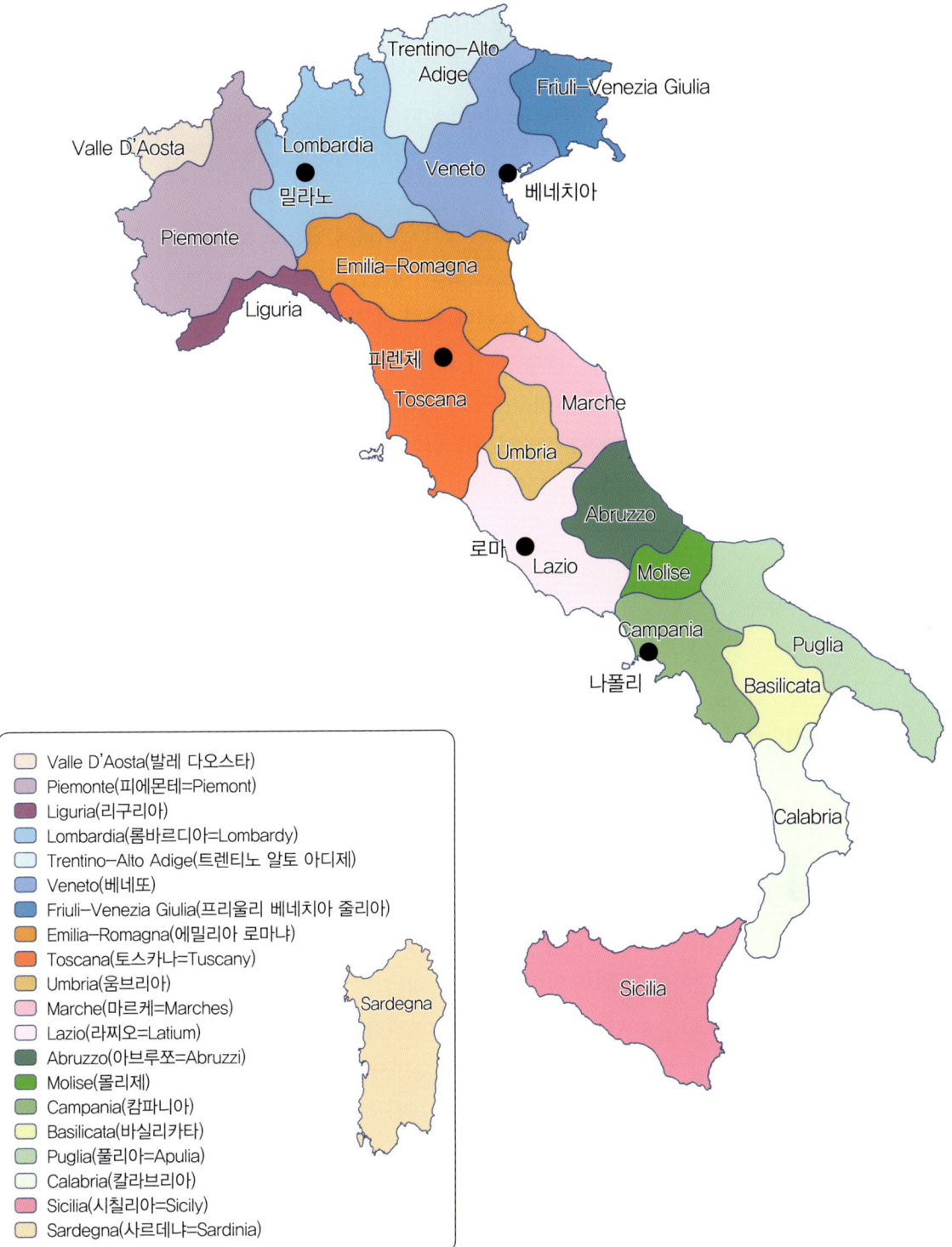

① 북동부 지역

베네또Veneto, 트렌티노 알토 아디제Trentino AltoAdige, 프라울리 베네치아 줄리아Friuli-Venezia Giulia의 세 지역으로 이루어진 북동부 지역은 이탈리아 와인의 20% 정도를 차지하고 있으며, 생산량에 비해 DOC 와인이 많이 분포되어 있다.

• 베네또

베네또Veneto 지역은 베니스 근처 알프스산맥의 산기슭에 위치해 있으며, 소아베Soave, 발폴리첼라Valpolicella와 바르돌리노Bardolino 지방에서 DOC 와인이 많이 생산된다. 특히 이 지역의 도시인 베로나는 전체 이탈리아 와인 수출의 중심지로서 이탈리아 최대의 와인 전시회인 비니탈리VINITALY가 매년 4월에 개최된다. 이 지역의 유명한 와인으로는 화이트 와인인 소아베, 레드 와인인 발폴리첼라와 로제 와인인 바르돌리노 등 DOCG 와인 3, DOC 와인 18가 있다.

소아베   발폴리첼라

• 소아베Soave

소아베는 가르가네가Garganega와 트레비아노 디소아베Trebbiano di Soave로 만들며 보통 드라이하고 거품이 없다. 소아베는 이탈리아에서 가장 인기 있는 드라이 화이트 와인이며, 생산량으로는 등급을 받은 와인 중에서 끼안티와 아스티에 이어 세 번째연간 5천만 리터 이상이다.

• 발폴리첼라Valpolicella

발폴리첼라는 코르비나Corvina, 론디넬라Rondinella, 몰리나라Molinara 포도를 혼합하여 만들며, 일 년에 3천만 리터를 생산하여 그 양에 있어 DOC 중 네 번째이다. 또한 발폴리첼라는 상대적으로 숙성을 덜 시켜 마시는 강력한 레드 와인으로, 베로나 북부 언덕에 있는 포도밭에서 생산되는 포도를 약간 건조시켜 아주 드라이한 아마로네 델라 발폴리첼라Amarone della Valpolicella, 또는 스위트한 레쵸토 델라 발폴리첼라Recioto della Valpolicella로 만들기도 한다. 아마로네는 숙성된 와인으로 매우 우수한 레드 와인 중 하나이고, 이탈리아에서 가장 권위있는 레드 와인으로 인정받고 있으며, 세계적으로도 인기가 높아지고 있다.

소아베   조닌 발폴리첼라
클라시코   Zonin Valpolicella

• 바르돌리노Bardolino

바르돌리노는 코르비나Corvina를 주품종으로 만들며, 가벼운 레드 와인과 진한 핑크의 키아레토Chiaretto 둘 중의 어느 것이나 쉽게 마실 수 있다. 또한 바르돌리노는 베네또가 생산하는 또 다른 분류인 비노 노벨로Vino Novello로써도 인기가 있다. 바르돌리노는 가르다 호수 주위에서 생산되며, 일 년에 2천만 리터를 생산하여 생산량에서도 높은 순위에 있다.

• 트렌티노 알토 아디제Trentino Alto Adige

스위스와 오스트리아의 국경과 맞닿아 있는 이탈리아의 가장 북쪽 지역이다. 이곳 사람들은 오스트리아의 영향을 받아 독일어를 주로 사용하고 있으며 와인 레이블에서도 오스트리아 스타일로 지명을 표기하기도 한다. 주요 DOC 와인을 살펴보면 다음과 같다.

- 알토 아디제AltoAdige DOC
- 트렌토Trento
- 발다디제Valdadige
- 라고 디 카르다로Lago di Cardaro
- 카스텔레르Casteller

바르돌리노

② 북서부 지역

이탈리아 북서부 지역은 프랑스와 경계를 이루는 몬테 비앙코몽블랑에서 아드리아해까지로 이탈리아 최고의 와인들이 생산되는 지역이다. 프랑스에서 만년설로 뒤덮인 몽블랑 터널을 지나 이탈리아로 넘어오면 가장 먼저 만나게 되는 산지가 발레 다오스타Valle d'Aosta이고, 이탈리아 최고의 와인산지인 피에몬테 Piemonte, 리구리아Liguria, 롬바르디아Lombardia, 에밀리아 로마냐Emilia Romagna의 5개 와인산지로 구성되어 있다.

• 발레 다오스타Valle d'Aosta

아오스타 계곡은 스위스, 프랑스 국경지대인 산악지역으로 바위가 많고 알프스의 영향으로 안개가 많으며 포도를 재배하기가 쉽지 않은 아주 작은 산지이다.

• 피에몬테 Piemonte

피에몬테는 '산기슭에 있는 땅 Foot of Mountain'이란 뜻으로 프랑스에서 이탈리아로 가는 도중에 몽블랑산 아래의 터널을 지나면 아름다운 산악지대가 나오는데, 이 지역이 바로 피에몬테 지역이다. 여름에는 덥고 가을에는 선선해서 포도 재배에 적당하다.

피에몬테 최고의 레드 와인은 바롤로 Barolo와 바르바레스코 Barbaresco이다. 이것은 이들의 마을이름에서 붙여진 것이다. 이들 와인은 풍부한 과육을 지닌 우아하고 여성적인 포도품종인 네비올로 Nebbiolo 포도로 만들어진다. DOCG와인 7, DOC와인 43을 갖고 있는 이곳은 이탈리아 최고의 와인산지이다.

바르베라 달바
Barbera D'alba

• 바롤로 Barolo

바롤로는 이탈리아의 작은 동네로, 이곳에서는 포도 주스의 당분을 완전히 발효시키지 못해서 늘 당분이 남아 있는 와인을 만들었다. 그러다 1850년대 들어 이 지역의 한 포도원 주인이 프랑스의 양조기술자인 루이 오우다를 채용해서 포도를 늦게 수확하고, 또 발효방법 등을 개선해서 큰 오크통에 술을 보관하여 힘 있는 와인을 생산하게 된 후부터 국내외에 유명한 바롤로가 생산되기 시작했다. 바디 body가 강한 레드 와인으로 축제나 특별한 행사에 많이 사용되고 있으며, 적어도 3년 이상 오크통에서 숙성시키는 이탈리아 최고급와인의 하나이다.

• 바르바레스코 Barbaresco

바르바레스코는 이탈리아의 작은 동네 이름이자 와인 이름이다. 조금 가벼운 레드 와인으로 짧은 기간 동안 나무통에 저장시켜서 만든다. 이 지역의 유명한 바르바레스코 와인회사로는 가야 Gaja가 있으며, 136에이커에서 연간 10,000상자씩 생산하고 있다. 이탈리아에서 가장 고가로 판매되고 있는 와인중 하나이다.

바롤로 체레토

• 아스티 Asti

모스카토 Moscato품종으로 프리잔테 스타일의 달콤한 와인과 스파클링 와인인 스푸만테 Spumante를 만드는 지역이다. 와인에 미세한 기포가 이는 것을 프리잔테라 하는데, 좀 더 산뜻한 와인이 된다. 알코올도수는 5~5.5% 정도의 달콤하면서 상큼한 매우 부드러

바르바레스코
안젤르가야

운 와인이다. 스파클링 와인인 스푸만테는 아스티 스푸만테Asti Spumante라는 이름으로 세계인의 사랑을 받고 있다.

• 롬바르디아Lombardia

롬바르디아는 알프스의 설경과 가르다Garda, 코모Como 등의 호수들과 어울려 아름다운 경관을 자랑하는 지역이다. 최대의 Spumante 명산지이며 DOCG 와인 2, DOC와인 12가 있다.

• 에밀리아 로마냐Emilia Romagna

에밀리아 로마냐 지역은 이탈리아에서 가장 많은 와인을 생산하고 있으나 와인의 특징이 거의 없다. 볼로냐Bologna는 문학과 영화가 발달한 지역이기도 하며 스파게티 볼로네이즈가 만들어진 마을로 유명하다. 팔마Parma는 팔마산 치즈와 프로슈토햄 등으로 유명하고 매우 부유한 마을로 알려져 있다. 모덴하Modenha는 와인을 발효시켜 만든 식초인 발사믹으로 유명한 마을이다.

아스티 스푸만테

• 리구리아Liguria

피에몬테 지역의 남부 해안을 따라 지중해에 접한 급경사지에 포도밭이 좁고 길게 조성되어 있다.

③ 중부 지역

각종 문화유적과 웅장한 역사가 숨 쉬고 있는 이탈리아 중부지역은 관광뿐 아니라 와인산업으로도 이탈리아 와인의 중심축 역할을 하고 있다. 토스카나, 움브리아, 마르케, 라치오, 아브루쪼, 몰리제 등 6개 와인산지로 구성되어 있다.

• 토스카나

토스카나Toscana는 피렌체 부근에 있는 포도 재배지역으로 세계적으로 유명한 레드 와인인 끼안티Chianti의 생산지역이다. 이탈리아 와인 하면 열에 아홉은 끼안티를 꼽을 정도로 유명하다. 이것은 모양과 포장이 특이한 피아스코Fiasco 병 때문이며, 지금도 끼안티의 상당량이 이 병에 담겨 판매되고 있다. 끼안티는 레드 와인 포도품종으로 산지오베제Sangiovese 등을 쓰고 화이트 와인은 말바지아Malvasia 등을 사용

루피노 끼안티
Ruffino Chianti

한다. 토스카나의 유명한 와인으로는 이탈리아 최고급 등급의 DOCG 와인들인 브루넬로 디 몬탈치아노Brunello di Montalciano, 비노 노빌레 디 몬테풀치아노Vino Nobile di Montepulciano, 끼안티Chianti 등 DOCG와인 7, DOC와인 43가 있다. 이 지역의 유명한 와인회사로는 안티노리, 루뻬노, 프레스 코발디가 있다.

- **움브리아**Umbria

이탈리아 반도 중심부의 움브리아Umbria 지방은 몬떼팔꼬Montefalco 언덕의 특산 품종인 사그란띠노Sagrantino라는 레드품종이 유명한데, 이 품종은 이탈리아 포도품종 중 폴리페놀타닌을 가장 많이 함유하고 있다.

- **마르케**Marche

- **라치오**Lazio

- **아브루쪼**Abruzzo

- **몰리제**Molise

몬떼빨꼬 사그란띠노

④ 남부 및 섬 지역

- **캄파니아**Campania

나폴리가 있는 캄파니아Campania 지방은 타닌성분이 풍부한 알리아니코Aglianico라는 레드품종으로 만들어지는 타우라지Taurasi 와인이 유명하다. 타우라지Taurasi는 이탈리아 남부 최초의 DOCG 와인이며 이 지방을 대표하는 와인으로 '남부의 바롤로Barolo'라고 불린다. 화이트 품종으로는 사과, 레몬향이 나는 토착품종 팔랑기나Falanghina가 유명하다.

- **풀리아**Puglia

이탈리아를 장화모양으로 봤을 때 발뒤꿈치에 해당하는 위치에 있다. 이곳에서는 화이트, 레드, 로제가 모두 생산되는데 특히 로제가 인기가 있다.

타우라지

- **바실리카타**Basilicata

알리아니코Aglianico 품종 100%로 만든 알리아니코 델 불투레Aglianico del Vulture가 유일한 DOC이다.

• 칼라브리아 Calabria

이탈리아 장화 모양 지도에서 발끝에 해당하는 지역으로 해변에서 고원지대까지 산악지역이 많아 기후변화가 심한 곳이다. 이 지역의 많은 와인 중 과일향이 풍부한 치로 Ciro 와인이 유명한데 이오니아해의 낮은 언덕에서 생산된다.

• 시칠리아 Sicilia

시칠리아는 지중해에서 가장 큰 섬으로 와인 생산량은 베네또 Veneto 다음으로 많다. 생산량의 70%를 협동조합 형태로 생산하고 있지만 최상급 품질의 와인생산에 중점을 두는 개인 소유의 포도밭도 늘어나고 있다.

시칠리아 섬에는 깔라브레제 Calabrese 라고도 불리는 네로 다볼라 Nero d'Avola 토착품종이 있는데, 대체로 맛이 가볍고 산도가 높기도 하지만 질감이 풍부하고 거친 듯 풍부한 과일향이 나며 시라 Syrah, 메를로 Merlot 등과 블렌딩을 하기도 한다.

시칠리아 Sicilia 와인은 '이탈리아 와인의 뜨는 별'이라고 표현될 정도로 최근 들어 생산량이나 품질 면에서 빠른 성장을 이루고 있다.

시그너스   페도 아란치오 샤르도네

• 샤르데냐 Sardegna

샤르데냐 Sardegna는 지중해에서 2번째로 큰 섬으로 이탈리아 서쪽 지중해에 위치해 있다. 섬의 북부 갈루라 Gallura 반도의 산비탈 지역에서는 베르멘티노 디 갈루라 Vermentino di Gallura라는 DOCG 와인이 생산되는데, 이 와인은 베르멘티노 Vermentino 품종으로 만든 드라이한 와인이며, 샤르데냐에서 유일하다.

이탈리아 와인 라벨
카스텔로 디 베라치노(토스카나)

① 와인명(카스텔로 디 베라치노)
② 포도 재배지역명(끼안티 클라시코)
③ 품질등급 중 DOCG급임을 나타냄
④ 포도의 수확연도, 즉 빈티지(Vintage)가 1993
⑤ 회사명(베라치노)

기출문제 2-3. 생산국가에 따른 와인의 분류 [이탈리아]

01 이탈리아 와인에 대한 설명으로 틀린 것은?

① 거의 전 지역에서 와인이 생산된다.
② 지명도가 높은 와인산지로는 피에몬테, 토스카나, 베네또 등이 있다.
③ 이탈리아의 와인등급체계는 5등급이다.
④ 네비올로, 산지오베제, 바르베라, 돌체토 포도품종은 레드 와인용으로 사용된다.

> **해설** 이탈리아 적포도 품종
> **네비올로(Nebbiolo)**: 이탈리아 피에몬테지방에서 가장 많이 재배되는 품종으로 당분 함량이 높아, 이것으로 만든 와인은 알코올 함량이 높고 산도도 비교적 높은 편이다.
> **산지오베제(Sangiovese)**: 네비올로와 함께 이탈리아의 대표적인 품종으로 와인의 맛이 가볍고 신선하다. 끼안티가 산지오베제로 만든 대표적인 와인이다.
> **바르베라(Barbera)**: 당도가 높고 신맛이 많은 적포도로서 피에몬테지방에서 많이 재배한다.
> **돌체토(Dolcetto)**: 피에몬테지방의 적포도로서 부드럽고 풍부한 맛의 와인을 만든다.
>
> 이탈리아 와인 등급
> **D.O.C.G.**(Denominazione di Origine Controllata e Garantita): 원산지 명칭 통제 보증함. 5년 이상 D.O.C 와인으로서 일정 수준 이상의 것을 심사하여 결정한다. 2004년 현재 32개임.
> **D.O.C.**(Denominazione di Origine Controllata): 원산지 명칭 통제함. 포도품종은 표시하지 않고 원산지만 나타낸다. 2001년 4월 현재 294개임.
> **I.G.T.**(Indicazione Geografica Tipica): 생산지명만 표시하는 것과 포도품종과 생산지명을 표시하는 두 가지가 있다.
> **Vino da Tavola**: 테이블 와인으로 외국산 포도를 블렌딩하지 못한다. 상표에는 레드, 화이트, 로제로 표시한다.

02 다음 중 이탈리아 고유 레드 품종이 아닌 것은?

① 바르베라(Barbera)   ② 돌체토(Dolcetto)
③ 네비올로(Nebbiolo)   ④ 가메(Gamay)

> **해설** 가메는 프랑스 보졸레 지방과 프로방스, 꼬뜨 뒤 론에서 생산되는 적포도 품종이다. 신선하고 상큼한 바나나, 베리, 복숭아등의 과일향이 좋은 라이트 바디 와인이 생산된다. 보졸레 누보 와인을 만드는 포도 품종이기도 하다.

03 다음 중 이탈리아 고유 화이트 품종이 아닌 것은?

① 모스까또(Moscat)
② 트레비아노(Trebbiano)
③ 삐노 그리지오(Pinot Grigio)
④ 게브르츠트라미너(Gewurztraminer)

해설 독일 품종으로 게브르츠트라미너는 직역하면 독일어로 '향신료'를 의미, 프랑스 알자스의 주 품종이며 후추가루와 꽃향 및 견과류 맛이 난다.

04 다음 중 이탈리아 주요 와인 산지가 아닌 곳은?

① 마르케(Marche)
② 시칠리아(Sicilia)
③ 토스카나(Toscana)
④ 보르도(Bordeaux)

해설 보르도(Bordeaux)는 프랑스 남서부, 대서양과 면해 있는 대단위 와인산지이다.

05 이탈리아 최고의 레드 와인 산지로서 알프스 산맥을 따라 북으로는 스위스, 서쪽으로는 프랑스와 국경을 맞대고 있으며 '산기슭'이라는 의미의 지역의 이름은?

① 피에몬테(Piemonte)
② 롬바르디아(Lombardia)
③ 베네또(Veneto)
④ 시칠리아(Sicilia)

해설 피에몬테 주는 이탈리아의 북서쪽 끝에 위치하며, 북쪽으로는 스위스, 서쪽으로는 프랑스와 국경을 접하고 있다.

06 다음 포도산지에 대한 설명으로 적합한 곳은?

> 베니스 근처 알프스산맥의 산기슭에 위치해 있으며, 소아베(Soave), 발포리첼라(Valpolicella), 바르돌리노(Bardolino) 지방에서 DOC와인이 많이 생산된다. 특히 이 지역의 도시인 베로나는 이탈리아 수출 와인의 중심지이다.

① 베네또(Veneto)
② 피에몬테(Piemonte)
③ 바를로(Barolo)
④ 아스티(Asti)

07 모스카토(Moscato) 품종으로 프리잔테(Prizzante) 스타일의 달콤한 와인과 스파클링 와인인 스푸만테(Spumante)를 만드는 지역으로 적합한 것은?

① 피에몬테(Piemonte)
② 아스티(Asti)
③ 바를로(Barolo)
④ 롬바르디아(Lombardia)

08 이탈리아 와인법상 규정된 세부 생산지 명칭이 아닌 것은?

① DOCG급
② DOC급
③ IGT급
④ Vins de Pays

> **해 설** 프랑스의 VdP(Vin de Pays)는 독일의 Landwein, 이탈리아의 IGT(Indicazione Geografica Tipica : 인디까찌오네 제오그라피까 띠삐까), 스페인의 Vino de Tierra(비노 데 타볼라), 포르투갈의 Vinho Regional(비뉴스 헤지오나이스) 등급과 비슷한 급의 와인이다.

09 다음 이탈리아 와인산지에 대한 설명으로 적합한 지역은?

> 이탈리아에서 가장 많은 와인을 생산하고 있으나 와인의 특징이 거의 없다. 스파게티 볼로네이즈와 팔마산 치즈, 프로슈토 햄 등으로도 유명하다.

① 아스티(Asti) ② 에밀리아 로마냐(Emilia Romagna)
③ 롬바르디아(Lombardia) ④ 바르바레스코(Barbaresco)

10 다음 중 이탈리아 와인 생산지역이 아닌 곳은?

① 루아르 ② 피에몬테
③ 리구리아 ④ 토스카나

> **해 설** 루아르는 프랑스 와인 생산지역

11 피에몬테 지역의 바르바레스코 마을과 함께 이 지역을 대표하는 최고급 산지이며 네비올로 품종으로 만들어지며 최소 알코올 함유량이 13%이상 되어야 하고 오크 통에 2년간 숙성 병에서 1년 숙성 시켜야하는 와인은?

① 바롤로 ② 바르바레스코
③ 카티나라 ④ 아스티

> **해 설** 피에몬테지역의 바롤로 와인은 와인의 왕,왕의와인으로 묘사되는 와인으로 네비올로 품종생산

12 피에몬테 지역의 바를로 마을과 바르바레스코 마을은 최고급 산지로 유명한데, 어떤 품종을 재배하는가?

① 모스까또 ② 네비올로
③ 돌체토 ④ 삐노 그리지

13 이탈리아 토스카나 끼안티에서 산지오베제 품종으로 만들어지며 원조라는 의미를 갖고 있는 와인은?

① 끼안티 클라시코 ② 브루넬로 디 몬탈치노
③ 소아베 ④ 모스까또다스티

14 이탈리아 최대의 스푸만테(Spumante)의 명산지로 알려진 곳은?

① 피에몬테(Piemonte) ② 아스티(Asti)
③ 바를로(Barolo) ④ 룸바르디아(Lombardia)

15 피렌체 부근에 있는 포도 재배지역으로 세계적으로 유명한 레드와인인 끼안티 생산지역으로 잘 알려진 곳은?

① 바를로(Barolo) ② 베네또(Veneto)
③ 토스카나(Toscana) ④ 룸바르디아(Lombardia)

16 '이탈리아 와인의 뜨는 별'이라고 표현될 정도로 최근 들어 생산량이나 품질 면에서 빠른 성장을 이루고있는 와인산지는?

① 샤르데냐(Sardegna) ② 시칠리아(Sicilia)
③ 칼라브리아(Calabria) ④ 바르바레스코(Barbaresco)

정답 01 ③ 02 ④ 03 ④ 04 ④ 05 ① 06 ① 07 ② 08 ④ 09 ② 10 ①
11 ① 12 ② 13 ① 14 ④ 15 ③ 16 ②

③ 독일 와인 German Wine

독일은 프랑스에 비해 와인 생산량은 그다지 많지 않지만 품질 좋은 화이트 와인의 명산지이다. 독일에서 생산되는 와인은 약 85%가 화이트 와인이며, 알코올도수는 평균 7.5~10%로 다른 나라의 와인에 비해 알코올도수가 낮다. 이 지역의 신선함과 순함, 포도의 신맛과 천연의 단맛이 서로 균형을 이루면서 작용하는 조화가 독일산 와인의 큰 특징이다. 특히 천연의 단맛이 있는 관계로 독일 와인은 처음 와인을 접하는 이들과 여성에게 알맞다.

독일의 우수한 와인은 13개 지방에서 생산되고 있는데, 라인강 유역과 모젤-자르-루버Mosel-Saar-Ruwer 유역의 2대 산지가 특히 유명하다. 모젤 자르 루버 지역에서 생산되는 와인은 신선하고 약간 신맛이 나며 녹색병이 사용되는 데 반해, 라인 지역에서 생산되는 와인은 부드러우며 갈색병이 사용된다. 포도의 품종은 개성이 뚜렷한 리슬링Riesling종과 부드러운 실바너Silvaner종을 많이 사용한다.

1. 독일 와인에 관한 법률

독일의 와인 품질검사기준법은 1879년 처음 제정되고 수차례에 걸쳐 수정되어 왔으며, 1970년대에는 한때 유명무실하였다가 1982년에 현재의 법으로 확정되어 시행하고 있다. 독일 와인의 품질등급분류는 크게 두 가지로 타펠바인Tafelwein; Table Wine과 크발리태츠바인Qualitätswein; Quality Wine, 품질이 우수한 와인으로 분류되며, 와인은 포도의 성숙정도와 수확시기에 따라 품질이 결정되고 늦게 수확한 것이 더 좋은 와인을 만든다.

에르드네르 트렙쉔   베른카스텔 닥터

Quality Wine(품질이 우수한 와인)		Table Wine	
최상급	상급	지방(지역) 와인	테이블 와인
QmP	QbA	Landwein 란트바인	Tafelwein 타펠바인
가장 품질이 좋은 와인으로 QbA급 와인과는 달리 가당을 하지 않는다.	13개 특정지역에서 생산되는 품질이 좋은 와인으로 알코올도수를 높이기 위해 가당을 한다.	알코올도수, 산도 등 최소한의 규정으로, 17개의 특정 지역에서 생산되는 와인	EU 내에서 재배된 포도로 자유롭게 만든 와인이며, 100% 독일산 포도로 만든 경우 도이치 타펠바인으로 표기한다.

① 타펠바인 Tafelwein

가장 낮은 등급으로 독일 전체의 5% 정도가 해당되며 테이블급 와인이다. 타펠바인Tafelwein은 포도의 생산이 독일 내에서 이루어졌는지 독일 이외에서 이루어졌는지로 구분되며 독일 내에서 이루어졌으면 라벨에 '도이처Deutscher'라는 단어를 표기한다.

- 도이처 타펠바인Deutscher Tafelwein : 독일에서 생산된 포도로 양조한 테이블급 와인
- 유럽연합 타펠바인Euro Tafelwein : 'Deutscher'라는 단어를 라벨에 표기할 수 없으며 유럽 여러 나라에서 만들어진 와인으로 독일 와인회사들에 의해 유통되는 와인

② 란트바인 Landwein

1982년에 법이 개정되면서 도입된 등급으로 프랑스의 뱅 드 빼이에 해당하는 등급으로 타펠바인보다 약간 상위등급이다. 17개의 특정지역에서 만들어지고 라벨에 지역이 명시된다.

③ 크발리태츠바인 Qualitätswein

품질이 우수한 양질의 와인으로 포도가 성숙한 적기에 수확하지 않고 늦게 수확하여 와인을 만들며, 크발리태츠바인 베쉬팀터 안바우게비테Qualitätswein bestimmter Anbaugebiete; QbA와 크발리태츠바인 미트 프래디카트Qualitätswein mit Prädikat; QmP의 두 가지로 분류한다.

- **크발리태츠바인 베쉬팀터 안바우게비테**Qualitätswein bestimmter Anbaugebiete; QbA

품질이 우수한 와인으로 13개 지역에서 많은 양을 생산하며, 발효과정에서 부족한 당분을 첨가하는 것이 허용된다. 지역의 특성과 전통적인 맛을 위하여 포도원에 토질, 품종, 재배방법, 생산과정을 검사받아 와인의 품질을 보증하게 된다.

- **크발리태츠바인 미트 프래디카트**Qualitätswein mit Prädikat; QmP

당분이 풍부한 포도만을 원료로 만든 상급의 와인으로 포도를 적기에 수확하지 않고 당도가 많이 성숙할 때 수확시기를 조절하여 와인을 만들며, 별도로 당분을 첨가하는 것이 법으로 금지된다. 제한된 지역에서 좋은 품종의 포도만을 재배하여 현지에서 발효시켜 품질심사를 받은 와인은 생산지와 검사번호가 기재된다.

심사는 3단계의 품질관리 검사를 받는데, 1단계는 포도수확 시 성숙도의 심사를 받으며, 2단계는 알코올함량, 잔류 당도, 엑기스분 등을 검사받으며, 3단계에서는 관능검사로 전문가들로 구성된 검사관들이 엄격한 검사를 하여 판정하는데, 생산자의 이름은 기재하지 않고 비밀로 하여 와인의 색, 투명도, 향, 맛 등을 평가하여 공정하게 판정하여 합격한 와인만이 공인 검

사번호가 라벨에 기재된다. 프래디카트Prädikat는 6단계로 세분화되며, 이에 해당되는 와인은 병에 기재한다.

- 카비네트Kabinett

보통 수확기에 잘 익은 포도만을 선별하여 만든 라이트 드라이 화이트 와인으로 독일에서 가장 품질이 우수한 와인을 생산하는 요하니스베르그Johannisberg 지역에 있는 라인가우Rheingau에서 품질의 가치를 보존하기 위하여 카비네트Cabinet: 밀실에서 저장시킨 리슬링Riesling 종류다.

- 슈패트레제Spätlese

정상적인 수확기보다 7~10일 늦게 포도의 당도가 더 성숙되었을 때 수확한 포도로 만들어진 드라이 화이트 와인으로 맛과 향이 뛰어난 리슬링Riesling 종류의 우수한 와인이다.

- 아우스레제Auslese

잘 익은 포도송이를 선별하여 만든 드라이 화이트 와인으로 맛과 향이 우수하다.

닥터 루젠 카비네트

슈패트레제

아우스레제
Auslese

베렌아우스레제
Beerenauslese

트로켄베렌아우스레제
Trokenbeerenauslese

아이스바인
Eiswein

- **베렌아우스레제**Beerenauslese

포도송이 중 과숙한(너무 익은) 포도 알만을 세심하게 손으로 골라서 수확하여 만든 최고 품질의 와인이다.

- **트로켄베렌아우스레제**Trokenbeerenauslese

귀부병에 걸린 포도송이 중에서 마른 알갱이만을 모아 만든 와인으로 아이스바인과 더불어 쌍벽을 이루는 최고의 절정에 달한 와인이다.

- **아이스바인**Eiswein

베렌아우스레제와 같은 등급의 와인으로 초겨울에 포도 알이 나무에서 얼어 있는 상태의 것을 수확하여 만든 와인으로 매우 독특하며, 포도에 있는 산미와 감미가 농축된 최고급와인이다.

2. 독일 와인 주요 포도품종

① 화이트 와인 포도품종

- **뮐러투르가우**Müller Thurgau

독일에서 가장 많이 재배되는 품종으로 전체 와인의 24%를 차지하며 리슬링과 질바너의 교배종이다. 1882년 가이젠하임Geisenheim연구소의 뮐러H. Müller 박사의 연구에 의해 탄생되었으며 박사의 출신지가 Thurgau여서 Müller Thurgau라 이름 붙여졌다.

- **리슬링**Riesling

독일 화이트 와인의 대표적인 품종으로서 화이트 와인의 21% 이상이 리슬링으로 양조되고 있다. 산도와 당도가 풍부하면서 조화를 잘 이루어 장기숙성용 와인에도 잘 어울리는 품종이다.

- **질바너**Silvaner

리슬링에 비해 조생종으로 리슬링이나 뮐러투르가우보다 바디Boddy가 더욱 있는 편이다. 향기가 약하여 산도는 중간 정도이다. 순한 향의 생선요리, 닭고기, 송아지고기와 가벼운 소스가 있는 돼지고기요리에 잘 어울린다.

- **케르너**Kerner

리슬링Riesling과 트롤링어Trollinger의 교배종으로 가벼운 육류와도 잘 어울리며 연한 복숭아향과 산미의 조화가 일품이다.

- **쇼이레버**Scheurebe

질바너와 리슬링을 교접하여 개발한 향기로운 품종으로 과일 맛이 강하면서 산뜻하고 리슬링보다는 바디가 약간 더 강Full Body하다.

- **룰랜더**Ruländer

이탈리아에서 삐노 그리지오Pinot Grigio 또는 삐노 그리Pinot Gris라고 한다. 독일에서 1711년에 요한 세가 룰랜드Johan Segar Ruländ라는 상인이 팔츠Pfalz의 들판의 야생에서 자라는 삐노 그리Pinot Gris를 발견하고 와인을 만들면서 삐노 그리Pinot Gris를 룰랜더Ruländer라고 부르게 되었다.

② 레드 와인 포도품종

- **슈패트부르군더**Spätburgunder

프랑스 부르고뉴 지방에서 들여온 삐노 누아Pinot Noir 품종으로 전체 재배면적의 5%를 차지하고 있다. 약간 건과류 향이 풍기는 산도와 바디감이 좋은 와인으로 묵직한 육류요리나 치즈에 잘 어울린다.

- **포르투기저**Portugieser

오스트리아 다뉴브강 유역에서 도입된 품종으로 생육기간이 짧으며 경쾌하고 가볍게 마실 수 있는 와인이다.

- **트롤링어**Trollinger

이탈리아 남부 티롤Tirol 지방이 원산지로 추정되며 독일 남부 뷔르템베르크Württemberg 지방에서 재배되는 품종이다. 보졸레 누보처럼 햇와인일 때 마시면 보다 상쾌한 맛을 즐길 수 있다.

3. 각 지역별 와인

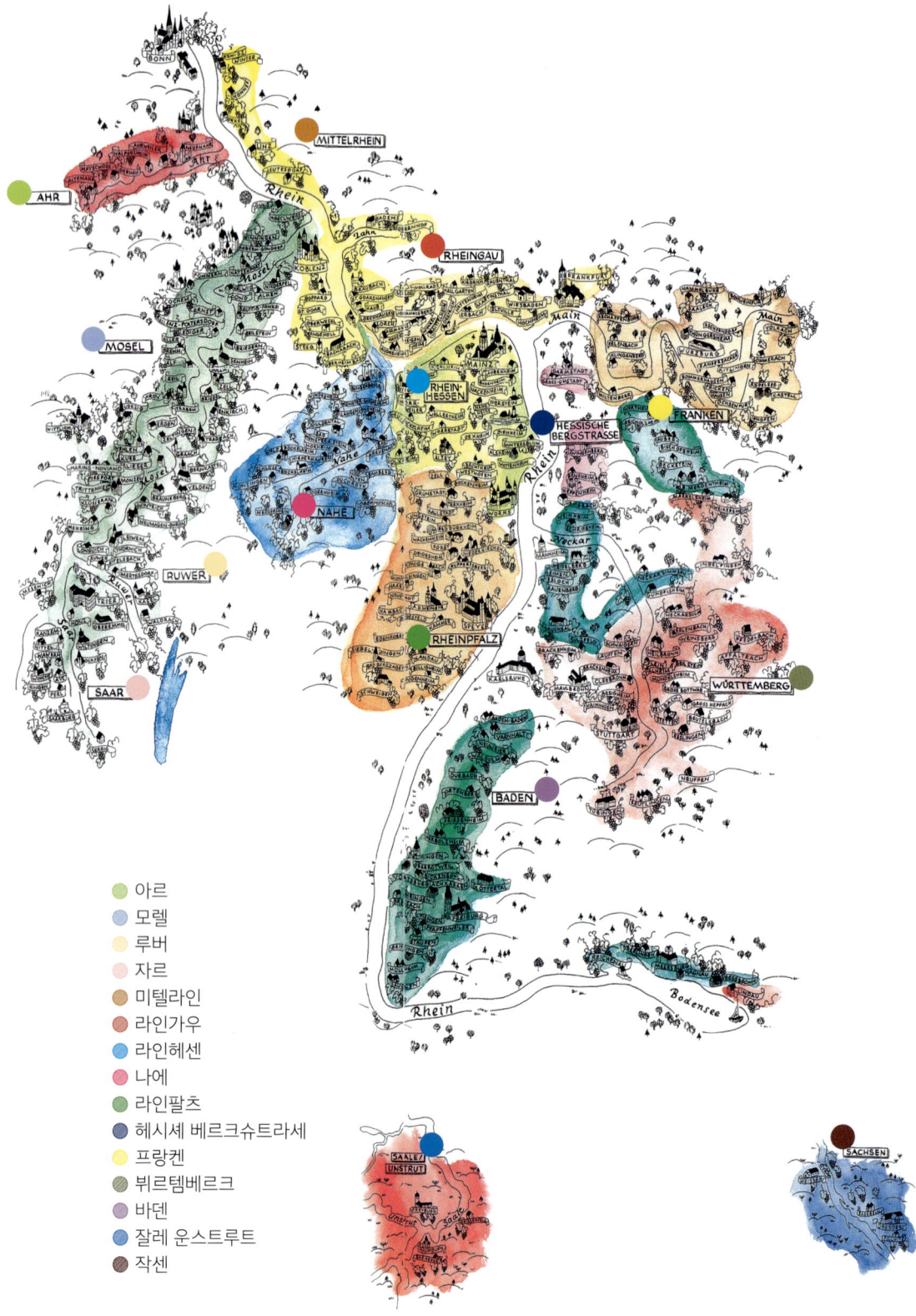

- 아르
- 모젤
- 루버
- 자르
- 미텔라인
- 라인가우
- 라인헤센
- 나에
- 라인팔츠
- 헤시셰 베르크슈트라세
- 프랑켄
- 뷔르템베르크
- 바덴
- 잘레 운스트루트
- 작센

① 아르Ahr

독일 와인 생산지역 중 비교적 북쪽에 위치해 있고 아주 적은 지역 중의 하나이다. 아르Ahr는 본Bonn 남쪽의 라인강으로 흘러들어 가는 아르강 양쪽 험하게 경사진 곳에 위치해 있다. 재배되는 포도품종은 슈패트부르군더Spätburgunder와 포르투기저Portugieser의 적포도로서 가볍고 독특한 과실맛이 나는 레드 와인을 만들고 있다. 화이트 와인은 강한 리슬링과 뮐러투르가우가 재배되고 있다.

② 라인헤센Rheinhessen

서쪽으로는 나에Nahe강변과 동쪽으로는 라인강에 접해 있다. 와인 생산지로 유명한 보름스Worms, 알자이Alzey, 마인츠Mainz, 빙엔Bingen 등의 4개 도시를 연결하며, 길이 32km, 너비 48km 정도의 사각지대가 되는 이 지역은 독일 와인

생산지역으로는 최대이다. 토양과 기후의 다양성으로 인해 많은 포도품종이 심어져 있다. 대표적인 화이트 와인 품종으로 뮐러투르가우, 질바너, 리슬링이 있고, 레드 와인용의 포도로는 포르투기저가 가장 유명하다.

블루 넌

③ 모젤-자르-루버Mosel-Saar-Ruwer

독일 와인의 15%를 생산하며, 보통 모젤이라 부른다. 모젤 지역은 라인강의 서쪽에 위치해 있고, 다른 어느 독일 강보다도 깊게 패인 계곡과 굴곡이 있어 매혹적인 전경을 자아낸다. 모젤 와인은 라인 와인보다 더 가볍고 미네랄성분이 풍부해서 맛이 섬세하고 달콤하다. 모젤강은 사행천蛇行川, meander으로서 U자로 굽이쳐 흐르는 곳이 많기로 유명하다.

특히 이 지역은 모젤강의 좌우편에 경사가 매우 가파른 곳에 포도원을 조성해 놓고 있다. 심한 경사도는 사람이 서서 다니기도 힘들 지경인데, 그래서 사람들과 기구를 로프로 고정한 후 일을 한다.

주로 리슬링을 사용한 화이트 와인을 생산하고 있는데, 지역 특성상 산도가 좀 높고 향기가 좋으며 알코올농도는 비교적 낮은 와인으로 세계적으로 유명

닥터루젠리슬링

모젤지역의 포도 묘목 심기
급경사면인데다 암석이 많아 힘든 작업이다.

하다. 이 지역은 베른카스텔이 중심지역이며, 이 도시는 관광지로도 유명하다.

유명한 와인으로는 바인구트 다인하르트Weingut Deinhard, 바인구트 에곤 뮐러Weingut Egon Müller, 모젤란트 E.G.Moseland E.G. 등이 있다.

④ 라인팔츠Rheinpfalz

라인팔츠는 북쪽에 라인헤센, 남쪽과 서쪽은 프랑스 국경과 인접해 있는 독일에서 두 번째로 큰 지역이지만, 와인 생산량은 가장 많다. 우수한 포도 재배지역인 바헨하임Wachenheim, 포르스트Forst, 다이데스하임Deidesheim, 루페르츠베르크Ruppertsberg 등의 마을은 강하고 세련된 리슬링 와인이 유명하다.

⑤ 미텔라인 Mittelrhein

본Bonn의 남쪽에서 시작하여 라인강 남쪽 강변의 약 96km에 걸쳐 있다. 급경사면에 계단식 포도원과 중세기 성곽들과 유적들이 잘 어울리는 아름다운 지역으로 관광지로도 잘 알려져 있다. 재배 포도 품종으로는 리슬링, 뮐러투르가우, 케르너 등이 있다.

⑥ 나에 Nahe

라인헤센과 모젤의 양 지역 동쪽과 서쪽에 위치해 있다. 주로 재배되고 있는 포도품종은 뮐러투르가우, 리슬링, 질바너와 같은 품종으로 고급와인을 생산한다. 나에 와인은 풍부한 향기, 약간의 독특한 풍미와 풍부한 과실 맛이 특징이라 하겠다.

닥터 파우스트

⑦ 라인가우 Rheingau

독일 와인 중에 가장 고급 와인을 생산하는 지역이며, 세계의 와인 생산지역 중, 최고봉이다. 라인가우는 전체가 하나의 긴 언덕으로 되어 있고 북쪽에는 산림으로 덮인 타우누스Taunus 산줄기에 가려져 있고, 남쪽으로는 라인강에 접해 있다. 따라서 유명한 수도원이나 귀족들이 최고 품질의 리슬링을 재배하여 그것을 발전시켜 나온 곳이 이 지역이다.

귀부포도균Botrytis Cinerea이 만들어내는 맛이라든가 늦게 따기Spätlese 방법을 발견한 것도 이곳 라인가우 사람들이다. 또한 특별한 품질과 가치를 차별화하기 위해 밀실인 카비네트Kabinett에 저장하였다. 카비네트라는 어원이 이 지방에서 발생하였다. 라인가우의 와인은 세련된 방향, 독특한 산미, 기품이 넘치는 성숙된 맛이 특징이라 하겠다.

아방가르데

⑧ 프랑켄 Franken

독일의 와인 생산지역 중에서 가장 동쪽에 위치하고 있으며 포도밭의 대부분은 마인강과 그 지류의 양측 경사면에 위치해 있다. 중심도시인 뷔르츠부르크 Würzburg는 유명한 포도밭 슈타인 Stein의 중심이기도 하다. 프랑켄 와인을 총칭하는 독특한 이름인 슈타인바인 Steinwein은 여기에서 나온 것이다. 프랑켄 와인은 힘차며, 토양에서 오는 강한 맛과 드라이하면서 풍부한 맛이 특징이다.

⑨ 헤시셰 베르크슈트라세 Hessische Bergstrasse

이 지역은 하이델베르크 Heidelberg의 양측에 위치하고 서쪽은 라인강, 동쪽은 오덴숲 Odenwald에 접하고 있다. 여기에서 만들어지는 와인은 풍부한 풍미, 화사한 과일 맛, 그리고 강한 향기가 특징이다.

⑩ 뷔르템베르크 Württemberg

독일 최대의 레드 와인 생산지역으로 포도밭은 네카르 Neckar강의 경사면에 위치해 있다. 뷔르템베르크 와인은 다른 와인에서는 볼 수 없는 독특한 맛과 향기가 있다.

⑪ 바덴 Baden

바덴은 독일의 최남단 와인 생산지역이며 북쪽의 하이델베르크 Heidelberg에서 남쪽의 콘스탄츠 Konstanz 호수까지 가늘고 길게 연결되어 있으며 독일에서 세 번째로 큰 재배면적을 가지고 있다. 화이트 와인은 신선한 방향성과 약초향이 있고, 레드 와인은 쉽게 마실 수 있는 와인에서 대단히 강한 와인까지 폭넓은 와인이 생산되고 있다.

⑫ 잘레 운스트루트 Saale-Unstrut

오랜 전통과 긴 역사를 가진 이 지역은 독일 최북단에 위치한 와인 생산지이다. 19세기 유럽의 필록세라 Phylloxera라는 혹뿌리진딧물에 의한 피해를 받은 후 1887년 독일에서는 가장 먼저 미국계 대목을 도입한 지역이기도 하다.

⑬ 작센 Sachsen

독일 와인 생산지역 중 최동단으로 대부분의 포도밭은 엘베 Elbe강변의 구릉지에 위치해 있다. 와인의 대부분은 이 지역에서 소비된다.

2-3. 생산국가에 따른 와인의 분류 [독일]

01 독일와인에 대한 설명으로 알맞지 않은 것은?

① 비교적 추운 날씨와 부족한 일조량으로 인하여 화이트 와인 생산이 절대적으로 많다.
② 일조량의 부족으로 포도의 당도가 높지 못하는 특징이 있다.
③ 전반적으로 겨울이 길고 매우 춥고 습하며 여름은 온화하나 짧다.
④ 독일와인은 신선함과 신맛, 단맛이 비교적 균형을 잘 이루지 못하고 있다.

해설 독일 와인은 신선함과 순함, 포도의 신맛과 천연의 단맛이 서로 균형을 이루면서 작용하는 조화가 큰 특징이 있다.

02 독일에서 중요한 화이트 와인용 포도 품종이 아닌 것은?

① 실바너(Silvaner) ② 리슬링(Riesling)
③ 뮐러투르가우(Muller-Thurgau) ④ 삐노그리(Pinot Gris)

해설 ④ 삐노그리는 주로 프랑스 알자스, 헝가리에서 생산된다.

03 아래 보기에서 독일의 와인 등급 중 가장 최상급 와인은 무엇인가?

① QmP ② Landwein
③ QbA ④ Tafelwein

해설 독일와인의 등급은 최상급인 QmP부터 QbA, Landwein, Tafelwein 순이다.

04 독일의 와인 제조 시 보당(Chaptalization)이 허용되지 않는 와인은 무엇인가?

① QmP ② Landwein
③ QbA ④ Tafelwein

해설 독일에서 최상급 등급인 QmP등급의 와인제조 시에는 설탕을 추가하는 보당이 금지되어 있다.

05 최상급 독일 와인의 6단계 중 정상적인 수확기 보다 7~10일 늦게 포도의 당도가 성숙되었을 때 수확하는 와인은?

① 아우스레제(Auslese)   ② 베렌아우스레제(Beerenauslese)
③ 아이스바인(Eiswein)   ④ 슈패트레제(Spatlese)

> **해설** 독일의 최상급 와인인 QmP 등급와인의 포도의 성숙도에 따른 6가지 단계에는 카비네트(Kabinett), 슈패트레제(Spatlese), 아우스레제(Auslese), 베렌아우스레제(Beerenauslese), 트로켄베렌아우스레제(Trokenbeerenauslese), 아이스바인(Eiswein) 등이 있다.

06 최상급 독일 와인의 6단계 중 귀부병에 걸린 포도송이 중에 마른 알갱이만을 모아 만든 와인으로 아이스바인과 더불어 쌍벽을 이루는 최고의 절정에 달한 와인은?

① 카비네트(Kabinett)
② 베렌아우스레제(Beerenauslese)
③ 트로켄베렌아우스레제(Trokenbeerenauslese)
④ 슈패트레제(Spatlese)

07 나에강과 라인강으로 경계되는 지역의 언덕에 위치하고 있는 독일에서 가장 큰 와인 생산지는?

① 라인헤센   ② 나에
③ 라인가우   ④ 라인팔츠

> **해설** 라인헤센은 독일에서 가장 큰 와인 생산지이며 독일와인 생산량의 약 30%정도를 생산하고 있으며, 독일 최대의 타펠바인 생산지이다.

08 남쪽과 서쪽은 프랑스 국경과 인접해 있으며 와인 생산량이 가장 많은 독일에서 두 번째로 큰 와인 생산지는?

① 라인헤센(Rheinhessen)   ② 나에(Nahe)
③ 라인가우(Rheingau)   ④ 라인팔츠(Rheinpfalz)

09 일반적으로 모젤지역에서 전통적으로 사용하는 와인병의 색깔은 무엇인가?

① 파란색   ② 갈색
③ 빨간색   ④ 녹색

> **해설** 독일의 라인가우에서 생산되는 와인병은 전통적으로 갈색을 사용한다.

10 독일의 생산와인 중 QmP급 와인의 점유율이 독일에서 가장 높은 지역은?

① 라인헤센   ② 나에
③ 라인가우   ④ 라인팔츠

> **해설** 독일의 최상급와인인 QmP 와인의 점유율이 약 47%로 가장 높은 지역은 라인가우이다.

11 독일의 최남단 와인 생산지역이며, 북쪽의 하이델베르크에서 남쪽의 콘스탄츠 호수까지 길게 연결되어 있는 포도재배 지역은 어디인가?

① 라인헤센
② 바덴
③ 라인가우
④ 라인팔츠

해설 바덴은 독일의 가장 남쪽에 위치한 포도재배 지역으로서 가장 따뜻한 포도원지역이다.

12 독일 최대의 레드와인 생산지역으로 네카르강의 경사면에 위치해 있는 포도재배 지역은 어디인가?

① 뷔르템베르크
② 나에
③ 라인가우
④ 라인팔츠

해설 뷔르템베르크는 독일에서 라인헤센, 라인팔츠, 바덴에 이어서 4번째로 큰 와인 생산지이며, 레드 와인 생산량이 가장 많은 지역이다.

13 독일의 A.P.Nr 에 대한 설명으로 알맞지 않은 것은 무엇인가?

① 독일의 고품질 와인이 거쳐야 하는 포도의 수확시기, 숙성도, 화학성분 검사 등을 통과했음을 보여주는 시스템이다.
② 표시내용 중 병입자의 신청번호는 생산자에 따라서 표기하지 않을 수 있다.
③ 첫 자리와 마지막 자리는 각각 품질 관리국 번호와 검사 연도를 의미한다.
④ Qualitatswein, Pradikatwein, 그리고 Sekt는 의무적으로 품질검사를 받고 라벨에 이를 기재하여야 한다.

해설 병입자의 신청번호는 의무기재사항이다.

정답 01 ④ 02 ④ 03 ① 04 ① 05 ④ 06 ③ 07 ① 08 ④ 09 ④ 10 ③
11 ② 12 ① 13 ②

④ 스페인 와인 Spanish Wine

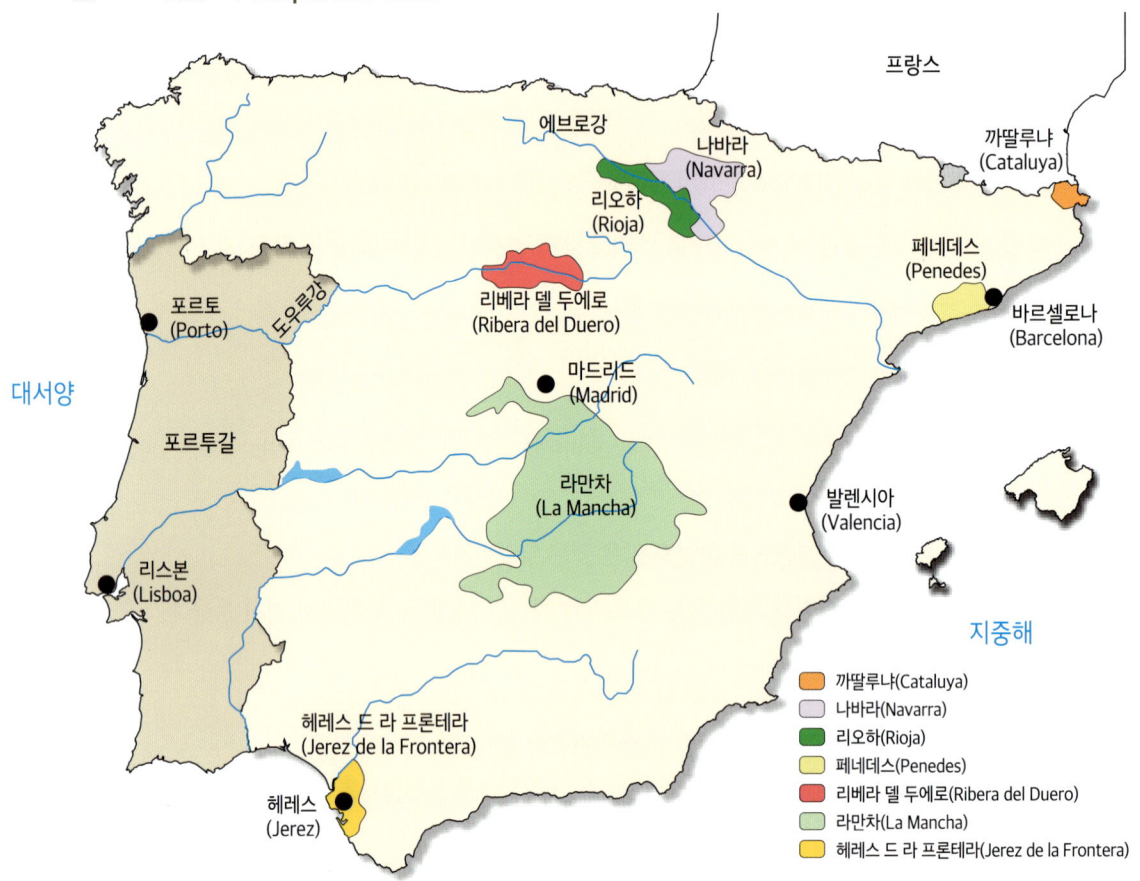

구세계 와인 Old Wine의 숨어 있는 보석 스페인은 2022년 기준 연간 3,570만hL를 생산하여 이탈리아, 프랑스에 이어 세 번째로 많은 양의 와인을 생산하고 있고, 와인 수출량도 프랑스, 이탈리아 다음으로 많으며, 유럽에서 가장 넓은 포도밭을 가지고 있다.

그러나 1헥타르당 평균 와인 생산량은 20헥토리터로서 생산성이 프랑스나 이탈리아의 50~35% 수준대에 머물러 있는데, 이는 토양이 워낙 건조해서 포도나무 간격이 다른 국가에 비해 넓기 때문이다. 대신 농도가 짙고 알코올도수가 높은 것이 스페인 와인의 특징이다. 셰리로 유명한 리오하Rioja, 페네데스Penedes 지역은 비교적 생산량이 많다. 스페인에서 상급 와인이 나는 지역은 헤레스Jerez, 리오하Rioja, 몬티야Montilla, 까딸루냐Cataluña 등이다.

세계적으로 알려진 스페인 와인은 셰리와 프랑스 샴페인 다음으로 많이 소비되는 스파클링 와인인 까바Cava 등이다. 셰리의 정식 명칭은 헤레스Jerez로서 헤레스 데 라 프론테라Jerez de la Frontera시의 이름을 따서 불렸는데, 이 와인이 영국으로 수출되면서부터 영국 사람들이 셰리 와인으로 고쳐 부른 것이 오늘날의 셰리가 되었다.

1. 스페인 와인의 등급에 의한 분류

스페인 와인법은 1970년에 처음 제정되었고, 1988년 유럽의 기준에 맞게 개정되었다가 2003년 '포도밭과 와인법령'으로 재개정되었다.

Quality Wine(품질이 우수한 와인)				Table Wine	
최상급+	최상급	상급	차상급	지방(지역) 와인	테이블 와인
Vino de Pago 비노 데 파고	DOC	DO	VCIG	Vino de la Tierra 비노 데 라 티에라	Vino de Mesa 비노 데 메사

① 데노미나시온 데 오리헨 파고 Denominacion de Origen Pago

2003년에 신설된 스페인 최상급 품계로, 기후나 토양이 우수하고 독특한 산지에서 생산되는 와인이나 전통적으로 인지도가 높고 품질이 좋은 와인에 주어진다. 2009년까지 9개의 포도원이 선정되어 있다.

② 데노미나시온 데 오리헨 칼리피카다 Denominacion de Origen Calificada ; DOC

DO등급보다 한 등급 위로 스페인 와인 중 최상급의 와인으로 이탈리아의 DOCG급에 해당되는 와인이다. 현재 리오하 Rioja, 1991년/쁘리오라뜨 Priorat, 2003년/리베라 델 두에로 Ribera del Duero 지역만이 유일하게 DOC등급을 받고 있다.

③ 데노미나시온 데 오리헨 Denominacion de Origen ; DO

원산지 지정 지역에서 생산된 포도품종으로 만들어진 와인으로 프랑스의 AOC와 비슷한 등급이다.

④ 비노 데 칼리다드 콘 인디카시온 헤오그래피카 Vino de Calidad Con Indicacion Geografica

2003년 와인법의 개정 때 새롭게 생겨난 등급으로 지역별 와인이라고 할 수 있다. DO급으로 승격되기 전 단계의 등급이라는 면에서는 프랑스의 VDQS와 흡사하다.

⑤ 비노 데 라 티에라 Vino de la Tierra

이 와인은 가장 보편적인 일반 와인으로 프랑스의 '뱅 드 빼이 Vins de Pays'와 같은 수준이다.

⑥ 비노 데 메사 Vino de Mesa

테이블급 와인으로 규제가 거의 따르지 않는 와인등급이다. 프랑스의 '뱅 드 따블 Vins de Table'과 같은 수준이다.

2. 숙성에 의한 분류

스페인 와인에서 독특한 점은 와인 레이블에 해당 와인의 숙성 정도를 표기한다는 것이다. 일반적으로 스페인에서는 숙성기간이 길수록 좋은 와인이라는 인식이 강하다.

- **그란 레세르바** Gran Reserva: 오크통 숙성 18개월 포함, 병입 숙성까지 총 5~7년간 숙성 후 출시하며, 화이트 와인과 로제 와인은 오크통 숙성 6개월 포함, 총 4년 이상 숙성한다.
- **레세르바** Reserva: 오크통 숙성 12개월 포함, 병입 숙성까지 총 3년 이상을 숙성 후 출시하며, 화이트 와인과 로제 와인은 오크통 숙성 6개월 포함, 총 2년 이상 숙성한다.
- **비노 데 크리안사** Vino de Crianza: 1년 정도 스테인리스 탱크에서 숙성시키고 6개월 정도 병입 숙성 후 출시한다.
- **비노 호벤** Vino Joven: 정제과정을 거친 후 숙성하지 않고 바로 병입해서 출시하는 햇와인

3. 스페인 와인 주요 포도품종

600여 종 이상의 포도품종이 존재하고 있지만 실제 와인에 사용되는 것은 70여 종이며 이 중 20여 종이 와인 생산의 80%를 차지하고 있다.

① 레드 와인 포도품종

• **뗌쁘라니요** Tempranillo

빨리 익는 특성이 있으며 갈수록 재배면적이 늘고 있는 품종이다. 스페인 최고급 품종으로 인정받고 있으며 백악질 토양에서 잘 자라고 산도가 낮으며 농익은 딸기향이 감도는 매우 섬세한 와인이 만들어진다. 부드럽지만 연약하지 않고 강하지만 거칠지 않은 풍성하면서 절제가 있는 와인이다. 리오하 Rioja 와인을 만드는 주품종이다.

• **가르나차** Garnacha

프랑스 남부지방에서 주로 재배하는 그르나슈 Grenache 품종을 말하며 스페인에서 가장 많이 재배되는 품종이다. 특히 에브로 Ebro 지방에서 많

이 재배하며 구조감과 알코올이 풍부하고 약간 스파이시한 느낌이 든다.

- **그라시아노** Graciano

아로마와 타닌이 강해 블렌딩용으로 많이 사용한다.

- **마쑤엘로** Mazuelo

프랑스의 까리냥Carignan으로 색깔과 타닌이 풍부하다. 리오하에서는 마쑤엘로Mazuelo 그 밖의 지방에서는 까리네나Cariñena로 부른다. 색상이 진하고 산도와 타닌이 높아 뗌쁘라니요Tempranillo와 블렌딩에 사용하기도 한다.

② 화이트 와인의 포도품종

- **비우라** Viura

스페인 고유의 청포도로서 고급 화이트 와인을 만들며 부드러운 과일맛, 좋은 산도를 형성하고 있다.

- **말바지아** Malvasia

리오하, 나라바 지방에서 주로 재배되는 품종으로 질 좋은 고급 화이트 와인을 만든다.

- **아이렌** Airén

가벼운 스타일의 와인을 만들며 스페인에서 가장 많이 재배하는 품종 중 하나이다.

- **알바리뇨** Albariño

부드럽고 청과일향이 풍부한 품종이다.

- **팔로미노** Palomino

헤레스 지역에서 셰리 와인을 빚는 데 사용한다.

4. 각 지역별 와인

스페인의 유명 와인산지로는 셰리 와인으로 유명한 남부의 헤레스Jerez와 스페인 최대 와인 생산지인 중부의 라만차La Mancha, 스페인에서 가장 비싼 와인을 생산하는 리베라 델 두에로Ribera del Duero, 보르도 스타일의 고급와인을 생산하는 북부의 리오하Rioja, 화이트 발포성 와인, 카바 등 최신기술을 사용한 동북부의 페네데스Penedes 지역이다.

① 헤레스 데 라 프론테라Jerez de la Frontera

스페인 와인 중 가장 유명한 셰리 와인이 생산되는 곳으로 영국 상인들이 세계로 퍼뜨린 대표적인 식전주Apéritif이다. '셰리'란 명칭은 헤레스 데 라 프론테라Jerez de la Frontera의 헤레스Jerez가 변형되어 프랑스의 세레스Xéréz, 영어의 셰리Sherry가 되었으며, 스페인에서는 3개 명칭 헤레스Jerez, 세레스Xéréz, 셰리Sherry를 모두 표기하고 있다.

크림 셰리와 드라이 셰리

• 셰리 와인 숙성의 특징

발효가 끝난 와인은 나무통에 저장할 때 꽉 채우지 않으므로 숙성과정에서 산화가 일어나는데, 산화과정에 따라 쓴맛의 피노Fino가 되기도 하고 어느 것은 올로로소Oloroso가 된다. 여기에 브랜디를 첨가하여 알코올도수를 높이고, 솔레라Solera 시스템이라 부르는 일종의 블렌딩 과정을 거쳐 생산되는데, 오크통에서 오래 숙성된 와인과 숙성이 얼마 되지 않은 와인을 서로 섞는 방법을 말한다.

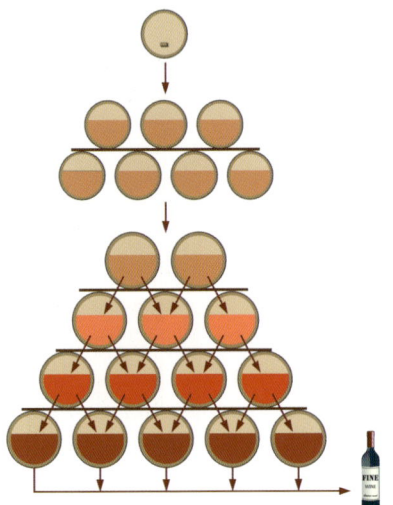

② 리오하 Rioja

리오하는 프랑스 국경과 가까우며 특히 보르도Bordeaux 지역과 가깝게 위치한다. 1870년대 '포도뿌리진딧물Phylloxera'이 프랑스 포도원을 황폐화시킬 때 보르도의 양조기술자들이 스페인 리오하로 들어와 포도를 재배하였는데, 이때 이주한 양조기술자들에 의해 리오하의 포도로 지금과 같은 훌륭한 리오하 와인을 탄생시키게 되었다. 리오하의 와인 생산자들은 최소 법정 숙성기간보다 많은 기간을 숙성시킨다. 레드 와인이 약 70~80%를 차지하며, 사용하는 품종은 뗌쁘라니요Tempranillo, 가르나차Garnacha, 마쑤엘로Mazuelo 등이며, 화이트 와인은 비우라Viura, 가르나차 블랑Garnacha Blanc 등이다.

리오하는 다시 3개의 작은 지역으로 나뉘는데 리오하 바하Rioja Baja 지역은 리오하에서 생산하는 영한 와인 즉 산 비노호벤의 대부분이 이곳에서 생산되고, 리오하 알라베싸Rioja Alavesa 지역은 좀 더 섬세한 맛이 나고 은은한 향이 감도는 와인을 생산한다. 리오하 알따Rioja Alta 지역은 고급와인 생산의 중심이다.

콜레시온 비반코
4 바리에탈레스

③ 라만차 La Mancha

돈키호테로 유명한 곳이기도 한 라만차La Mancha는 스페인의 중부 마드리드Madrid의 바로 남쪽에 위치하며, 스페인에서 가장 넓은 D.O지역으로서 스페인 와인의 30%를 생산하는 최대의 산지이다. 아이렌Airén 품종으로 화이트 와인이 생산되나, 발데뻬냐스Valdepeñas는 여름에는 무덥고 겨울은 추운 지역으로 100% 뗌쁘라니요Tempranillo 품종을 사용하여 레세르바Reserva, 그란 레세르바Gran Reserva 등급의 고급 레드 와인도 생산되고 있다. 나무가 귀한 이 지역에서는 전통적으로 티나하스Tinajas라고 불리는 흙을 구워 만든 대형 항아리에서 와인을 발효·숙성시켜 왔으나 현재는 현대적 와인 제조시설을 사용하고 있다.

티나하스

마리노　　그란 레세르바

④ 까딸루냐 Cataluña

까딸루냐는 지중해 연안에 위치하여 기후가 매우 온화하고 포도 재배에 적합하다. 오늘날 까딸루냐에는 7개의 D.O가 있는데, 그중에서 가장 유명한 지역인 뻬네데스 Peneds는 바르셀로나 Barcelona 남서쪽 해안을 따라 형성된 와인산지로 스페인에서 가장 혁신적인 방법으로 와인을 만들고 있다.

이곳의 와인은 2/3가 화이트 와인이며, 그중 대부분이 발포성 와인인 까바 Cava이다.

코든 네그로

까바

⑤ 리베라 델 두에로 Ribera del Duero

리오하와 더불어 스페인의 최고급 레드 와인이 생산되는 지역으로 뗌쁘라니요 Tempranillo를 주품종으로 한 레드 와인산지이다. 해발 750~800m의 고원지대에 석회암이 풍부한 지역이다.

몬테스카스트로 알콘테

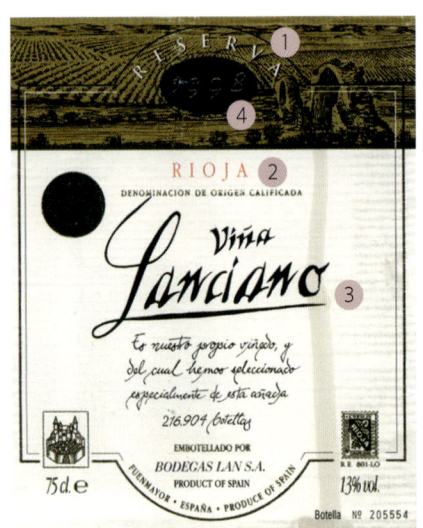

스페인와인 라벨
비냐 란치아노

① 숙성기간 : 레세르바(Reserva) : 레드 와인은 총 숙성기간 36개월 이상, 그중에서 12개월은 오크통에서 숙성시킨 것
② 포도 생산지역인 리오하(Rioja), DOC 명칭
③ 브랜드 이름(비냐 란치아노)
④ 빈티지(Vintage : 포도수확연도)가 1998년임

기출문제 2-3. 생산국가에 따른 와인의 분류 [스페인]

01 구세계 와인(Old Wine)의 숨어 있는 보석으로 유럽에서 가장 넓은 포도밭을 가지고 있는 나라는?

① 프랑스 ② 이탈리아
③ 스페인 ④ 독일

02 스페인 와인에 대한 설명으로 적합하지 않은 것은?

① 와인의 생산량은 이탈이아의 1/3이다.
② 농도가 짙고 알코올도수가 높다.
③ 상급와인 생산지역으로는 헤레스, 리오하, 몬티야, 까딸루냐 등이 있다.
④ 토양이 워낙 건조해서 포도나무 간격이 다른 국가에 비해 좁다.

> **해설** 스페인은 토양이 워낙 건조해서 포도나무 간격이 다른 국가에 비해 넓기 때문에 1헥타르당 평균 와인 생산량이 20헥토리터로 프랑스 최고급와인 생산량의 절반 정도이다. 따라서 농도가 짙고 알코올도수가 높은 것이 특징이다.

03 다음 중 스페인 와인등급이 아닌 것은?

① Vinho Regional ② Vino de Pago
③ Vino de Mesa ④ DOC

> **해설** 비뉴 헤지오날(Vinho Regional)은 포르투칼 와인 등급에서 테이블와인 중 지방와인에 속한다.

04 다음 스페인 와인 숙성에 따른 분류 중 정제과정을 거친 후, 숙성시키지 않고 바로 병입해서 출시하는 햇와인으로 알맞은 것은?

① 그란 레세르바(Gran Reserve) ② 비노 호벤(Vino Joven)
③ 레세르바(Reserve) ④ 비노 데 크리안사(Vino de Crianza)

> **해설** **그란 레세르바(Gran Reserve)**: 오크통 숙성 18개월 포함, 병입 숙성까지 총 5~7년 숙성 후 출시(화이트/로제는 오크통 숙성 6개월 포함, 총 4년 이상 숙성)

레세르바(Reserve): 오크통 숙성 12개월 포함, 병입 숙성까지 총 3년 숙성 후 출시(화이트/로제는 오크통 숙성 6개월 포함, 총 2년 이상 숙성)
비노 데 크리안사(Vino de Crianza): 1년 정도 스테인레스 탱크에서 숙성시키고 6개월 정도 병입 숙성 후 출시
비노 호벤(Vino Joven): 정제과정을 거친 후, 숙성시키지 않고 바로 병입해서 출시하는 햇와인

05 스페인 최고급 레드와인 품종으로 인정받고 있으며 백악질 토양에서 잘 자라고 산도가 낮으며 농익은 딸기향이 감도는 매우 섬세한 와인으로 리오하(Rioja)와인을 만드는 주품종은?

① 뗌쁘라니요(Tempranillo) ② 비우라(Viura)
③ 말바지아(Malvasia) ④ 알바리뇨(Albarino)

06 스페인에서 가장 널리 재배되는 품종으로 대부분 라만차(La Mancha)에서 재배되고 있는 품종이다. 메세타 고원의 극심한 무더위와 가뭄을 견딜 수 있는 몇 안 되는 화이트품종은 무엇인가?

① 템프라니요 ② 아이렌
③ 가르나차 틴타 ③ 팔로미노

> **해설** 아이렌은 스페인의 대중적인 술로서, 여러 가지 과일을 넣어 차게 해서 마시는 칵테일의 일종이다. 브랜디 데 헤레스의 생산에 사용된다.

07 스페인의 대표 스파클링 와인인 까바(Cava)가 생산되는 지역으로 알맞은 것은?

① 리오하(Rioja) ② 라만차(La Mancha)
③ 까딸루냐(Cataluna) ④ 리베라 델 두에로(Ribera del Duero)

08 스페인 중부 마드리드(Madrid)의 바로 남쪽에 위치해 있으며, 돈키호테로 유명한 곳으로 스페인에서 가장 넓은 DO지역으로서 스페인 와인의 30%를 차지하는 산지는?

① 리오하(Rioja) ② 라만차(La Mancha)
③ 까딸루냐(Cataluna) ④ 리베라 델 두에로(Ribera del Duero)

09 스페인의 지리적 명칭이 없는 테이블급 와인은?

① DOC ② 비노호벤(Vino Joven)
③ 크리안싸(Crianza) ④ 비노 데 메사(Vino de Mesa)

> **해설** 비노 데 메사는 스페인 와인법에서 가장 낮은 등급에 해당된다.

10 셰리와인의 블렌딩 및 숙성과 관련하여 와인의 숙성정도가 각기 다른 통에서 차례대로 블렌딩하는 방식을 사용하는데, 이때 가장 아래에 위치한 통을 무엇이라 하는가?

① 크리아데라 ② 크리안자
③ 아냐다 ④ 솔레라

> **해설** 솔레라 시스템에서 가장 아래통은 솔레라, 그 위의 통부터 첫 번째 크리아데라, 두 번째 크리아데라, 가장 위에 올려놓은 통을 아냐다라고 한다.

11 스페인의 셰리와인 특유의 맛을 위하여 솔레라 시스템을 사용하는 저장창고를 무엇이라 하는가?

① 티나하스 ② 파렐라다
③ 보데가 ④ 사렐로

> **해설** 티나하스는 흙으로 구워 만든 대형 항아리에 와인을 발효, 숙성시켰던 전통적 방법이고, 파렐라다와 사렐로는 카바를 만드는 품종이다.

12 라 만차에 대한 설명으로 알맞지 않은 것은?

① 비노스 데 파고는 다양한 토착품종과 국제품종을 사용한다.
② 라 만차는 청포도 품종인 아이렌(Airén)의 발상지이다.
③ 라만차는 수출시장을 겨냥한 저렴하고 잘 만들어진 레드와 화이트 와인의 산지이다.
④ 라만차는 토착품종만으로 와인을 만들고 있다.

> **해설** 라만차는 토착 포도 품종 뿐 아니라 국제포도 품종(까베르네 쇼비뇽, 메를로, 시라, 샤르도네, 쇼비뇽블랑)을 권장하고 있다.

13 헤레스 지역에서 셰리 와인을 빚는 데 사용하는 포도 품종은?

① 알바리뇨(Albariño) ② 팔로미노(Palomino)
③ 말바지아(Malvasia) ④ 비우라(Viura)

정답	01 ③ 02 ④ 03 ① 04 ② 05 ① 06 ② 07 ③ 08 ② 09 ④ 10 ④
	11 ③ 12 ④ 13 ②

⑤ 포르투갈 와인 Portugal Wine

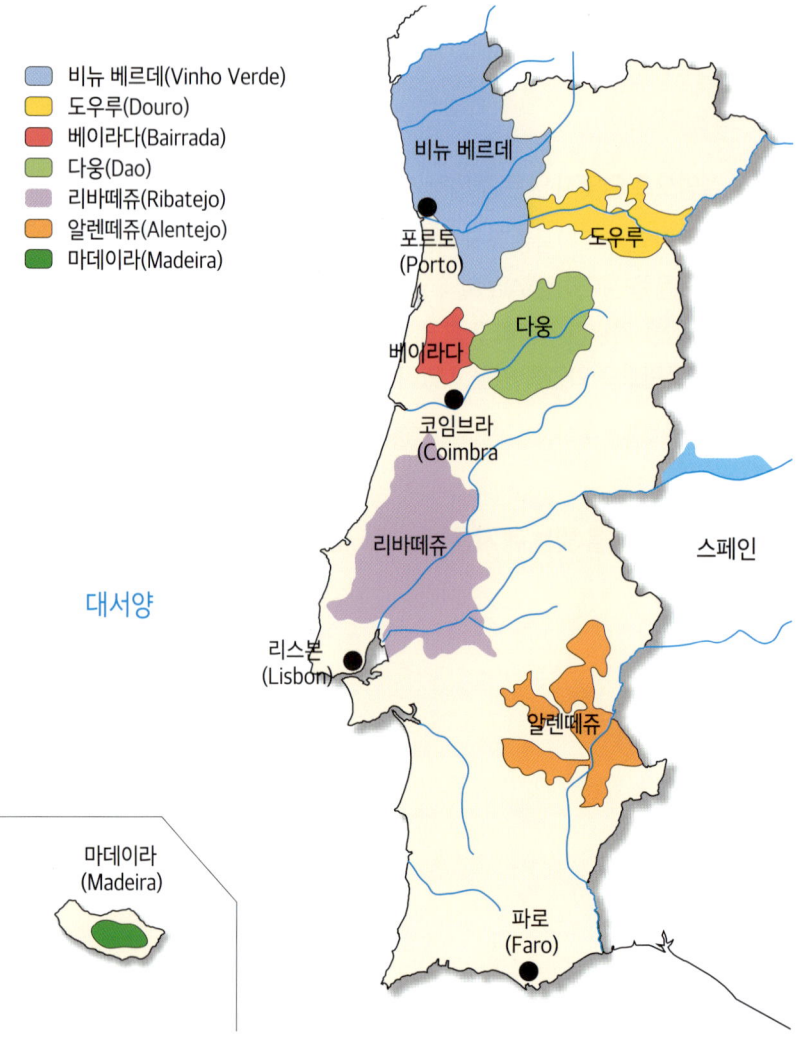

　포르투갈은 스페인과 같이 이베리아 반도 서안에 자리 잡고 있는 풍광이 아름다운 나라로 작열하는 태양과 코발트빛 대서양의 물결이 한데 어우러진 곳으로 일찍이 와인의 명산지로 알려져 왔다.

　포르투갈은 전체 인구의 약 15%가 와인산업에 종사하고 있다. 최근 신흥 생산국들의 추월로 연간 677만hL를 생산하는 세계 10위권 와인 생산국이지만, 국민 1인당 와인 소비량은 67L로 프랑스47.4L, 이탈리아44.4L보다도 압도적으로 많은, 거대한 잠재력을 지닌 나라이다.

　와인산지는 서북부의 미뉴Minho와 도우루Douro 지역, 북부 중앙지대의 다웅Dao, 남부 리스본의 주변 그리고 대서양에 있는 아열대의 마데이라Madeira섬까지 널리 분포되어 있다.

1. 포르투갈 와인의 등급에 의한 분류

Quality Wine(품질이 우수한 와인)		Table Wine	
최상급	상급	지방(지역) 와인	테이블 와인
DOC	IPR	Vinho Regional 비뉴 헤지오날	Vinho de Mesa 비뉴 데 메사

① 드노미나싸웅 드 오리젱 콘트롤라다 Denominação de Origem Controlada; DOC

원산지 명칭 통제 와인으로 프랑스의 AOC, 이탈리아의 DOC, 스페인의 DO에 해당하는 등급이다.

② 인디까싸웅 데 프로베니엔싸아 헤굴라멘따다 Indicação de Proveniencia Regulamentada; IPR

DOC보다는 조금 아래 등급의 고급와인으로 프랑스 VDQS급에 해당하는 와인이다.

③ 비뉴 헤지오날 Vinho Regional

이 와인은 가장 보편적인 일반 와인으로 프랑스의 뱅 드 뻬이에 해당되는 등급이다.

④ 비뉴 드 메사 Vinho de Mesa

일반 테이블 와인으로 프랑스 뱅 드 따블에 해당된다.

이외에 보다 더 좋은 와인에는 헤세르바 Reserva라 표기하고, 최고급와인에 표기하는 가하페이라 Garrafeira는 수년간 오크통에서 숙성된 후 병입하고 병입한 후에도 일정 기간 병 속에서 숙성시킨 와인이다.

DOC 와인

2. 각 지역별 와인

포르투갈에서 포도를 많이 재배하는 지역으로는 북부 포르투갈의 비뉴 베르데Vinho Verde, 도우루Douro, 다웅Dao, 바이라다Bairrada와 남부 포르투갈의 리바떼쥬Ribatejo, 알렌떼쥬Alentejo 등이 있으며, 중요한 지역을 몇 군데 살펴보면 다음과 같다.

① 도우루Douro 지역

도우루는 험악한 포도 재배지역으로 60도의 급경사에 토양은 슬레이트석과 화강암으로 이루어져 있고, 기후는 지중해성으로 포도 재배에 알맞다. 도우루 지역의 와인은 색이 풍부하고 부드러운 알코올 강화 와인인 포트 와인을 생산한다.

포트 와인은 마테우스 로제Mateus Rosé, 마데이라Madeira와 함께 포르투갈의 3대 와인으로 인기가 높은데, 포도원에서 직접 딴 포도를 화강암으로 된 통에 넣고 발로 밟아 으깬 후 발효가 끝나면 브랜드가 1/4 정도 차 있는 오크통에 이 와인

처칠 에스테이트   라모스 핀토 빈티지 포트   페레이라 포트

을 넣어서 알코올도수 18~20도 정도에서 발효를 중단시키는 방법으로 만든다.

토니Tawny 포트는 오크통에서 황갈색이 날 때까지 몇 년 동안 숙성시킨 것으로서 다른 포트보다 더 가볍고 부드럽다. 루비Ruby 포트는 비교적 짧은 기간 동안 오크통에서 숙성시키고 색이 더 진하고 맛이 거칠다. 화이트White 포트는 백포도로 만들어지며 레드 와인보다 더 드라이하기 때문에 아페리티프Aperitif로 마신다.

② 비뉴 베르데Vinho Verde 지역

비뉴 베르데Vinho Verde는 도우루강의 북쪽에 있는 지역으로 포르투갈 포도의 1/4을 생산하고 있다. 비뉴 베르데Vinho Verde는 신선하고 라이트한 실버컬러의 세미 스파클링 와인으로 일명 그린Green 와인이라고도 한다.

그린 와인은 입 안을 깨끗이 씻어주는 느낌을 주는 산도가 높은 와인으로 차갑게 하여 마시면 약간의 거품이 나는 것이 더운 여름날 밤에 어울리는 화이트 와인이다. 알바리뉴Alvarinho 포도로 만들며, 포르투갈에서 유명한 최고급 화이트 와인이다.

도시우 로레이루 Dócil Loureiro

③ 다웅Dao 지역

다웅 지역은 포르투갈의 중심지로서 다우강 유역에 위치하고 있으며, 토양은 화강암이 많은 지역으로 사질토 사이에 바위들이 솟아 있는 모습을 흔히 볼 수 있다.

기후는 아래 해안지대보다 더 뜨겁고 건조한 기후를 이루고 있어 이곳에서는 화이트 와인과 레드 와인 모두 생산되는데, 덜 숙성되었을 때의 화이트 와인은 강건하고 향기가 좋으며, 매일 마시는 테이블 와인으로서의 매력을 지니고 있다.

그러나 화이트 와인은 이 지역 범위를 벗어나지 못하고 있는 상태이고 주로 레드 와인이 다른 지역으로 팔린다. 레드 와인은 매우 깨끗하고 부드러우며 중후한 향과 맛을 지니고 있다. 따라서 다웅은 포르투갈의 고전적인 레드 와인산지라고 할 수 있겠다. 그리고 오래 숙성한 고급 레드 와인은 다웅 레세르바스Dao Reservas라고 표기한다.

보아스 비냐스

④ 바이라다Bairrada

바이라다 지역은 포르투갈의 중요한 새 와인 지역으로 리스본Lison과 오포르토Oporto를 연결하는 하이웨이 사이에 위치한 전원적인 지역으로 토양은 바이라다의 낮은 언덕에 석회석과 점토로 이루어져 와인의 진한 맛을 내게 한다. 그리고 이 지역 레드 와인에 대한 명성은 적포도인 바가Baga 포도품종에서 기인한다. 대표적으로 포르투갈 3대 와인중 하나인 마테우스 로제Mateus Rosé가 있는데, 많은 사람들이 대중적으로 마실 수 있는 와인이며, 레드 와인용 적포도주에 화이트 와인 제조법과 같은 방법으로 이산화탄소를 주입하여 약간의 스파클링 와인 맛이 느껴지기도 하는 와인이다.

⑤ 리바떼쥬Ribatejo

마테우스 로제

포르투갈의 중부에 위치한 따뜻하고 건조한 지역으로 포르투갈에서 두 번째로 큰 포도생산지역이다. 가벼운 레드 와인과 화이트 와인을 주로 생산한다.

⑥ 알렌떼쥬Alentejo

포르투갈의 남동부에 위치한 알렌떼쥬는 대륙성 기후로 강우량이 적고 여름은 무더운 지역으로 포르투갈의 토착품종과 까베르네 쇼비뇽, 메를로 품종을 재배하여 무게감 있는 레드 와인을 생산하고 있다.

⑦ 마데이라 Madeira

마데이라섬은 세계에서 가장 이국적인 디저트 와인인 마데이라 와인을 생산하는 곳으로 유명하다. 마데이라는 푼샬 Funchal 군도의 하나이며, 모르코 해안의 서쪽으로 약 600km 떨어진 곳에 위치해 있다. 15세기 초반 포르투갈의 헨리 왕자에 의해 탐험을 시작한 주앙 곤살베스 자르쿠 Jao Goncalves Zarco 선장이 마데이라섬에 상륙하여 산림이 빽빽이 들어선 섬을 침투하고자 지른 불이 7년 동안이나 맹렬하게 타올랐고, 이 재들이 후에 화산토양에 거름이 되어 포도나무 재배에 알맞은 환경을 조성해 주었다는 이야기가 전해진다 74쪽 설명 참고.

• 에스투파젬 Estufagem

마데이라에서 생산된 와인이 6개월 여의 항해를 거치며 열대를 통과하면서 뜨겁게 데워졌다가 식는 과정을 통해 독특한 성질을 갖게 된다는 것을 알게 되었고, 이 과정을 인위적으로 만든 것이 에스투파젬이다. 보통 95% 브랜디를 첨가하여 와인의 알코올을 14~18%로 맞춘 다음, 에스투파라는 방이나 가열로에서 약 50℃의 온도로 3~6개월 동안 가열시킨다. 최소 3년 동안 숙성시키는데, 숙성기간에 따라 Reserva 5년 이상 숙성, Special Reserva 10년 이상 숙성, Extra Reserva 15년 이상 숙성로 구분한다.

마데이라 와인은 발효 도중 와인으로 만든 알코올과 향료식물을 첨가해서 만든다. 고급 빈티지의 마데이라는 20년 정도의 오랜 저장기간 후에 병입하고 그 후에도 20~50년 동안 숙성하기도 한다. 마데이라 와인의 종류는 다음과 같다.

- **세르시알**Sercial: Sercial 품종독일의 리슬링과 같은 품종으로 만들며, 마데이라 섬의 가장 높은 지대에서 재배되며 수확도 가장 늦게 한다. 색깔은 연한 황금색이며 아몬드의 맛과 향이 약간 나는 드라이 와인당분 4% 이하으로 아페리티프로 주로 마신다.
- **베르델료**Verdelho: Sercial보다 약간 진한 황금색. 약간의 스모크 향과 단맛이 나는 미디엄 스위트 와인당분 4.9~7.8%. 과일케이크와 잘 어울린다.
- **보알**Boal: 짙은 밤색의 건포도 단맛이 나는 디저트 와인당분 7.8~9.6%이다. 견과류의 향이 강하다.
- **맘지**Malmsey: 말바지아Malvasia 품종으로 만든, 벌꿀같이 진하고 가장 달고 향이 짙은 디저트 와인당분 9.6~13.5%이다. 말바지아를 영국인들이 Malmsey라고 발음한 데서 비롯되었다. 100~200년 이상 숙성된 와인도 판매되고 있다.
- **레인워터**Rainwater: 주로 세르시알과 베르델료를 블렌딩하여 만든 것으로 현재는 가볍고 미디엄 드라이한 마데이라를 지칭하는 용어로 쓰이기도 한다.

세르시알
Dry

세르델료
Medium Sweet

보알
Sweet

말바시아
Very Sweet

기출문제 2-3. 생산국가에 따른 와인의 분류 [포르투갈]

01 다음 중 포르투갈의 등급이 아닌 것은?

① I G T
② D O C
③ I P R
④ Vinho Regional

해설 IGT는 이탈리아 등급이다.

02 험악한 포도 재배지역으로 60도의 급경사에 토양은 슬레이트석과 화강암으로 이루어져 있으며, 지중해성 기후로 알코올 강화와인인 포토와인의 생산지는?

① 다웅(Dao)
② 바이라다(Bairrada)
③ 도우루(Douro)
④ 마데이라(Madeira)

03 Port Wine에 관한 설명으로 알맞은 것은?

① 발효가 끝나기 전 알코올을 참가하여 발효를 중지시켜 잔당에 단맛이 난다.
② 발효가 끝난 후 알코올을 첨가하고 당은 첨가하지 않는다.
③ 발효가 끝난 후 가당하여 당도를 높인다.
④ 발효가 끝나기 전 당을 첨가하여 당도를 높이고 알코올은 첨가하지 않는다.

해설 포트와인의 당은 발효되지 않은 남은 잔당에 의한 것이다.

04 세계 3대 강화와인 중 하나이며 대서양에 있는 화산으로 섬으로 이루어진 온도와 습도가 높은 아열대성 기후를 가지고 있다. 근래에는 상표에 포도 품종명을 표기하기도 하는 강화와인은 어느 것인가?

① 셰리
② 마데이라
③ 포트
④ 꼬냑

해설 3대 강화와인은 스페인의 셰리와인, 포르투갈의 포트와인, 포르투갈의 마데이라이며, 마데이라는 대서양의 화산으로 이루어진 섬이다.

05 마데이라(Madeira) 중 엑스트라 리저브(Extra Reserve)는 몇 년 이상 숙성시킨 것을 말하는가?

① 3년 ② 5년
③ 10년 ④ 15년

해설 리저브(Reserve) : 5년 이상 숙성
스페셜 리저브(Special Reserve) : 10년 이상 숙성
엑스트라 리저브(Extra Reserve) : 15년 이상 숙성

06 마데리아 와인 중 세르시알(Sercial)의 당분농도로 적합한 것은?

① 가장 가볍고 드라이한 와인(당분 4% 이하)
② 강한 향의 미디엄 스위트 와인(당분 4.9~7.8%)
③ 스위트 와인(당분 7.8~9.6%)
④ 벌꿀같이 매우 스위트한 와인(9.6~13.5%)

해설 세르시알(Sercial) : 리슬링으로 만든 가장 가볍고 드라이한 와인(당분 4% 이하)
베르델료(Verdelho) : 강한 향의 미디엄 스위트 와인(당분 4.9~7.8%)
보알(Boal) : 스위트 와인(당분 7.8~9.6%)
말바시아(Malvasia) : 벌꿀같이 매우 스위트한 와인(9.6~13.5%)

07 와인에 직접 뜨거운 열을 가해 와인을 숙성시키는 방식을 무엇이라 하는가?

① 솔레라(Solera) ② 보데가(Bodega)
③ 에스투파젬(Eatufagem) ④ 티나히스(Tinajas)

정답 01 ① 02 ③ 03 ① 04 ② 05 ④ 06 ① 07 ③

⑥ 오스트레일리아 와인 Australia Wine

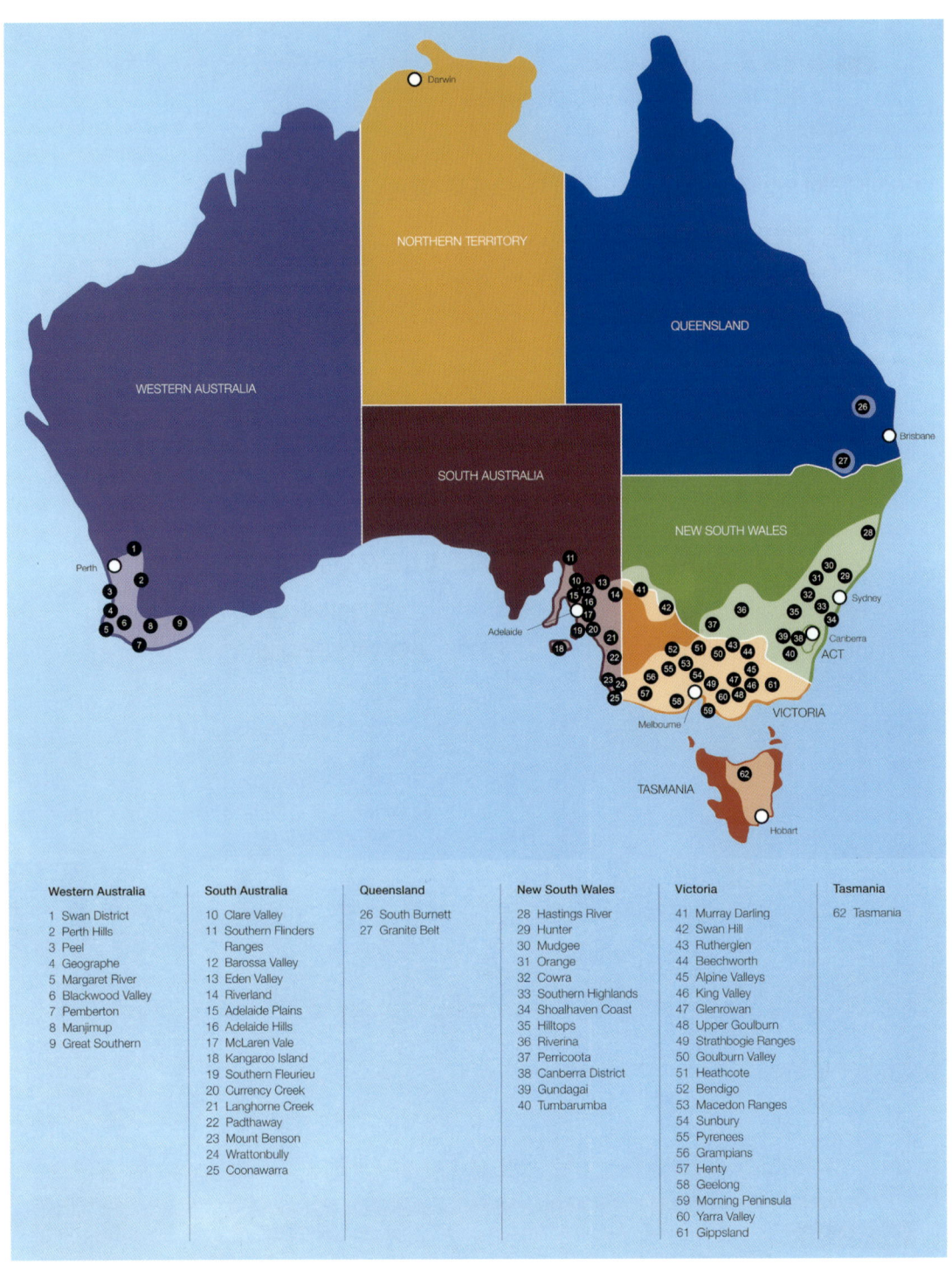

　오스트레일리아는 신흥 와인 생산국으로 빠르게 발전하고 있는 나라로 이탈리아, 프랑스, 스페인, 미국에 이어 연간 1,274만hL를 생산하여 세계 5위의 생산국가이며, 수출액도 7.8억달러에 달한다.

　호주대륙의 남서쪽지역은 프랑스, 이탈리아와 비슷한 지중해성 기후지역이며 동쪽의 해안지역은 시드니Sydney를 중심으로 온난습윤기후지역이고 더 남쪽지역인 멜버른Melbourne 중심으로는 서안해양성 기후대에 속하며, 애들레이드Adelaide 지역은 지중해성 기후가 나타난다. 따라서 호주의 와인산업은 지중해성 기후와 해양성 기후, 온난습윤기후지대에 속하는 동서쪽과 남동쪽 지역에서 집중적으로 이루어지고 있다. 남반구에 위치하여 겨울철도 비교적 10℃ 내외로 따뜻하고 여름철에는 30℃ 정도로 더운 편이며, 연중 강우량은 600mm 내외로 건조하다. 유럽처럼 기후가 변덕스럽지 않고 매년 일정한 편이기 때문에 포도의 작황에 별 영향을 주지 않으므로 오스트레일리아에서의 와인 빈티지는 수확연도의 표시일 뿐 큰 의미는 없다. 빈티지, 포도 재배 지역, 포도 품종 표기 등은 의무사항은 아니고, 단일로 표시할 경우 해당 품종이나 해당 지역 제품이 85% 이상 사용되어야 한다.

　오스트레일리아는 1788년, 초기 영국 정착자들이 첫 번째 함대에 포도나무를 싣고 오고 초대 오스트레일리아 총독이 와인을 만들면서 시작되었다. 1803년 시드니 가제트Sydney Gazette 잡지의 첫 호에 "포도원을 가꾸기 위한 땅을 마련하는 법"이라는 기사가 실렸다.

　오스트레일리아에서 재배되고 있는 포도품종은 화이트 와인용으로 샤르도네Chardonnay, 쇼비뇽 블랑Sauvignon Blanc, 세미용Semillon, 리슬링Riesling 등이 있고, 레드 와인용으로는 까베르네 쇼비뇽Cabernet Sauvignon, 쉬라즈Shiraz, 삐노 누아Pinot Noir, 최근에 많이 재배하는 메를로Merlot 등이 있다.

　주요 포도산지로는 남부 오스트레일리아South Australia, 뉴사우스웨일스New South Wales, 빅토리아Victoria, 서부 오스트레일리아Western Australia, 퀸즐랜드Queensland, 태즈메이니아Tasmania 등이 유명하다.

1. 각 지역별 와인

① 남부 오스트레일리아 South Australia

　전체 오스트레일리아 와인의 61%를 생산하고 있는 중요한 지역이다. 여기에서는 저급와인부터 고급와인에 이르기까지 모든 유형의 와인이 생산되고 있으며, 늦게 수확된 포도로 만든 보트리티스 와인Botrytis Wine, 포트, 셰리 등도 포함하고 있다.

프레지던트 까베르네 쇼비뇽

- 바로사 밸리Barossa Valley

애들레이드Adelaide의 북쪽에 위치하고 있으며, 덥고 건조한 기후 때문에 해발 240~300m에 포도밭이 조성되어 향기로운 드라이 레드 와인, 가벼운 드라이 화이트 와인, 강화 와인 등 여러 가지가 나온다.

올랜도Orlando나 남호주 지역 와인의 30% 이상을 생산하는 펜폴즈Penfolds 등의 거대한 와이너리의 발상지이기도 하다.

울프 블라스
까베르네 쇼비뇽

펜폴즈
화이트 와인과 레드 와인

② 뉴사우스웨일스New South Wales

오스트레일리아에서 가장 인기 있는 지역 중 하나로 오스트레일리아 와인의 발상지이며, 포도 재배면적은 9,000ha이고 전체 포도생산량의 27%를 생산한다. 헌터 밸리Hunter Valley는 가장 오래된 포도 재배지역 중 하나이며, 세미용Semillon, 샤르도네 Chardonnay 등을 화이트 와인 품종으로 많이 재배하고 쉬라즈Shiraz는 레드 와인 품종으로 많이 재배된다.

시드니 남쪽에 있는 쿠나와라 Coonawara 인근의 표토는 붉은 색으로 테라 로사Terra Rosa라고 부르는 토질인데, 석회석의 풍화 작용으로 생성되는 적색 점토 토양으로 포도 재배에 좋은 조건을 제공해준다.

로즈 마운트
삐노 누아

옐로우 테일
버블즈

- 헌터 밸리Hunter Valley와 로 헌터 밸리Lower Hunter Valley

헌터 밸리 지역은 둘로 나누어지는데, 와인을 생산하는 주 지역은 로 헌터 밸리Lower Hunter Valley이다. 로 헌터 밸리는 역사가 오래된 곳이며, 시드니가 가까워 큰 시장이 형성되는 곳이다. 비교적 덥고 습도가 높은 지역으로 쉬라즈로 만든 농후한 레드 와인과 세미용으로 만든 풍부한 드라이 화이트 와인이 유명하다.

달타니 쉬라즈

③ 빅토리아 Victoria

오스트레일리아 남동부 멜버른Melbourne 근처에 위치한 오랜 전통을 지닌 와인 지역으로 기후와 토양이 유럽과 비슷한데, 이러한 자연조건이 유럽에서 건너온 이주자들이 정착하게 된 요인이 되었다. 오스트레일리아에서 두 번째로 많은 126개소의 양조장이 있으며, 정상급의 레드, 화이트, 발포성, 포트 와인을 생산하며, 오스트레일리아 생산량의 16%를 차지한다.

④ 서부 오스트레일리아 Western Australia

지금부터 20년 전까지만 해도 마가렛Margaret강과 와인은 별 관계가 없었다. 그러나 현재는 신흥 와인산지로 전체 생산량의 3%를 차지하고 있으며, 이곳에서 서부 오스트레일리아뿐만 아니라 오스트레일리아 전체에서 가장 우수한 와인이 생산되고 있다.

제나두
쉬라즈 까베르네

제나두
세미용 샤르도네

⑤ 퀸즐랜드 Queensland

퀸즐랜드Queensland는 열대지방과 너무 가까워 좋은 품질의 와인을 생산하기에 적합하지 않다고 생각하여 와인재배지역으로 잘 알려지지 않았지만 해발 700~1,000m 지대에서 기온이 서늘해지는 효과 때문에 까베르네 쇼비뇽, 쉬라즈, 샤르도네 등을 재배한다.

토마스 하디
쿠나와라

⑥ 태즈메이니아 Tasmania

호주에서 가장 추운 곳으로 가을이 건조하기 때문에 수확기가 늦어진다.

클로버 힐

기출문제 2-3. 생산국가에 따른 와인의 분류 [오스트레일리아]

01 프랑스 북부 론이 고향이며, 오스트레일리아에서 재배되는 대표적인 레드와인 품종은?

① 쉬라즈(Shiraz)
② 까베르네 쇼비뇽(Cabernet Sauvignon)
③ 메를로(Merlot)
④ 삐노 누아(Pinot Noir)

해설 쉬라는 프랑스 론(Rhône) 계곡이 주산지인 포도 품종으로, 포도송이는 원통 모양이며 포도알은 작고 검은색에 가까운 편이며 프랑스에서는 쉬라(Syrah), 호주에서는 쉬라즈(Shiraz)라고 부른다.

02 애들레이드(Adelaide)의 북쪽에 위치하고 있으며, 덥고 건조한 기후 때문에 해발 240~300m에 포도밭이 조성되어 향기로운 드라이 레드, 가벼운 드라이 화이트, 강화 와인 등이 생산되며 올랜도(Orlando), 펜폴즈(Penfolds) 와이너리의 발상지이기도 한 곳은?

① 헌터 밸리(Hunter Valley)
② 로 헌터 밸리(Lower Hunter Valley)
③ 바로사 밸리(Barossa Valley)
④ 빅토리아(Victoria)

03 오스트레일리아 남동부 멜버른 근처에 위치한 오랜 전통을 지닌 와인 생산지역은?

① 뉴 사우스 웨일스(New South Wales)
② 남부 오스트레일리아(South Australia)
③ 빅토리아(Victoria)
④ 타스마니아(Tasmania)

04 오스트레일리아 와인의 발상지이며 전체 포도생산량의 27%를 생산하는 포도산지는?

① 남부 오스트레일리아(South Australia)
② 빅토리아(Victoria)
③ 서부 오스트레일리아(Western Australia)
④ 뉴 사우스 웨일스(New South Wales)

정답 01 ① 02 ③ 03 ③ 04 ④

7 뉴질랜드 와인 New Zealand Wine

뉴질랜드는 신세계 와인 생산국 중 가장 늦게 와인을 생산하기 시작했지만 1980년대에 수출을 시작한 이래 연간 8억달러를 수출하여 세계 8위의 와인 수출국이 된 주목받는 신흥 와인 생산국이다.

뉴질랜드 와인의 역사는 1838년 호주에 포도나무를 전파한 제임스 버스비 James Busby가 포도나무를 들여와 와인을 양조한 것이 그 시초라 할 수 있겠다. 그러나 병충해, 기술부족, 금주법 때문에 와인산업이 발달하지 못했다. 1960년대부터 레스토랑에서 와인판매가 가능하게 되었고, 1975년에는 뉴질랜드 와인협회가 구성되었다. 뉴질랜드는 호주와 더불어 천연 코르크 마개 대신 돌려서 따는 스크류 캡 Screw Cap을 가장 많이 사용하는 나라이다.

오스터 베이
삐노 누아

1. 뉴질랜드 와인의 등급 분류

뉴질랜드 와인의 공식적인 등급 분류는 없으나 라벨에 포도품종을 표기할 때 그 포도품종이 75% 이상 비율이어야 한다는 규제를 하고 있다. 생산지역이 표기될 때도 그 지역 포도가 75% 이상 사용되어야 한다. 빈티지 표기는 그해에 수확한 와인으로 만들었을 때만 표기한다.

2. 뉴질랜드의 주요 와인산지

뉴질랜드는 원래 와인의 대표 산지가 북섬의 혹스베이Hawke's Bay였지만 1973년 남섬 북단의 말버러Marlborough 지역이 새로운 포도재배지역으로 개발되면서 현재 뉴질랜드의 가장 큰 포도 재배지역이 되었으며 뉴질랜드 전체 포도 재배면적의 42%를 차지하고 있다.

손버리 샤르도네

① 북섬

- **기즈번**Gisborne

샤르도네 재배지역으로 유명하다.

- **혹스베이**Hawke's Bay

혹스베이는 독특한 까베르네 쇼비뇽과 까베르네 프랑 등으로 보르도 스타일의 레드 와인을 만든다.

- **기타**

오클랜드Auckland, 와이카토Waikato, 웰링턴Wellington 등이 있다

② 남섬

- **말버러**Marlborough

1873년 말버러 최초로 포도가 재배되었으며 본격적인 와인 생산은 1970년대에 시작되었고 최근 10년 동안에 3배 이상 급성장을 하고 있다. 말버러는 뉴질랜드에서 가장 큰 와인 생산지역으로 낮에는 일조량이 풍부하고 밤에는 서늘한 기후의

빌라 마리아 쇼비뇽 블랑

빌라 마리아 삐노누아

클라우디 베이 쇼비뇽 블랑

영향으로 클라우디 베이Cloudy Bay에서 생산되는 쇼비뇽 블랑은 산미가 있기로 유명하고, 아스파라거스, 구스베리, 풀향을 가진 세계 최고 수준의 와인으로 유명하다.

- **센트럴 오타고**Central Otago

센트럴 오타고는 내륙성 기후로 일교차가 심하기 때문에 포도 재배에 매우 적합하다. 낮에는 매우 덥지만 저녁이면 상쾌할 정도로 시원해지고, 또 긴 가을은 화창하고 산뜻하다. 센트럴 오타고의 토양은 고대 빙하에 의해 산에서 떠내려온 퇴적토가 주종을 이루는데, 그 속의 미세 황토는 최상품 와인 생산  에 중요한 역할을 한다. 여기에는 다량의 광물질이 함유되어 있어 와인 하나하나마다 독특한 맛과 풍미를 낸다. 대표적인 포도품종으로 삐노 누아Pinot Noir가 있다.

- **기타**

넬슨Nelson, 캔터버리Canterbury 등이 있다.

기출문제 2-3. 생산국가에 따른 와인의 분류 [뉴질랜드]

01 다음 ( ) 안에 알맞은 것은?

> 뉴질랜드 와인의 공식적인 등급 분류는 없으나 라벨에 포도품종을 표기할 때 그 포도품종이 (㉠)% 이상 비율이어야 한다는 규제를 하고 있다. 생산지역이 표기될 때도 그 지역포도가 (㉡)% 이상 사용되어야 한다.

① ㉠ 50% ㉡ 50%　　　② ㉠ 65% ㉡ 75%
③ ㉠ 75% ㉡ 75%　　　④ ㉠ 100% ㉡ 100%

02 뉴질랜드에서 가장 큰 와인생산지역으로 낮에는 일조량이 풍부하고 밤에는 서늘한 기후로 클라우드 베이(Cloud Bay)가 생산되는 와인산지는?

① 말버러(Marlborough)　　② 넬슨(Nelson)
③ 기즈번(Gisborne)　　　　④ 오클랜드(Auckland)

03 센터럴 오타고(Central Otago)의 토양과 대표적인 포도품종의 연결이 바른 것은?

① 석회암 - 쇼비뇽 블랑(Sauvignon Blanc)　② 점토질 - 리슬링(Riesling)
③ 퇴적토 - 삐노 누아(Pinot Noir)　　　　　④ 화강암 - 샤르도네(Chardonnay)

정답　01 ③　02 ①　03 ③

8 미국 와인 American Wine

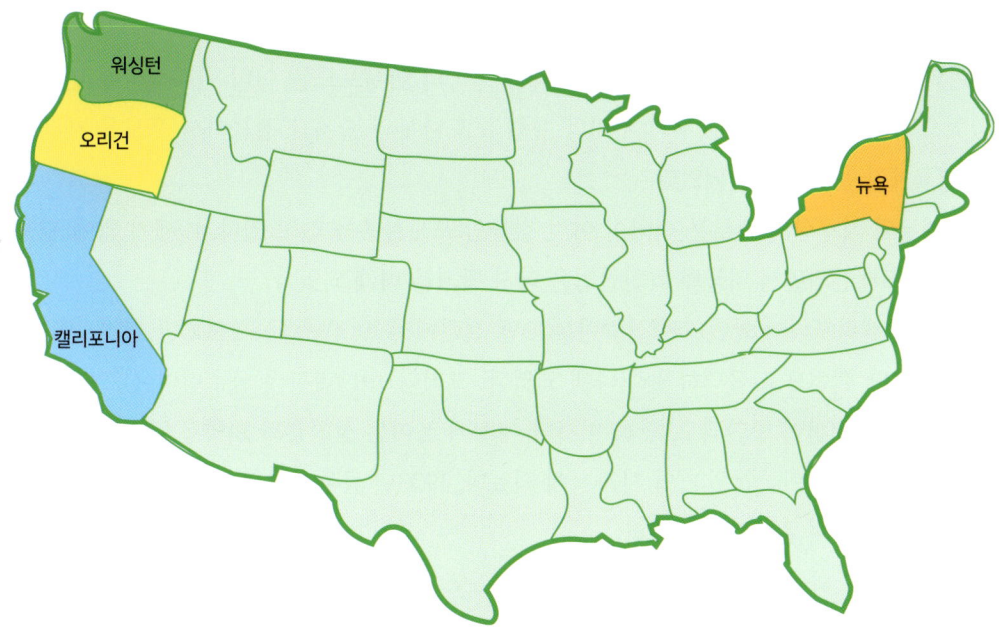

미국 와인의 역사는 현재 미국의 역사보다 오래되었을 것으로 보인다. 탐험가들이 미대륙을 발견하기 전에 이미 자생하는 야생포도가 있었기 때문이다.

유럽에서 신대륙으로 이주해 온 사람들이 유럽의 포도묘목을 미국에 심었으나 기후와 토질에 잘 적응하지 못해서 어려움을 겪었다. 그러던 중 우연히 신대륙의 야생포도와 유럽의 포도를 접붙여 재배했더니 성공적이었다. 이 포도품종이 현재 미국 동부에서 재배되고 있다.

또한 1769년 프란체스코수도회의 수사인 주니페로 세라가 샌디에이고에 교회를 창설하면서 포도를 심어 미사주와 의약용으로 쓰라고 권했다.

조세프 채프먼이 1824년부터 로스앤젤레스 지역에 와인공장을 세우면서 미국에서 상업적인 와인 생산이 시작되었고, 1830년대 프랑스에서 수백 그루의 포도묘목을 캘리포니아에 도입한 것을 시작으로 미국에 금을 캐러 몰려들었던 많은 유럽인들이 너도나도 포도원을 만들기 시작했다.

1857년 헝가리인인 아고스톤이란 사람이 소노마에 포도원을 일구었으며, 더 좋은 와인을 생산하기 위하여 캘리포니아의 총독에게 캘리포니아 북부지역에 와인산업을 육성해 줄 것을 요청했다.

그러자 총독은 담당자를 유럽에 출장 보내 유럽의 포도묘목을 10만 그루

조단 까베르네 쇼비뇽
(소노마 카운티)

정도 수입해서 재배하게 했다. 와인 생산이 본 궤도에 오르고 있었는데, 불행하게도 유럽에서 수입된 포도나무에 묻어온 병 때문에 1874년 소노마 지역의 포도원에서부터 시작하여 캘리포니아의 거의 모든 포도나무가 필록세라로 인해서 황폐해졌다.

이와는 반대로 미국 동부 해안에서 자라는 미국의 야생포도는 이미 필록세라에 면역되어 있었으므로 이 토착 포도나무의 뿌리와 유럽 포도나무의 줄기를 접붙여서 포도를 재배했더니 필록세라 문제가 해결되었다.

이때부터 지구상의 대부분 지역이 이런 접붙인 포도품종을 심고 있다. 19세기 말에 필록세라 문제가 해결되면서 미국의 와인산업은 다시 활기를 띠게 되었다.

1869년 캘리포니아 와인의 생산량이 400만 갤런에서 1900년에는 2,800만 갤런, 1911년에는 6,000만 갤런으로 급격히 늘어나게 되었다. 그러나 1919년부터 금주령이 선포되어 거의 모든 와인의 생산이 중단되고, 단지 미사나 예배에 쓰이는 성찬용과 의약용으로만 일부 사용되면서 미국의 와인산업은 거의 사라지게 되었다. 1933년 금주령이 해제되면서 다시 포도 재배와 와인 생산이 증가하게 되었다.

현재 미국은 와인 생산량 세계 4위2,238만hL, 포도 재배면적 세계 6위, 와인 소비량 세계 1위의 와인 강국이다.

미국에서 재배되고 있는 화이트 와인용 포도로는 샤르도네, 리슬링, 슈냉 블랑, 프렌치 콜롬바드French Colombard, 쇼비뇽 블랑, 세미용, 실바너 등이 있고, 레드 와인용 포도로는 까베르네 쇼비뇽, 가메, 메를로, 삐노 누아, 진판델Zinfandel 등이 있다.

1. 미국 와인의 등급

① 메리티지 와인Meritage Wine; 보르도 스타일로 만든 와인

미국 와인은 사용한 포도품종의 종류가 상표의 일부분이 된다. 이러한 와인을 단일품종 와인해당 포도품종이 75% 이상이라 하는데 미국의 많은 와인업자들은 이러한 와인보다는 여러 종류의 포도품종을 섞어서 만드는 것이 자신만의 포도밭을 대표하는 최고의 와인을 만들 수 있다고 믿고 있다. 하지만 이럴 경우 현행 와인상표 규정에 따라 단일 포도품종이 75%를 넘지 못하므로 다품종을 섞어 만든 와인은 생산업체가 만든 이름으로 표기하거나 단순히 테이블 와인으로 표기하게 된다.

이러한 이름들은 자기만의 뛰어난 품질을 제대로 나타내지 못하기 때문에 '메리티지'라는 새로운 이름을 사용하게 되었다.

오퍼스 원
(나파 밸리)

　이 명칭은 1988년 전 세계적으로 공모된 6,000여 개의 명칭 중에서 선택된 것으로 이들 고품질와인을 단순히 테이블 와인과 구분하기 위해 사용되고 있다.

　그러나 이 메리티지 와인은 반드시 프랑스 보르도 지방의 전통적인 포도품종들만을 섞어 만들어야 한다. 또한 메리티지 와인은 반드시 해당 와인업체가 생산하는 와인 중 최고의 와인이어야 하며, 개별 와인 양조장에서 매해 생산된 포도로 25,000케이스까지만 생산할 수 있다. 유명한 메리티지 와인은 오퍼스 원Opus One, 조셉 펠프스Joseph Phelps의 인시그니아Insignia 등이 있다.

② 버라이어탈 와인Varietal Wine; 품종기재 고급와인

　와인제조에 사용한 포도의 원산지를 표시하고 있는 경우에만 그 품종의 이름을 하나 또는 여러 개 표시할 수 있고, 그 와인을 만드는 데 사용된 포도의 75% 이상이 특정 품종의 포도여야 그 품종을 표시할 수 있다. 또한 두 개 이상의 포도품종 이름이 표시되려면 각각의 품종이 해당 와인에서 차지하는 비율이 라벨에 함께 표시되어야만 한다.

　예를 들어 '진판델', '까베르네 쇼비뇽', '샤르도네' 등으로 표기한다.

• 진판델Zinfandel 포도품종

　캘리포니아의 특화품종인 진판델Zinfandel은 이탈리아 프리미티보Primitivo 품종이 건너온 것으로만 알려져 있었으나, 수년간 DNA검사를 통해 이 품종이 수도승들에 의해 이탈리아로 전해진 크로아티아의 플라박 말리Plavac Mali 품종이라는 것이 밝혀짐으로써 진판델의 최초 근원이 재조정되었다.

　일반적인 진판델 와인의 맛은 약간의 산도와 단맛 그리고 풍성한 과일향과 스파이시한 맛이 특징이라 하겠다. 주요 재배지역으로는 소노마, 시에라 풋힐스, 산타 크루즈 등이 있다.

끌로 두 발
진판델

③ 제너릭 와인Generic Wine; 일반 와인

　여러 품종의 포도를 블렌딩한 와인을 일반 와인이라고 한다. 일반 와인은 라벨에 포도품종명을 기재할 수 없고 샤블리나 버건디, 쏘테른 등으로 표기한다. 물론 프랑스의 샤블리와 버건디 와인은 아니나 비슷한 맛이 나도록 한 와인이다. 일반 와인은 가격 면에서 품종와인보다는 싸게 판매되고 있다.

④ 와인의 원산지 명칭

• 하나의 주 이름

와인 원산지로서 주의 이름을 쓰는 경우 사용된 포도는 100% 해당되는 주예를 들어 캘리포니아, 뉴욕 등 내에서 생산된 것이어야 한다. 이 경우 주 내의 여러 지역에서 생산된 와인을 섞어 만드는 경우가 많다.

• 하나의 카운티County 이름 또는 복수의 카운티 이름

카운티의 이름이 원산지로 표시된 경우 행정구역에 따른 구분이다예를 들어 나파, 소노마 등. 카운티 원산지 표시의 경우 해당 카운티에서 생산된 포도가 75% 이상 사용되어야 한다.

또한 두 개 또는 그 이상의 카운티가 원산지로 표시되는 경우, 각 카운티가 차지하는 비율이 함께 표시되어야 하며, 포도는 각각의 카운티에서 100% 생산된 것이어야 한다.

• 미국 공식 인증 전문 포도 재배지역 이름American Viticultural Area; A.V.A

1983년부터 시행한 것으로 하나의 A.V.A는 그 지역이 주변의 지역과 지리학적으로 다른 특성, 즉 기후, 토양성분, 등고높이, 물리적 특성, 때로는 역사적 자료 등을 가지고 있다는 것을 의미한다. 또한 A.V.A로 표시된 와인은 85% 이상의 포도가 그 지역에서 생산된 것이어야만 한다. 현재 미국에서 총 153개의 지역이 A.V.A로 공식 인증되어 있다.

2. 각 지역별 와인

미국에서는 50개의 주 가운데 44개의 주에서 포도 재배가 가능한데, 대표적인 와인산지로는 캘리포니아주, 오리건주, 워싱턴주, 뉴욕주 등이 있다.

끌로 두 발 까베르네 쇼비뇽

로버트 몬다비 샤르도네 리져브

① 캘리포니아 지역

• 캘리포니아 북부 해안지역Northern California Coast

울퉁불퉁한 해안선과 몰아치는 파도, 하늘 높이 솟은 미국 삼나무숲세쿼이아나무로 유명, 세찬 강줄기, 푸르른 언덕, 그리고 아름다운 포도밭으로 가득 찬 땅이다. 샌프란시스코 바로 위쪽에 나파 밸

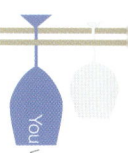

리, 소노마, 멘도시노, 센트럴 코스터, 산조아킨 밸리 등의 와인산지들이 세계적으로 명성을 높이고 있다.

• **나파 밸리**Napa Valley

이 지역에 처음 거주했던 원주민인 와포Wappo 인디언 부족에게 나파란 '풍요의 땅'을 의미하는 말이었다. 나파계곡에서 처음 포도를 재배한 사람들은 조지 연트George Yount와 같은 1840년경의 초기 탐험가들이었다. 1861년 이 지역에 최초의 상업적인 와인 양조장을 세운 사람은 찰스 크럭Charles Krug이었

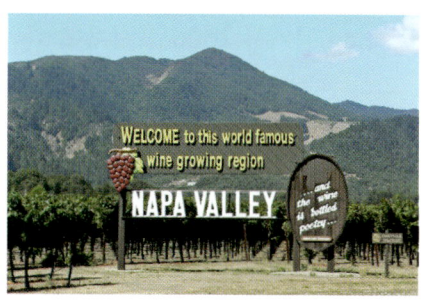

WELCOME to this world famous
wine growing region
NAPA VALLEY

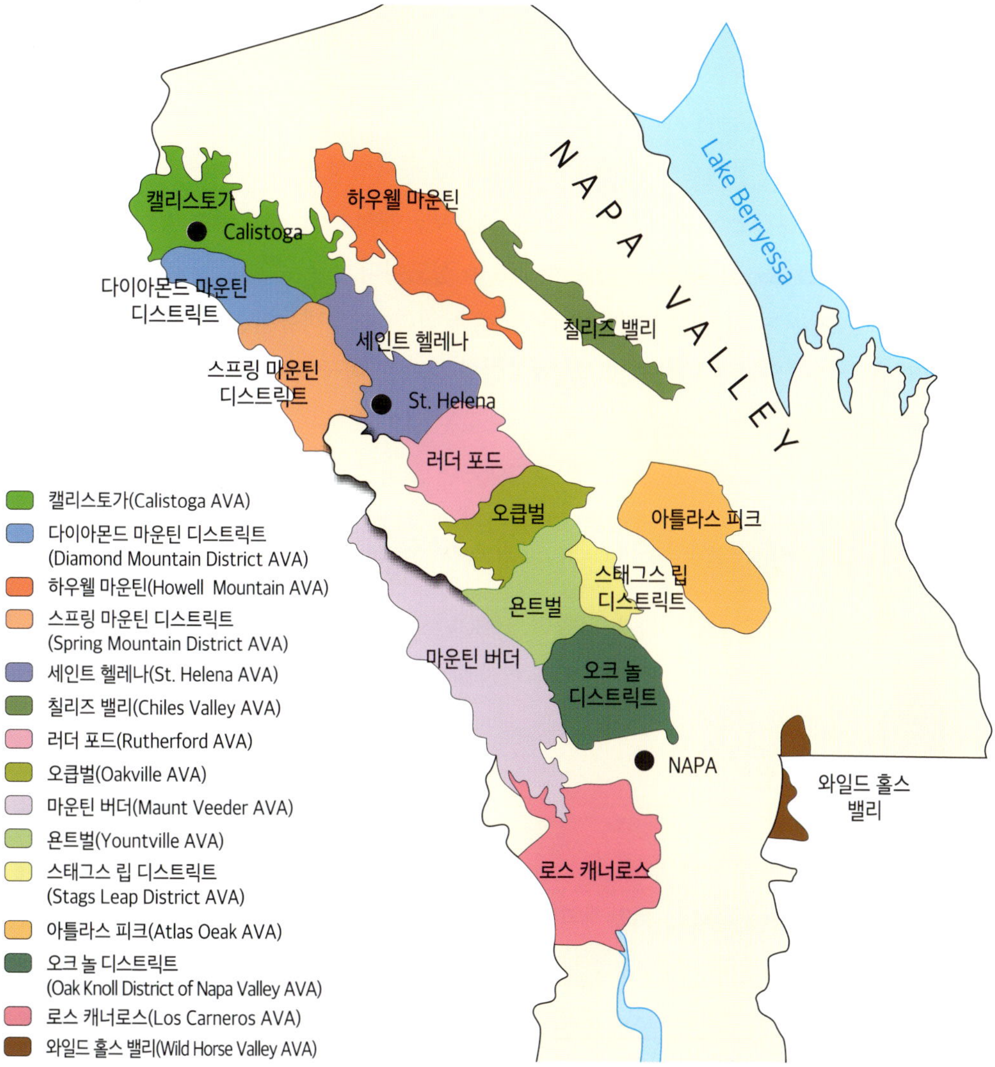
NAPA VALLEY
Lake Berryessa
캘리스토가
Calistoga
하우웰 마운틴
다이아몬드 마운틴
디스트릭트
세인트 헬레나
칠리즈 밸리
스프링 마운틴
디스트릭트
St. Helena
러더 포드
오큽벌
아틀라스 피크
스태그스 립
디스트릭트
욘트벌
마운틴 버더
오크 놀
디스트릭트
NAPA
와일드 홀스
밸리
로스 캐너로스
캘리스토가(Calistoga AVA)
다이아몬드 마운틴 디스트릭트
(Diamond Mountain District AVA)
하우웰 마운틴(Howell Mountain AVA)
스프링 마운틴 디스트릭트
(Spring Mountain District AVA)
세인트 헬레나(St. Helena AVA)
칠리즈 밸리(Chiles Valley AVA)
러더 포드(Rutherford AVA)
오큽벌(Oakville AVA)
마운틴 버더(Maunt Veeder AVA)
욘트벌(Yountville AVA)
스태그스 립 디스트릭트
(Stags Leap District AVA)
아틀라스 피크(Atlas Oeak AVA)
오크 놀 디스트릭트
(Oak Knoll District of Napa Valley AVA)
로스 캐너로스(Los Carneros AVA)
와일드 홀스 밸리(Wild Horse Valley AVA)

으며, 1889년에 이르러 140개의 와인 양조장이 운영되기에 이르렀다. 금주법과 함께 사라졌던 나파 밸리 와인업계는 1933년 금주법의 폐지와 함께 다시 부흥기를 이루게 되었다.

1960년에서 2000년 사이에 와인 양조장의 수는 25개에서 240개 이상으로 증가하였고, 이 지역에 처음 와인 붐이 발생한 지 100년 후 나파 와인의 뛰어난 품질은 세계적인 명성을 얻게 되었다.

나파 밸리Napa Valley는 미국에서 가장 유명한 포도 재배지역으로, 샌프란시스코에서 차량으로 금문교를 지나 약 1시간 반 정도 걸리며 16,300헥타르의 포도밭을 가지고 있다.

퓌메 블랑   베린저 까베르네 쇼비뇽   오크 빌레 로버트 몬다비

이 지역은 양쪽이 산맥으로 막혀 있는 지형이며, 북서방향으로 45km쯤 길게 뻗어 있다. 나파 밸리의 폭은 넓게는 남부의 나파시City of Napa 부근에서 8km 정도이며 가장 좁게는 북부의 칼리스토가 마을Town of Calistoga 부근에서 1.5km 정도이다.

나파강Napa River은 이 계곡지형을 따라 흐르고 있다. 관광객들이 연중 이 계곡을 지나면서 공장마다 들러서 와인을 시음해 보고 한두 병씩 사가는 미국에서 가장 유명한 와인 생산지이다. 특히 이곳에서도 가장 유명한 와인공장으로는 로버트 몬다비 와인공장Robert Mondavi Winery이 있다. 1966년 로버트 몬다비는 특이한 외양의 공장을 건설한 후 적극적인 와인의 생산기술 도입과 판매활동으로 와인업계의 거물이 되었으며, 와인공장은 국내외에서 유명하게 되었다. 1980년 프랑스 샤또 무똥 로칠드의 바롱 필립 드 로칠드와 합자회사를 만들어서 최고급 나파 밸리 와인인 오퍼스 원Opus One을 1984년부터 소량 생산하고 있다.

• **소노마 카운티**Sonoma County

1812년 러시아 이주민들은 해안지역인 포트 로스Fort Ross에 처음 포도나무를 심었다. 그러나 소노마에 본격적인 와인산업의 기반을 구축한 것은 1823년 프란체스카수도원에 포도를 심었던 스페인계의 호세 알티메라Jose Altimera 신부였다.

샤또 수버랭 까베르네 쇼비뇽 (알렉산더 밸리)   샤르도네 조단

캘리포니아 와인의 아버지로 불리는 헝가리계의 아고스톤 하라치경Count Agoston Haraszthy이 소노마의 한 밭을 사서 부에나 비스타Buena Vista로 이름 붙인 것은 1857년이었다.

그 뒤 1861년 그는 캘리포니아 국회로부터 유럽의 포도재배법에 대한 연구를 위임받아 유럽을 여행한 후 그 다음해 프랑스, 이탈리아, 스페인 등지에서 우수한 포도묘목 십만 그루 이상을 소노마에 들여오게 되었다. 소노마는 나파 밸리 다음으로 캘리포니아에서 유명한 와인 생산지역으로 나파 밸리의 서쪽에 있고 태평양 해안에 가까우며, 기후가 온화해서 포도 재배에 적합하다.

켄우드 와인 시리즈

율루파   샤르도네   진판델   메를로   잭런던 까베르네 쇼비뇽   아티스트 시리즈 까베르네 쇼비뇽

• 멘도시노Mendocino

샌프란시스코에서 북쪽으로 150km 떨어진 멘도시노는 소노마 카운티의 바로 위쪽에 위치하면서 기후는 소노마보다 약간 서늘하며, 산이 많아 울퉁불퉁하며 산림이 울창한 지역이다. 이곳의 포도밭은 약 6,000헥타르 정도이며, 대부분 러시아강Russian River과 나바로강Navarro River의 유역과 지류를 따라 형성된 능선의 햇살이 잘 비치는 윗부분에 위치하고 있다.

이 지역에 포도가 처음 심어진 것은 황금탐험기 이후인 1850년이었다. 이후 금주법으로 이 지역의 와인산업은 거의 사라지게 되었지만, 파두치가 Parducci Family의 숨은 노력으로 와인이 계속 생산될 수 있었다. 1970년대와 80년대를 통해 파두치 와인회사Parducci Wine Cellars와 페처 와인회사Fetzer Vineyards를 선두로 멘도시노의 많은 와인업체가 세계적인 명성과 공급망을 구축하게 되었다. 멘도시노 카운티에는 37개의 와인업체가 8개의 A.V.A에 퍼져 있다.

켄달 잭슨 메를로

탤러스 화이트 진판넬

- **캘리포니아 중부 해안지역** Central California Coast

이곳은 샌프란시스코에서 몬터레이 Monterey를 거쳐 산타 바바라 Santa Babara에 이르는 길게 뻗은 지역으로 과거 프란체스카수도원의 수도승들이 '왕들의 도로 El Camino Real'로 불렀던 101번 고속도로를 따라 자동차로 약 6시간 걸리는 거리이다. 이곳은 여러 와인산지에 매우 다양한 와인 양조장이 퍼져 있다.

- **리버모어 밸리** Livermore Valley

샌프란시스코만 동쪽의 해안 능선 기슭에 위치한 곳으로 25km 정도 길게 뻗어 있다.

100년 이상의 역사를 자랑하는 이곳은 캘리포니아의 가장 역사적인 와인산지중 하나이다. 1889년 리버모어에서 생산된 와인이 파리국제박람회에서 최우수 와인으로 선정된 이래 리버모어 밸리는 뛰어난 와인산지로 국제적인 명성을 얻고 있다. 이곳은 샌프란시스코만과 인접하여 와인용 포도의 재배에 매우 좋은 환경을 갖추고 있다.

재배기간 내내 낮 동안 고온의 기후를 유지하다가 오후 늦게 바다로부터 매우 차가운 공기가 이 지역을 거쳐 더 안쪽의 센트럴 밸리까지 유입된다. 이 차가운 바람은 안개를 동반하고 있어 이른 아침까지 저온의 안개가 계곡에 머물게 한다. 이러한 밤낮의 기온 변화는 계속적으로 순환한다. 또한 이 지역은 다른 지역과는 달리 특별히 깊고 돌이 많은 토양으로 이루어져 있어 보르도 지역의 포도품종에 최적의 환경을 제공한다. 현재 리버모어 밸리에는 12개의 양조장이 자리 잡고 있다.

헤리티지 화이트   웬티

- **산타 크루즈 산맥** Santa Cruz Mountain

이 지역의 포도밭들은 1982년에 개발되었으며 현재 약 20개의 와인 양조장이 자리잡고 있다. 이곳은 샌프란시스코에서 약 80km 떨어진 해안지역으로 유명한 실리콘 밸리의 바로 아래쪽에 위치하고 있으며, 낮은 산맥이 형성한 능선을 경계로 태평양을 바라보며 서쪽의 절반과 샌프란시스코만을 바라보는 동쪽의 절반으로 크게 나누어진다.

이러한 지형 변화를 이용하여 대양을 바라보는 쪽에는 삐노 누아만을 반대쪽에는 까베르네 쇼비뇽을 주로 재배한다.

• 몬터레이 카운티 Monterey County

다른 대부분의 카운티에서처럼 이 지역에 처음 포도를 재배한 사람은 프란체스카수도원의 사람들이었다. 이들은 200년 전 솔레다드 Soledad에 위치한 수도원에 포도를 심기 시작해서 현재 몬터레이는 약 17,000헥타르에 이르는 포도밭을 가지고 있으며, 이중 약 40%는 샤르도네를 재배하고 있다. 이 지역은 약 50개의 양조장이 있으며, 7개의 A.V.A가 있다.

• 산타 바바라 카운티 Santa Barbara County

이 지역은 로스앤젤레스 위쪽에 위치하며 북에서 남으로 약 150km의 크기에 전체 포도밭 면적은 6,000헥타르이다. 이곳 또한 약 200년 전 활발한 와인산업을 일구었으나, 근대적인 와인 생산은 1960년대 데이비스 캘리포니아주립대학 U.C Davis의 연구진이 이 지역의 기후, 토양, 지형, 수자원 등이 포도 재배에 적합하다는 사실을 밝혀낸 이후 본격적으로 시작되었다. 오늘날 이 지역에는 30개 이상의 와인 양조장이 운영 중에 있다.

블랙스톤 까베르네 쇼비뇽 / 몬터레이 샤르도네

• 남부 캘리포니아 Southern California

로스앤젤레스에서 남쪽 샌디에이고까지 이어지는 지역으로 강렬한 햇살과 백사장 해안, 파도타기, 놀이공원 및 영화산업으로 유명한 곳이다. 이 지역이 와인산업을 가지고 있다는 사실을 아는 사람도 그리 많지는 않다. 그러나 로스앤젤레스에서 한 시간 거리에 있는 고온의 테메큘라 Temecula 지역에는 1,200헥타르의 포도밭이 조성되어 있다.

루색 샤르도네

• 시에라네바다 Sierra Nevada

이 지역은 1848년 금광이 발견되어 역대 최고의 골드러시의 시기를 맞았다. 덕분에 이 지역에는 아마도 르 카운티 Amador County, 캘러베러스 카운티 Calaveras County, 엘도라도 카운티 El Dorado County를 중심으로 많은 숙박시설과 야외 여가시설, 그리고 세계적인 명성을 쌓은 많은 와인업체들이 위치해 있다.

• 센트럴 밸리 Central Valley

이곳은 해안의 언덕지대와 서쪽의 시에 라네바다산맥의 경사면 사이에 위치하며 캘리포니아 농업의 심장부라 할 수 있고, 미국에서 와인을 가장 많이 생산하고 있는 지역으로 캘리포니아 와인의 80%를 생산하고 있다. 동서로 150km, 남북으로 645km의 광대한 이 지역은 보르도 2배 정도의 포도 재배면적을 가지고 있으나, 1/3만이 와인용 포도 재배지이고 나머지 2/3는 건포도용 포도 재배지이다.

와인용으로는 주로 콜롬바드 Colombard 품종이 쓰이고 건포도용으로는 톰슨 시들레스 Thompson Seedless 품종이 주로 쓰인다.

이 지역은 와인을 대량으로 생산하기 때문에 대형 와인공장이 많고, 그 규모도 거대해서 밖에서 보면 석유화학공장을 방불케 할 정도이다. 이곳의 와인은 주로 큰 병에 담은 저그 와인 Jug Wine이 많고, 주로 테이블 와인 산지로 잘 알려져 있다.

이 지역의 주요 와인산지는 새크라멘토 남쪽에 위치한 로디 Lodi와 산조아킨 밸리 San Joaquin Valley가 있다.

어니스트 & 줄리오 갤로 까베르네 쇼비뇽

어니스트 & 줄리오 갤로 샤르도네

② 워싱턴 Washington 지역

워싱턴주에서는 동쪽에 있는 야키마 밸리에서 포도를 많이 재배하고 있다. 이 지역은 강우량이 극히 적으므로 연간 250mm 인근 콜롬비아강에서 강물을 끌어다가 관개를 하여 포도를 생산하고 있다. 이곳에서 생산된 포도는 시애틀 근처의 공장으로 150마일 정도 차로 운반하고 있다.

이 지역에는 90개의 와인공장이 있으며, 상위 8개의 공장에서 워싱턴주 와인의 95%를 생산하고 있다. 이 지역의 유명한 와인공장으로는 샤또 세인트 미셸 Chateau St. Michelle, 프레스턴 와인 셀러 Preston Wine Cellars와 야키마 리버 와인공장 Yakima River Winery이 있다.

샤또 세인트 미셸

③ 오리건 Oregon 지역

오리건주의 포도원은 대부분 최근에 만들어졌고 또 규모가 작다. 그 면적은 워싱턴주의 절반 정도인 4,860헥타르 정도이며, 월래밋 밸리 Willamette Valley에서 포도를 많이 재배하고 있다. 90개의 와인공장은 대부분 규모가 작으며 상위 7개의 공장에서 전체의 1/3만을 생산할 뿐이다. 오리건주는 캘리포니아와 다르게 일반 와인을 금하고 있고 품종와인도 그 품종의 와인이 90%가 넘어야 하는 엄격한 규정을 제정하여 실시하고 있다.

오리건 지역의 유명한 와인공장으로는 크누센 어스 와인공장Knudsen Earth Winery, 소콜 블로서 와인공장Sokol Blosser Winery, 투알라틴 빈야드Tualatin Vineyard 등이 있다.

④ 뉴욕New York 지역

미국 동부지역 중에서 뉴욕주는 캘리포니아 다음으로 와인을 많이 생산하고 있다. 19세기 초부터 포도를 재배했으며 주로 자극적인 향이 있는 자생종인 라브루스카Labrusca 포도품종을 재배했다. 이곳은 프랑스 포도품종을 재배해서 와인을 만들고 있다.

A to Z   도멘 서린 삐노 누아

• 핑거 레이크 지방

핑거 레이크Finger Lake는 버펄로 아래쪽에 있으며 온타리오 호수 근처에 있다. 4개의 좁고 기다란 호수가 손가락같이 흩어져 있어서 핑거 레이크라 불리는 이 지역은 포도생육기간이 짧

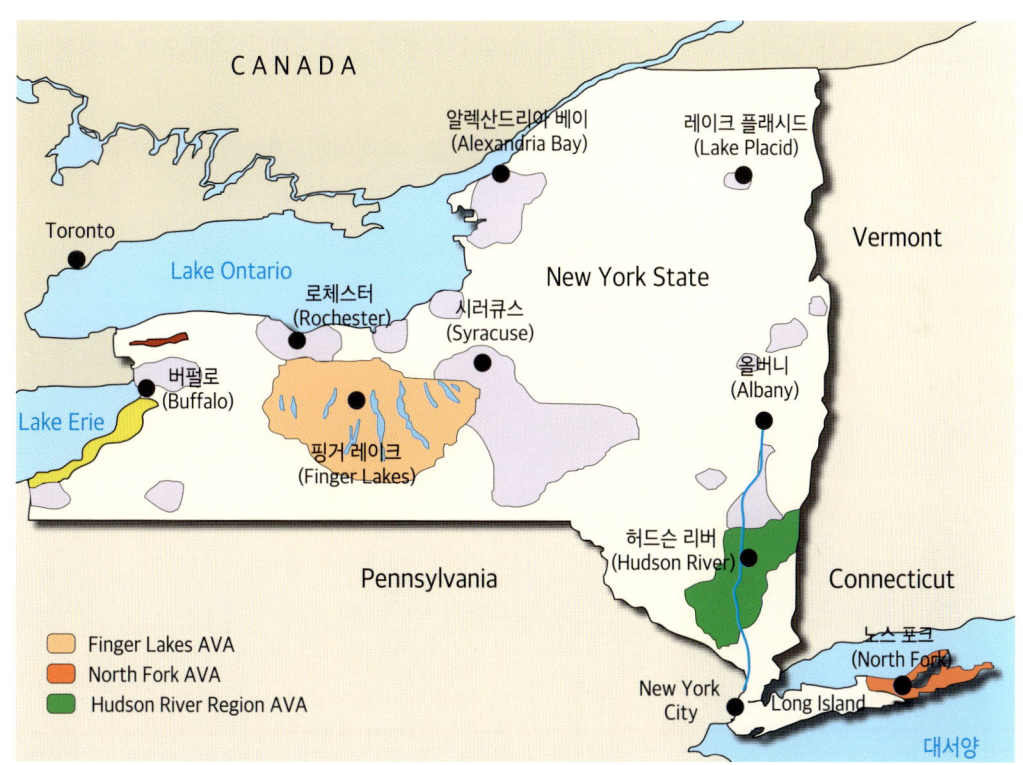

고 추운 겨울이 길기 때문에 지역 토착종이 잘 자란다.

1850~1860년 사이에 포도가 재배되기 시작하여 뉴욕주 포도 재배지역의 중심지가 되었으며, 이 지역에 많은 와인공장이 있다.

대표적인 공장으로는 샴페인을 주로 생산하는 골드 실Gold Seal, 그레이트 웨스턴Great Western과 와인을 주로 생산하는 테일러 와인회사Taylor Wine Company가 있으며, 이 테일러 와인회사는 뉴욕주에서 가장 큰 와인공장을 가지고 있다.

• 허드슨 리버 지방

허드슨 리버Hudson River는 최근에 포도를 생산하기 시작한 지방으로 뉴욕시에서 북쪽으로 50마일 떨어져 있는데, 언덕이 많고 핑거 레이크 지역보다 겨울철에 덜 춥다.

이 지역에서는 특히 교잡종을 많이 심고 있다. 유명한 와인공장으로는 버멀Bermarl, 클린턴Clinton과 노스 살렘North Salem 등이 있다.

• 노스 포크 지방

노스 포크North Fork는 롱아일랜드의 동쪽 끝에 있으며, 뉴욕시에서 동쪽으로 약 80마일 떨어진 곳에 있다.

기후는 대체로 온화해서 유럽 품종의 포도를 많이 심고 있다. 17세기에 이 지역에서 포도가 자랐다는 증거가 있기는 하지만 1973년 하그레이브 형제가 포도원을 처음으로 건설하여 포도를 심기 시작했다.

이러한 지역 이외에도 미국 동부지역의 아르칸사스, 코네티컷, 메릴랜드, 매사추세츠, 미시건, 미주리, 뉴저지, 오하이오, 펜실베이니아, 버지니아주 등이 있다.

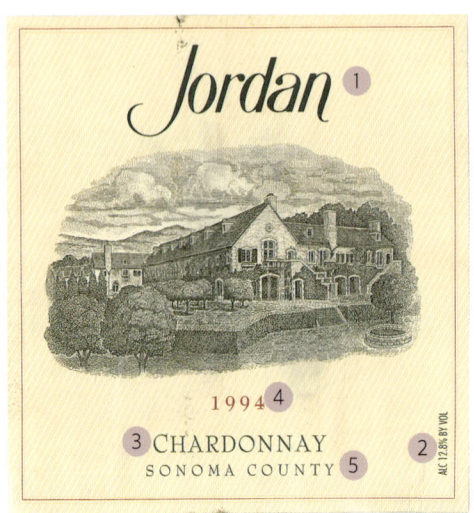

미국 와인라벨
샤르도네 조단(소노마)
① 생산자(브랜드) 명으로 Jordan을 나타냄
② 알코올도수
③ 포도품종인 샤르도네(Chardonnay)임을 표시함
④ 빈티지(Vintage : 포도수확연도)가 1994년임
⑤ 포도가 재배된 산지명인 Sonoma County 지방이라는 것을 표함

기출문제 2-3. 생산국가에 따른 와인의 분류 [미국]

01 미국 와인 생산의 90% 정도를 차지하며, 프랑스 생산량의 3/4에 가까운 와인 생산지역은?
① 캘리포니아   ② 뉴욕
③ 오리온   ④ 롱아일드

해 설 캘리포니아는 2,000만 헥토리터 로서 미국와인 생산의 90% 정도를 차지

02 캘리포니아 와인산지가 아닌 곳은?
① 멘도시노 카운티   ② 레이크 카운티
③ 소노마 카운티   ④ 핑거 레이크

해 설 핑거 레이크지역은 뉴욕지역에 있는 와인 산지

03 해풍으로 인한 서늘한 기후와 삼림이 울창한 지역으로 러시아강, 나바로강 근처에 위치하고 있는 와인 생산지는?
① 멘도시노 카운티   ② 레이크 카운티
③ 소노마 카운티   ④ 핑거 레이크

해 설 캘리포니아 북부 해안지역 맨도시노 카운티 러시아강과 나바로강 유역지역

04 미국 와인중 최고품질의 와인으로서 보르도 품종만 사용하여 만드는 와인을 무엇이라 하는가?
① Generic   ② Varietal
③ Proprietarty   ④ Meritage

해 설 1번은 테이블와인, 2번은 포도 품종을 명기한 와인, 3번은 생산지명이 표기된 와인

05 인디언 말로 "풍요의 땅"을 의미하며 1840년경 포도가 전파되었고 370여개 와이너리가 있는 지역은?

① 멘도시노 카운티　② 레이크카운티　③ 소노마카운티　④ 나파 카운티

해설 나파밸리는 "풍요의 땅"을 의미하며 1840년경 포도가 전파

06 미국의 유명한 와인 생산지인 조셉 펠프, 로버트 몬다비가 있는 지역은?

① 멘도시노 카운티　② 레이크카운티　③ 나파카운티　④ 핑거 레이크

해설 나파카운티는 조셉 펠프, 오퍼스원, 로버트 몬다비등 유명한 와인 생산

07 캘리포니아 중부해안지역의 와인 생산지역이 아닌 곳은?

① 리어모어밸리
② 몬테레이카운티
③ 산타 바바라카운티
④ 모젤

해설 모젤은 독일 와인 생산지역

08 해안의 언덕 지대와 시에라네 바다산맥의 사이에 있는 길이 154km, 폭 150km에 이르는 광대한 지역으로 캘리포니아 와인의 80%를 차지하며, 양질의 테이블와인이 생산되는 세계에서 가장 큰 와인 생산업자 E&J Gallo 와인회사가 있는 곳은?

① Central Valley
② napa Valley
③ sonoma county
④ Mendosino County

해설 E&JGallo와인회사가 있는 곳은 Central Valley

09 오리곤 주의 와인의 경우 몇 % 이상의 해당품종을 사용해야 라벨에 품종이름을 표기할 수 있는가?

① 95%　② 85%　③ 75%　④ 90%

해설 미국 오리곤 주의 경우 라벨에 표기된 품종을 90%이상 함유해야 하고, 예외적으로 까베르네 쇼비뇽의 경우에는 75%이상이면 된다.

10 미국 와인 중 특정 포도 품종을 75% 이상 사용하여 만들고, 그 품종을 라벨에 표기한 와인을 무엇이라 하는가?

① Generic Wine　② Proprietarty Wine　③ Varietal Wine　④ Meritage Wine

해설 1번은 유럽 유명산지를 표방한 테이블와인, 2번은 생산지명이 표기된 와인, 4번은 최고품질의 와인으로서 보르도 품종만 사용이 가능한 와인이다.

11 미국 와인의 경우 빈티지를 표기 할 경우 해당수확연도의 포도를 몇% 이상 사용해야 하는가?

① 85%　② 90%　③ 95%　④ 100%

12 다음 중 미국와인의 특징에 대한 설명 중 틀린 것은?

① 미국 공식 인증 전문 포도 재배지역(American Viticultural Area)을 표시하려면 해당지역에서 수확한 포도를 75% 이상의 포도가 그 지역에서 생산된 것이어야만 한다.
② 포도재배방법, 수확연도, 수확량, 양조방법 등에 대한 와인의 품질등급을 엄격하게 규정하고 있지 않다.
③ 그해 수확한 포도를 95%이상 사용해야 빈티지를 표기할 수 있다.
④ 포도품종을 표기하기 위해서는 해당 품종을 75% 이상 사용해야 한다.

> **해설** 미국 공식 인증 전문 포도 재배지역(American Viticultural Area)을 표시하려면 해당지역에서 수확한 포도의 85% 이상이 그 지역에서 생산된 것이어야만 한다.

13 다음 중 나파 밸리(Napa Valley)에 속한 주요 와인 생산자가 아닌 것은?

① 베린저(Beringer) ② 끌로 뒤 발(Clos du Val)
③ 로버트 몬다비(Robert Mondavi) ④ 조던(Jordan)

> **해설** 나파 밸리(Napa Valley)에 속한 주요 와인 생산자는 베린저(Beringer), 끌로 뒤 발(Clos du Val), 도미너스(Dominus), 조셉 펠퍼스(Joseph Phelps), 로버트 몬다비(Robert Mondavi) 등이 있다.

14 다음 중 소노마 카운티(Sonoma County)에 속한 주요 와인 생산자가 아닌 것은?

① 켄우드(Kenwood) ② 시미(Simi)
③ 로버트 몬다비(Robert Mondavi) ④ 조던(Jordan)

> **해설** 소노마 카운티(Sonoma County)에 속한 주요 와인 생산자는 켄우드(Kenwood), 조던(Jordan), 시미(Simi), 글렌 앨런(Glen Allen) 등이 있다.

15 다음 중 미국의 와인생산지역이 아닌 것은?

① 소노마 카운티(Sonoma County) ② 애들레이드 힐즈(Adelaide Hills)
③ 나파 밸리(Napa Valley) ④ 멘도시노(Mendocino)

> **해설** 애들레이드 힐즈(Adelaide Hills)지역은 남부 오스트레일리아(South Australia)지역에 속한다.

정답 01 ① 02 ④ 03 ① 04 ④ 05 ④ 06 ③ 07 ④ 08 ① 09 ④ 10 ③
11 ③ 12 ① 13 ④ 14 ③ 15 ②

⑨ 칠레 와인 Chile Wine

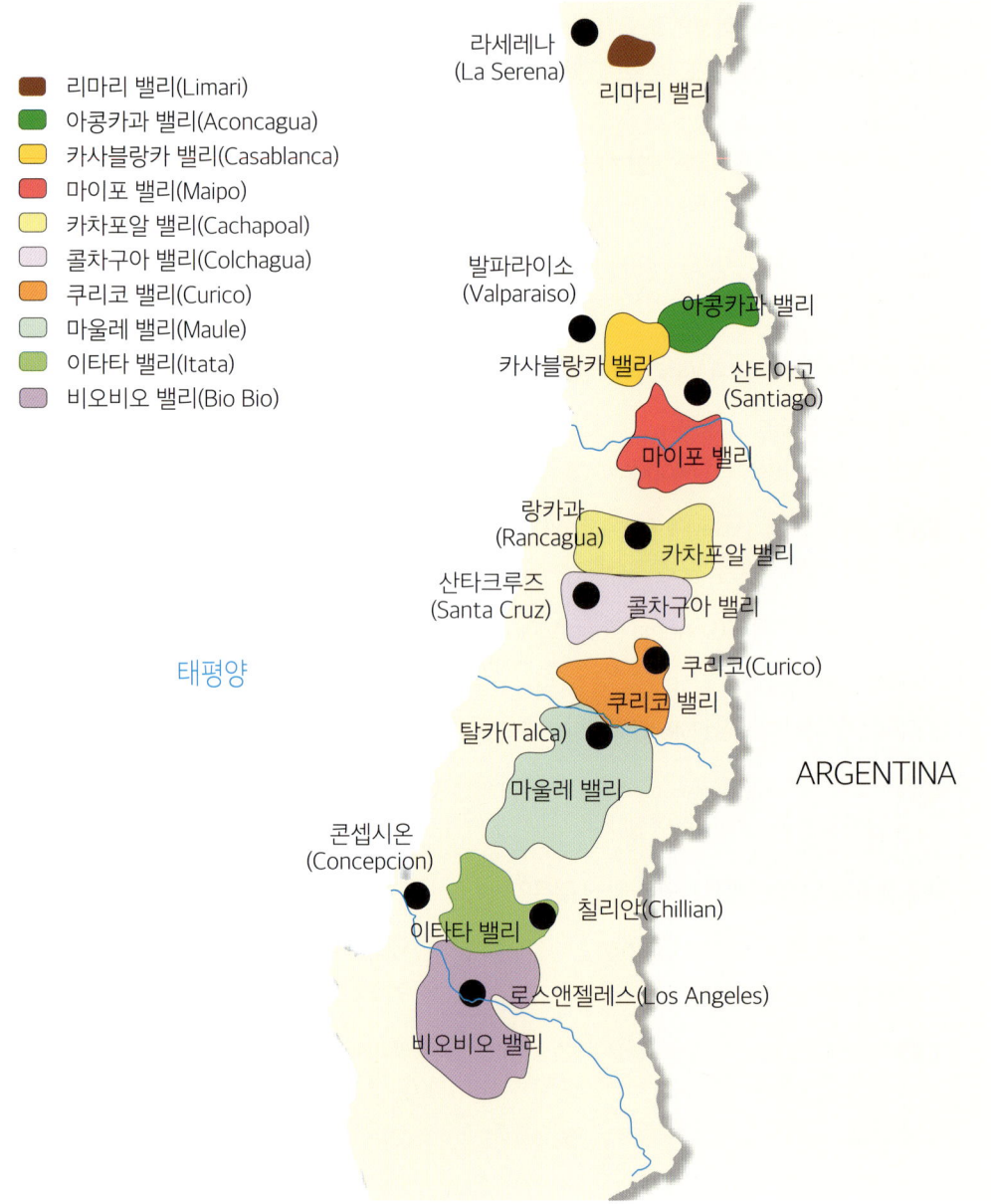

- 리마리 밸리(Limari)
- 아콩카과 밸리(Aconcagua)
- 카사블랑카 밸리(Casablanca)
- 마이포 밸리(Maipo)
- 카차포알 밸리(Cachapoal)
- 콜차구아 밸리(Colchagua)
- 쿠리코 밸리(Curico)
- 마울레 밸리(Maule)
- 이타타 밸리(Itata)
- 비오비오 밸리(Bio Bio)

　남미 최고급와인을 생산하는 나라 칠레는 지정학적으로 와인 생산에 매우 이상적으로 온난한 지중해성 기후, 더운 일중 시간, 서늘한 야간, 분명한 계절의 구분, 이상적인 토양조건, 자연과 인력에 의한 수리의 관리 등이 와인 생산에 크게 유리할 뿐만 아니라 피난지 같은 포도 경작지의 지형조건도 더할 나위 없이 좋다.

칠레의 포도원은 안데스에서 태평양에 이르는 지역에 펼쳐진 수많은 강과 계곡 주위에 형성돼 있다. 북쪽의 아타카마Atacama 사막, 동쪽의 안데스산맥, 서쪽의 태평양, 남쪽의 파타고니아Patagonia 빙원氷原이 둘러싸고 있어서 포도 질병을 막아주고 순조로운 기후를 마련해 주는 천혜의 포도원을 이루고 있다.

칠레에서 생산되는 화이트 와인용 품종으로는 쇼비뇽 블랑, 샤르도네, 리슬링, 슈냉블랑 등이며, 레드 와인용 품종으로는 까베르네 쇼비뇽, 메를로, 삐노 누아 등을 재배한다.

1865 까베르네   엘 보스끄 샤르도네

1. 칠레 와인의 등급에 의한 분류

① 데노미나시온 데 오리헨 Denominacion de Origen; 원산지 표시 와인

칠레에서 병입된 것으로 원산지를 표시할 경우, 그 지역의 포도를 75% 이상 사용해야 한다. 상표에 품종을 표시할 경우도 그 품종을 75% 이상 사용해야 하며, 여러 가지 품종을 섞는 경우는 비율이 큰 순서대로 3가지만 표시한다. 수확연도를 표시하는 경우도 그해 포도가 75% 이상 들어가야 한다.

② 원산지 없는 와인

원산지 표시만 없고, 품종 및 생산연도에 대한 규정은 원산지 표시 와인과 동일하다.

알마비바

③ 비노 데 메사 Vino de Mesa

식용 포도로 만드는 경우가 많고, 포도품종, 생산연도를 표시하지 않는다.

- **레세르바 에스페시알**(Reserva Especial) : 최소 2년 이상 숙성 와인에 표기
- **레세르바**Reserva : 최소 4년 이상 숙성 와인에 표기
- **그란 비노**Gran Vino : 최소 6년 이상 숙성 와인에 표기
- **돈**Don : 아주 오래된 와이너리에서 생산된 고급와인에 표기
- **피나스**Finas : 정부에서 인정된 포도품종으로 만든 와인에 표기

2. 각 지역별 와인

칠레의 포도 재배지역은 가장 넓은 생산지역 리전Regions 4개 권역, 서브리전 Subregion 13개 지역, 존Zone, 에어리어Areas로 분류된다.

- **코킴보**Coquimbo : 안데스산맥 기슭에 위치하고 있으며, 대부분 브랜디용을 생산한다. 알코올함량이 높고 산도가 낮다.
- **아콩카과**Aconcagua : 이곳은 아콩카과강이 가로 질러가면서 아콩카과계곡에 형성된 포도원이다. 일조량과 강우량이 알맞아 감미가 풍부한 포도가 생산된다. 또한 이 지역 해안에는 잘 알려진 포도경작지인 카사블랑카 밸리Casablanca Valley가 있다.
- **센트럴 밸리**Central Valley : 이 지역은 동으로 안데스산맥, 서로 태평양, 북으로 마이포Maipo강 그리고 남쪽의 마울레Maule 강으로 둘러싸여 있다. 특히 마이포 지역에서 생산되는 양질의 와인은 해외에서도 널리 유통되고 있다.
- **남부지역**Southern Regions : 남부지역은 칠레 최대의 포도경작지로 이곳에는 이타타Itata강과 비오비오Bio Bio강이 흐르고 있다.

아라우카노 샤르도네

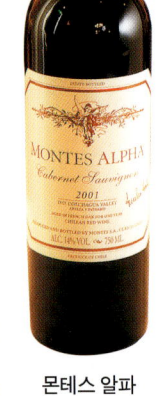
몬테스 알파
까베르네 쇼비뇽

① 아콩카과 밸리 Aconcagua Valley

산티아고Santiago 북쪽지방으로 온화한 지중해성 기후로 양질의 와인을 생산한다. 까베르네 쇼비뇽, 까베르네 프랑, 메를로, 최근에는 시라를 많이 재배하고 있다.

② 카사블랑카 밸리 Casablanca Valley

산티아고 서부 해안가에 인접한 카사블랑카 밸리는 일조량과 강우량이 알맞아 감미가 풍부한 포도를 생산한다. 최근에 개발된 지역으로 특히 화이트 와인을 생산하기에 좋은 조건을 갖추고 있다.

③ 마이포 밸리 Maipo Valley

산티아고 남쪽에 위치하고 있으며, 고온, 건조하여 레드 와인 최적의 생산지인 까베르네 쇼비뇽을 주로 재배하고 있다.

카르멘 까베르네
쇼비뇽 레세르바

에리주리즈 맥스 리제 르바
까베르네 쇼비뇽

에스쿠도 로호

④ 라펠 밸리 Rapel Valley

최근에 프리미엄 와인들을 생산하고 있으며, 주로 메를로 품종을 재배하고 있다.

⑤ 쿠리코 밸리 Curico Valley

샤르도네가 가장 유명하며, 까베르네 쇼비뇽, 메를로, 삐노 누아도 생산한다.

⑥ 마울레 밸리 Maule Valley

야간 습윤한 지중해성 기후로 겨울에 강우량이 많다. 이 지역 특유의 품종인 파이스Pais를 많이 재배하며, 요즈음은 메를로가 많이 재배되고 있다.

⑦ 이타타 밸리 Itata Valley

봄에 서리가 내리지만, 이타타강을 따라 샤르도네를 재배하며, 서쪽으로는 까베르네 쇼비뇽을 재배한다.

에펠타구 리저브 삐노 누아

알티플라노 까베르네 쇼비뇽

발두지 까베르네 쇼비뇽 리세르바

기출문제 2-3. 생산국가에 따른 와인의 분류 [칠레]

01 다음 중 칠레의 와인산지로 알맞은 것은?

① 마이포
② 멘도사
③ 페데르날
④ 카파야테

해설 멘도사, 페데르날, 카파야테는 아르헨티나의 와인산지이다.

02 칠레와인의 경우 레이블에 포도 품종을 기재하기 위해 최소 몇 %이상의 해당품종을 사용해야 하는가?

① 70%
② 75%
③ 80%
④ 95%

해설 칠레와인은 레이블에 포도 품종을 기재하거나 빈티지표기를 하는 경우 각각 75% 이상을 충족해야 한다.

03 까르메네르(Carmenere)의 설명이 옳은 것은?

① 칠레에서 자라는 화이트 와인 품종
② 아르헨티나에서 자라는 화이트 와인 품종
③ 칠레에서 자라는 적포도 품종
④ 아르헨티나에서 자라는 적포도 품종

해설 까르메네르는 칠레의 고유품종이다. 그러나 까르메네르보다 메를로가 많이 재배되고 있다.

04 칠레 와인의 설명으로 알맞지 않은 것은?

① 칠레는 다양한 기후와 해안근처에 위치해 있으며, 남부지역은 서늘하고, 센트럴 밸리는 온화하다.
② 비는 거의 내리지 않지만, 안데스 산맥의 눈이 녹아 흘러내리는 물로 풍부한 관개시설을 이용한다.
③ DO가 되기 위해서는 라벨에 표기 되어있는 DO의 포도를 75%사용해야한다.
④ 여름철에 우박이 문제가 되고 있다.

해설 여름철 우박이 문제되는 지역은 프랑스 부르고뉴지역이다.

05 칠레의 이 품종은 만생종으로 가장 따뜻하고 햇볕이 좋은 밭에서 잘 자라며, 덜 익었을 경우 지나치게 강한 허브향이 나지만 좋은 와인은 허브, 붉은 고추향과 함께 검은 과일 풍미를 가진다. 세계적으로 칠레에서 가장 많은 분포를 보이는 이 품종은 무엇인가?

① 까베르네 쇼비뇽(Cabernet Sauvignon)　② 까르메네르(Carmenere)
③ 파이스(País)　④ 삐노 누아(Pinot Noir)

해설 까르메네르는 칠레의 토착품종으로 붉은 스파이시한 향을 갖고 있다.

06 수도 산티아고와 가까이 있어 칠레와인 산업의 전통 중심지이다. 프리미엄 포도밭은 밑으로 내려오는 서늘한 공기의 영향을 받는 안데스 산맥 기슭에 있다. 특유의 민트 향의 까베르네 쇼비뇽(Cabernet Sauvignon)의 생산으로 유명하다. 이곳은 어느 지역인가?

① 카사블랑카　② 비오비오
③ 말레코　④ 마이포

해설 카사블랑카는 샤르도네, 쇼비뇽블랑을 주로 생산하는 화이트와인 주산지이고, 비오비오와 말레코는 칠레의 남부지역이다.

07 동으로 안데스산맥, 서로 태평양, 북으로 마이포(Maipo)강 그리고 남쪽의 마울레(Maule)강으로 둘러싸여 있는 와인 산지는?

① 아콩카과(Aconcagua)　② 센트럴 밸리(Central Valley)
③ 코킴보(Coquimbo)　④ 남부지역(Southern Regions)

정답　01 ①　02 ②　03 ③　04 ④　05 ②　06 ④　07 ②

⑩ 남아공 와인 South Africa Wine

남아프리카공화국에 포도농장이 일구어진 것은 1655년 케이프 Cape주에서였다. 케이프주는 1652년에 네덜란드의 동인도회사가 인도까지 긴 항해를 해야 하는 뱃사람들을 위해 희망봉이 있는 케이프주에 중간 기착지가 마련되었고, 이곳이 점차 교역의 장소로 발전하면서 1655년 포도밭을 조성하고 1659년 와인을 만들게 되었다. 1688년에는 프랑스에서 종교박해를 피해 위그노파가 도착하여 포도나무를 심고 와인을 만들면서 와인산업화의 기틀을 마련하게 되었다. 1814년 영국에 합병된 이후 영국 최대의 와인 공급지로 각광을 받았지만 세계시장에서 두각을 나타내지는 못하였다. 남아프 리카공화국의 와인은 구세계의 전통과 신세계의 현대적 스타일이 결합된 와인이로 20세기 중반부터 알려지기 시작했다. 최근에는 연간 910만hL를 생산하여 세계 9위권의 와인 생산국가로 명성을 쌓아가고 있다.

스타 트리 까베르네 쇼비뇽   샤르도네

1. 포도품종

① 레드 와인

- **까베르네 쇼비뇽**Cabernet Sauvignon: 가장 널리 재배되는 품종으로 남아프리카의 까베르네 쇼비뇽은 칠레의 와인보다 더 묵직하다는 평을 듣기도 한다. 메를로, 까베르네 프랑, 시라 등과 블렌딩하기도 한다.
- **쌩쏘**Cinsault: 프랑스에서는 에르미타주Hermitage라고도 부른다. 까베르네 쇼비뇽 다음으로 많이 재배하지만 감소 추세에 있다. 수확량이 많아 저렴한 가격으로 마실 수 있는 와인이다.
- **삐노타지**Pinotage: 1925년 남아프리카에서 삐노 누아와 쌩쏘를 접목하여 만든 남아프리카의 독자적인 포도품종으로 진한색이며 베리향이 풍부한 와인을 만들어낸다.
- **메를로**Merlot: 1910년에 도입하여 1980년대부터 많이 재배하고 있다. 보통 까베르네 쇼비뇽과 블렌딩용으로 사용하지만 단독으로도 사용된다.
- **시라**Syrah: 현재 남아프리카에서 많이 재배되지 않지만 상당한 가능성이 있는 품종이다.

근래에는 이탈리아의 산지오베제Sangiovese, 네비올로Nebbiolo, 바르베라Barbera 등의 실험적인 재배가 늘어나고 있는 추세이다.

니더버그
까베르네 쇼비뇽

② 화이트드 와인

- **쇼비뇽 블랑**Sauvignon Blanc: 18세기에 널리 재배되었으나 병충해 때문에 20세기에는 급격히 재배면적이 감소하다가 현재는 다시 증가 추세에 있다. 남아프리카 쇼비뇽 블랑은 프랑스 스타일의 딱딱한 면과 신세계 와인의 허브와 풀 냄새 사이의 균형을 이루고 있다.
- **샤르도네**Chardonnay: 1982에 도입하여 빠른 속도로 널리 재배되고 있는 품종으로 가벼운 것부터 중후한 것까지 다양하다.
- **슈냉 블랑**Chenin Blanc: 남아프리카에서 가장 많이 재배되고 있는 품종으로 과일향이 많아 쉽게 마실 수 있다. 스파클링 와인, 브랜디 생산에 적합하다.
- **콜롬바드**Colombard: 상쾌하고 신선한 포도품종으로 슈냉 블랑이나 샤르도네와 블렌딩용으로 적합하다.

그 외 리슬링Riesling, 세미용Sémillon 등도 재배되고 있다.

니더버그 샤르도네

2. 남아프리카공화국의 주요 와인산지

① 콘스탄티아 Constantia

콘스탄티아 포도밭은 케이프타운 Cape Town 남쪽에 있는 콘스탄티아 반도의 동쪽 경사지에 맞대고 있다. 서늘한 해양성 기후 덕 분에 남아프리카 최고의 쇼비뇽 블랑을 생산하는 고급와인 산지이다.

② 스텔렌보쉬 Stellenbosch

남아프리카에서 가장 유명한 와인산지로 케이프타운 북서쪽 25 마일에 위치하며, 아름다운 포도밭과 동쪽으로 뻗은 산과 북서쪽 언덕에 둘러싸여 있다.

시몬삭

③ 더번빌 Durbanville

케이프타운 교외에 있으며 해풍 덕분에 여름이 서늘하다. 강우량이 적어서 가벼운 레드 와인을 만든다.

④ 팔 Paarl

팔은 케이프타운에서 40마일 떨어져 있다. 비 온 다음 마치 '검은 진주'같이 보이는 바윗덩어리 때문에 불리워진 이름이다. 비교적 온화하고 건조한 지역으로 명성 있는 개인 생산자가 많고 남아프리카에서 가장 크고 진취적인 조합들이 많다.

투 오션스
소프트 프루티 레드

투 오션스
프레쉬 프루티 화이트

⑤ 우스터 Worcester

남아프리카 와인의 1/4을 생산하며, 대부분 벌크 와인으로 판매된다.

⑥ 로버트슨 Robertson

샤르도네 품종 재배에 적합한 석회질 토양이다. 해양성 기후 덕분에 낮에는 기온이 높고 밤에는 기온이 낮아 쇼비뇽 블랑, 리슬링을 부드럽고 엘레강스하게 만든다.

잉그웨 샤르도네

기출문제 2-3. 생산국가에 따른 와인의 분류 [남아프리카공화국]

01 남아프리카공화국의 레드 와인 품종으로서 생소와 삐노 누아를 교배한 남아공 고유의 대중적인 품종으로서 거칠고 단순하며 매력적인 품종이다. 현재 생산량의 20%정도를 차지하는 품종은?

① 삐노타지 ② 까베르네 쇼비뇽
③ 메를로 ④ 쉬라즈

해 설 생소와 삐노 누아를 교배하여 만들어진 품종은 삐노타지(Pinotage)이다.

02 남아프리카공화국 와인 주요산지가 아닌 곳은?

① 워세스터 ② 스텔랜보쉬
③ 팔 ④ 토카이

해 설 4번 토카이는 헝가리의 와인산지이다.

03 남아프리카공화국의 역사적으로 유명한 디저트와인인 뱅 드 콩스탄스로 유명한 지역은?

① 콘스탄티아 ② 워세스터
③ 스텔랜보쉬 ④ 팔

04 남아프리카공화국에서 포도와 장미의 골짜기로 불리며 석회암지대로 년 강수량이 400mm밖에 되지 않아 관개가 필수적이다. 전통적으로 샤르도네로 유명하며 남아공에서 가장 좋은 쉬라즈 와인이 생산된 지역은?

① 로버드슨 ② 콘스탄티아
③ 달링 ④ 팔

05 남아프리카 공화국 와인의 경우 원산지명을 기재 시 해당 원산지 포도를 몇 % 이상 사용해야 하는가?

① 100% ② 95%
③ 90% ④ 85%

06 남아프리카 공화국 와인의 경우 라벨에 포도 품종 기재 시 해당 품종을 몇 % 이상 사용해야 하는가?

① 95% ② 80%
③ 75% ④ 85%

07 남아프리카공화국 와인의 1/4을 생산하며, 대부분 벌크 와인으로 판매하는 와인산지는?

① 우스터(Worcester) ② 로버트슨(Robertson)
③ 콘스탄티아(Constantia) ④ 더번빌(Durbanville)

정답 01 ① 02 ④ 03 ① 04 ① 05 ① 06 ③ 07 ①

⑪ 헝가리 와인 Hungary Wine

헝가리의 연간 와인 생산량은 약 270만hL로서 세계 15위권의 와인강국으로 특히 귀부와인인 토카이가 유명하다. 헝가리의 포도 품종은 전통 품종, 프리미엄 품종, 국제 품종, 신품종으로 구분하여 관리되고 있는데, 전통 품종 Traditional Varieties은 카다르카 Kadarka, 코비딘카 Kovidinka, 이사키 사페르 Izsaki Sarfeher 등으로 헝가리 내에서는 잘 알려져 있지만 생산량이 극히 적어 외국에서는 찾아보기 어렵다. 총생산량의 15%를 차지하고 있다.

샤르도네 Chardonnay, 쇼비뇽 블랑 Sauvignon Blanc, 까베르네 쇼비뇽 Cabernet sauvignon, 메를로 Merlot와 전통 품종인 푸르민트 Furmint와 하르슐레벨뤼 Harslevelu가 프리미엄 품종으로 인정받고 있다. 이 품종들의 생산량은 지속적으로 증가하고 있으나, 아직 10%가 되지 못한다. 그러나 푸르민트와 하르슐레벨뤼는 새로 심는 포도의 25%를 차지할 정도로 가치를 인정받고 있다. 벨슈리슬링 Welshriesling, 라인리슬링 Rheinriesling, 블루프랑 Blue Franc, 쯔바이겔트 Zweigelt 등은 헝가리와 동유럽 국가들에게도 잘 알려진 국제 품종 International Varieties이다. 전체 생산량의 35%를 차지하고 있으나 품질은 그리 인정받고 있지 못하다.

헝가리의 와인 등급에 관한 법은 유럽연합 EU의 규정에 맞추어 1998년부터 시행되고 있다. 헝가리 와인도 EU의 다른 나라와 마찬가지로 고급 와인 VDQS과 보통 와인 Table Wine으로 나누고 이를 다시 2개의 등급으로 나누어 총 4가지 등급 제도를 운영하고 있다.

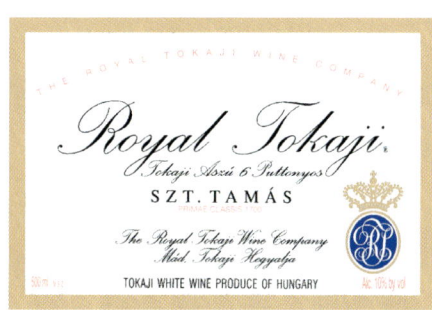

- Premium quality wines with appellation of origin
- Quality wines with appellation of origin
- Country wines
- Table wines

1. 토카이 Tokaji 와인

헝가리는 세계적으로 유명한 스위트 와인인 토카이 Tokay 와인의 생산지이다. 토카이 Tokay는 마을 이름이며 영어식 표기인데 헝가리에서는 'Tokaj'라고 표기하며 와인을 나타낼 경우에는 'From'이란 뜻의 'i'를 붙여 'Tokaji'라고 표기한다. 주 품종은 푸르민트 Furmint이다.

가을동안 보트리티스에 감염된 포도Aszu송이에서 말라 쪼그라든 아수 포도귀부현상으로 당도가 높아진 포도를 따서 페이스트 상태로 가볍게 파쇄한다.

만약 아수Aszu포도가 적은 경우에는 따로 선별하여 골라서 수확하지 않고 포도송이를 통째로 수확하여 사모르드니Szamorodni를 만든다. 아수포도가 아닌 나머지 포도들은 일반적인 테이블와인을 생산하는 데 사용하게 된다.

- 토카이 사모르드니Tokaji Szamorodni

토카이 사모르드니는 헝가리의 가장 좋은 화이트 와인이다. 이 와인은 포도 작황이 좋지 않아 아수 포도가 생산되지 않거나 적게 생긴 해에 포도를 수확하여 보통의 화이트 와인을 만드는 방식으로 만들어진 와인이다. 사모르드니는 드라이한 것과 스위트한 것이 모두 만들어지며 와인의 당도가 품질을 나타내는 것은 아니다.

토카이 사모르드니

- 토카이 아수Tokaji Aszu

아수Aszu는 귀부병에 걸려 당도가 높아진 포도를 의미한다. 쏘테른에서처럼 늦게 수확한 포도로 만들어지는 매우 스위트한 와인으로 독일의 아우스레제급 와인이다. 아수 페이스트는 다양한 비율과 같은 해에 생산된 베이스 와인에 첨가되게 되는데, 첨가되는 아수의 비율은 푸토뇨스Puttonyos로 측정된다.

일반 포도로 만든 베이스 와인과 아수Aszu를 혼합 140리터 나무통Gonci에 채우는데, 20리터짜리 푸토뇨스Puttonyos라 불리는 바구니로 몇 개의 아수를 넣느냐에 따라 3~6 푸토뇨스가 있다.

1 푸토뇨스는 포도로는 대략 20~25kg, 아수 페이스트로는 약 20L 가량이 들어간다. 따라서 토카이 아수 3 푸토뇨스에는 아수 페이스트 60리터와 베이스 와인 80리터를 포함하게 된다.

- 3 Puttonyos 60 ~ 90 g/L
- 4 Puttonyos 90 ~ 120 g/L : 프랑스 쏘테른 와인의 잔여당분 정도

- 5 Puttonyos 120 ~ 150 g/L
- 6 Puttonyos 150 ~ 180 g/L
- 7~8 Puttonyos 180 ~ 240 g/L : 토카이 아수 에센시아의 잔여당분 정도

• **토카이 아수 에센샤** Tokaji Aszu Essencia

에센샤는 작황이 매우 좋은 해에 아수 포도를 수확하여 통에 넣어두면 포도 자체의 무게에 눌려 저절로 흘러나온 주스를 말한다. 따라서 주스의 당도가 매우 높아 발효도 서서히 진행되며 때로는 몇 년에 걸쳐 이루어지기도 한다. 이 주스만을 발효시켜 130리터들이 겐지 Gönci 통에서 숙성시킨 와인을 아수 에센샤라고 하는데 최고급 토카이 와인이며 무화과와 살구 향을 지니고 있고 200여 년이 넘도록 숙성 가능한 놀라운 와인이 된다.

토카이 아수 에센샤

기출문제 2-3. 생산국가에 따른 와인의 분류 [헝가리]

01 헝가리 토카이 와인의 주요 포도 품종이 아닌 것은?

① 뮈스카 뤼넬 ② 하르슐레벨루
③ 모나스트렐 ④ 푸르민트

해설 3번은 스페인 품종이다.

02 헝가리 토카이 아수의 중요 품종 중 꽃향기, 과일향의 아로마가 특징인 품종은 무엇인가?

① 하르슐레벨루 ② 푸르민트
③ 뮈스카 뤼넬 ④ 파이스(País)

해설 헝가리의 토카이 아수와인을 만드는데 가장 중요한 품종은 푸르민트이며, 이 외에 하르슐레벨루가 또한 중요한 품종이다.

03 다음 중 아수 와인으로 어울리는 것은?

① 5~6 Puttonyos ② 1~3 Puttonyos
③ 1~5 Puttonyos ④ 1~7 Puttonyos

해설 헝가리 토카이 와인은 3 Puttonyo, 4 Puttonyo, 5 Puttonyo, 6 Puttonyos 단위로 생산된다.

04 아수(ASZU)는 무엇을 의미하는가?

① 귀부현상으로 인하여 당도가 높아진 포도 ② 얼어서 당도가 높아진 포도
③ 말려서 당도가 높아진 포도 ④ 늦은 수확으로 인하여 당도가 높아진 포도

정답 01 ③ 02 ① 03 ① 04 ①

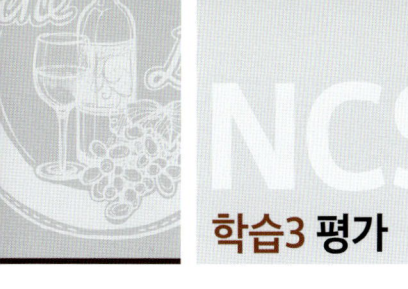

학습3 평가

 평가 준거

학습 내용	평가 항목	성취수준		
		상	중	하
생산 국가에 따른 와인 분류	- 국가별 와인의 역사를 통한 현주소를 설명할 수 있다.			
	- 국가별 와인의 주요 생산지를 파악하고 포도 품종, 와인의 특징을 설명할 수 있다.			
	- 국가별 와인 품질 분류 체계를 구분할 수 있다.			
	- 국가별 와인 레이블을 통해 와인의 정보를 설명할 수 있다.			
	- 국가별 주요 원산지 명칭을 확인하여 와인의 특징들을 구분할 수 있다.			
	- 국가별 와인 전문 용어들을 설명할 수 있다.			

평가 방법

구술 시험

학습 내용	평가 항목	성취수준		
		상	중	하
생산 국가에 따른 와인 분류	- 국가별 와인 역사와 현주소 설명			
	- 국가별 와인 품질 분류 체계 구분			
	- 국가별 주요 와인 생산지 파악과 원산지 명칭 확인			
	- 국가별 주요 와인 생산지의 주요 포도 품종과 와인의 특징 설명			
	- 국가별 와인 레이블의 정보 설명			
	- 국가별 전문 용어 설명			

서술형 시험

학습 내용	평가 항목	성취수준		
		상	중	하
생산 국가에 따른 와인 분류	- 국가별 와인 역사와 현주소 설명			
	- 국가별 와인 품질 분류 체계 구분			
	- 국가별 주요 와인 생산지 파악과 원산지 명칭 확인			
	- 국가별 주요 와인 생산지의 주요 포도 품종과 와인의 특징 설명			
	- 국가별 와인 레이블의 정보 설명			
	- 국가별 전문 용어 설명			

피평가자 체크리스트

학습 내용	평가 항목	성취수준		
		상	중	하
생산 국가에 따른 와인 분류	- 국가별 역사적 배경과 현주소 확인			
	- 국가별 와인의 주요 생산지 파악			
	- 국가별 와인의 주요 생산지의 포도 품종 파악			
특징 설명	- 국가별 와인 품질 분류 체계 구분			
	- 국가별 주요 원산지 명칭 확인			
	- 국가별 와인 레이블의 정보 설명			
	- 국가별 와인 전문용어 설명 가능 여부			

피드백

- **객관식 시험**: 국가별 와인 레이블에 담긴 정보로 와인의 특징과 전문 용어의 이해를 평가하고 부족한 부분에 대해서는 학습 후 재평가를 실시한다.
- **서술형 시험**: 국가별 와인의 역사와 특징의 이해 여부를 평가하고 부족한 부분에 대해서는 학습 후 재평가를 실시한다.
- **피평가자 체크리스트**: 학습자가 수행해야 할 학습 내용에 대해 자기 주도적으로 평가하여 학습자가 이해하고 숙지해야 할 기본 지식에 대하여 점검하도록 유도한다.

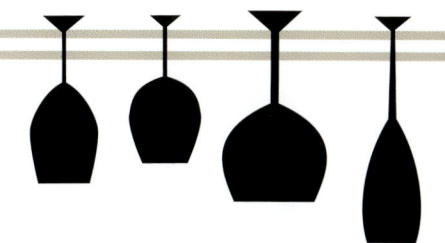

Part 3
와인 서비스
Wine Service

You will become a Good Sommelier!

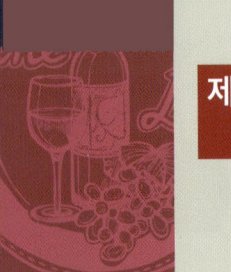

제1절

학습 1 소믈리에의 용모와 복장
학습 2　　와인 서비스테이블 세팅
학습 3　　와인서브
학습 4　　디캔팅하기
학습 5　　트레이 사용

1-1 소믈리에 용모와 복장

학습목표
- 개인 위생 상태를 확인할 수 있다.
- 와인 서비스에 적합한 용모·복장을 갖출 수 있다.

1 소믈리에

소믈리에Sommelier는 고객들에게 와인이나 음료에 대한 선택의 폭을 넓혀 주고 올바른 서비스를 제공하며, 와인의 구매 목록 작성·저장·관리 및 판매 업무를 수행한다. 소믈리에는 원래 '소를 이용하여 식음료를 나르는 사람, 동물들에게 짐을 지우는 사람을 의미'한 프로방스어 saumalier의 somme/semmier에서 나온 말로 식사 테이블을 준비하고 서빙하는 사람을 지칭하는 것으로 확대되고 있다.

1. 소믈리에 자격

소믈리에는 와인의 향과 색에 대한 미묘한 차이를 감별하고 고객들에게 설명할 수 있어야 하며, 세련된 분위기에서 고객들에게 음식과 적절히 조화를 이루는 와인을 제공하여 고객 욕구를 만족시킬 수 있어야 한다. 이를 위해 지속적인 자기 계발과 식음료 분야에 열정적인 관심과 노력을 통해 미식가적인 지식도 갖추어야 하며, 탁월한 의사소통 능력, 판매 촉진과 마케팅 능력, 음료 관리 능력에 정통해야 하고 외국어도 유창하면 더 좋다.

또한 소믈리에는 포도 재배와 같은 와인에 대한 전반적인 지식, 관련 법규, 테이스팅 능력을 갖추어야 하고, 고객에게 좋은 와인을 제안하기 위한 평가 능력, 요리가 갖고 있는 다양한 특징에 대한 정보와 와인과의 조화에 익숙해야 한다.

2. 소믈리에의 복장

단정한 용모와 청결한 위생상태는 고객에 대한 기본적인 예의이며, 좋은 첫인상을 좌우하고 신뢰감을 주어 업무 성과까지 높일 수 있게 한다. 따라서 언제나 규격에 맞는 청결한 복장으로 품위를 유지하도록 노력하여야 한다. 일반적인 소믈리에의 복장은 흰색 와이셔츠에 검은색 상하의, 조끼, 넥타이와 앞치마를 두르고 조끼 주머니에는 항상 코르크스크루 cork screw와 성냥을 넣어 두어야 한다. 소믈리에로서 머리에서 발끝까지 항상 깨끗하게 하는 습관은 외적인 이미지뿐만 아니라 태도나 마음가짐을 표현한다. T time: 시간, P place: 장소, O occasion: 상황에 맞게 복장과 표정 등으로 소믈리에의 품위와 우아한 기품이 나타나도록 해야 한다.

■ 소믈리에 복장 체크리스트

	여 성	남 성
머리	■ 긴 머리는 머리망을 사용하여 뒷머리에 고정한다. ■ 짧은 머리는 심한 웨이브 파마를 하지 않는다. ■ 머리핀이나 망은 머리카락 색과 같은 검은색을 사용한다. ■ 염색 및 탈색은 원칙적으로 불허한다.	■ 앞머리는 7:3 또는 8:2 비율로 가르마를 타서 손질한다. ■ 옆머리가 귀를 덮지 않게 한다. ■ 뒷머리는 짧게 깎아 올려 셔츠의 칼라 부분이 보여야 한다. ■ 염색 및 탈색은 원칙적으로 불허한다.
얼굴	■ 건강하고 청결한 느낌을 주어야 한다. ■ 립스틱은 분홍색, 붉은색 계통만 사용한다. ■ 지나치게 화려한 아이섀도는 사용하지 않는다. ■ 강한 향수나 화장품은 사용하지 않는다. ■ 식사 후에는 반드시 규칙적으로 양치를 하고, 안경보다는 콘택트렌즈의 착용을 권장한다.	■ 건강하고 청결한 느낌을 주어야 한다. ■ 수염은 기를 수 없다(콧수염, 구레나룻 등) ■ 면도는 매일 하여 깨끗하게 하고 콧속 수염이 밖으로 나오지 않도록 자른다. ■ 강한 향수나 화장품은 사용하지 않는다. ■ 식사 후에는 반드시 규칙적으로 양치를 하고, 안경보다는 콘택트렌즈의 착용을 권장한다.
복장	■ 유니폼은 항상 깨끗하고 다림질이 잘 되어 있어야 한다. ■ 속옷이 밖으로 보이지 않아야 한다. ■ 와이셔츠는 항상 깨끗한 것으로 착용하고 보타이(bow tie)는 반듯하게 제 위치에 맨다.	■ 유니폼은 항상 깨끗하고 다림질이 잘 되어 있어야 한다. ■ 와이셔츠는 항상 깨끗하게 착용하고 보타이는 반듯하게 제 위치에 맨다. ■ 주머니가 불룩한 정도로 많은 물건은 넣고 다니지 않는다.
구두	■ 색상은 유니폼 또는 정장과 어울려야 하며 깨끗하게 닦여져 반짝여야 한다.	■ 항상 깨끗이 닦여 있고 반짝여야 한다.
손	■ 손을 자주 씻는다. ■ 손톱의 길이는 손끝을 지나 1mm를 넘지 않아야 하며 불순물이 끼지 않도록 하고, 매니큐어 사용은 금한다.	■ 손을 자주 씻는다. ■ 손톱의 길이는 손끝을 지나 1mm를 넘지 않아야 하며 불순물이 끼지 않도록 한다.
액세서리	■ 귀걸이는 귀에 고정되어 있어야 하며 달랑거리는 것은 착용하지 않는다. ■ 팔찌, 반지 착용을 금한다.	

1-2 와인서비스 도구 준비

학습목표
- 와인 서비스에 필요한 도구의 명칭을 알 수 있다.
- 와인 서비스에 필요한 도구를 갖출 수 있다.

① 와인서비스 도구

1. 와인글라스

레드 와인, 화이트와인, 샴페인 등 와인의 종류에 따라 다양한 와인글라스Wine glass를 선택한다.

(1) 와인글라스의 구조

- **림**Rim: 와인을 마실 때 입술이 닿는 부분으로 보울 부분보다 지름이 작아 와인의 향이 지속될 수 있도록 되어 있다.
- **보울**Bowl: 와인이 담겨지는 곳
- **스템**Stem: 와인을 마실 때 글라스를 잡는 위치
- **베이스**Base: 가장 아랫부분으로 테이블에 닿는 부분이다. 테이스팅할 때 스템을 잡지 않고 베이스를 잡기도 한다.

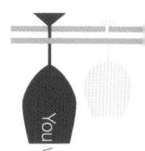

(2) 와인글라스의 취급

와인 글라스는 맑고 투명하게 관리되어야 한다. 와인을 글라스에 따른 후 흰 종이에 비춰 보았을 때 선명하게 색상을 느낄 수 있어야 한다. 와인의 상태는 와인이 들어 있는 와인글라스를 기울여 색감만 보고도 상태를 확인할 수 있기 때문이다.

와인의 향기를 충분히 맡을 수 있도록 와인 글라스의 볼이 커야 한다. 와인을 잔에 따라 흔들었을 때 넘치지 않도록 적당히 크면서도 풍부한 볼륨감을 가지고 있고, 향이 날아가지 않도록 입구가 좁아지게 디자인된 것을 준비한다.

특히 와인의 특성에 맞게 글라스를 골라야 한다. 레드 와인 글라스는 좀 크고 오목하게 생겨 떫고 텁텁한 맛을 느낄 수 있도록 와인이 혀의 안쪽 부분에 떨어지도록 되어 있고, 화이트 와인 글라스는 레드 와인 글라스보다 덜 오목하며 신선한 맛을 잘 느낄 수 있게 혀의 앞부분에 와인이 떨어지도록 되어 있는 것을 선택한다. 샴페인글라스는 기포가 오래 올라오면서 육안으로 잘 볼 수 있게 글라스가 튤립 형으로 좁고 길게 생긴 것을 선택한다.

2. 디캔터

디캔터Decanter는 와인의 침전물을 거르기 위해 사용하는 것으로서 주로 숙성이 오래된 레드 와인에 사용되며, 와인을 마시기 전 와인이 공기와 충분히 접촉하게 하여 향기가 퍼지도록 해 주며 디캔팅Decanting 과정에서 와인 하단의 침전물을 분리시켜 고객의 와인글라스에 들어가지 않도록 해 준다. 또한 숙성이 되지 않은 와인의 경우 와인이 숨을 쉴 수 있도록 하여 불완전한 향기를 방출시켜주는 데 사용된다. 최근에는 다양한 모양의 디캔터들이 사용되는데, 침전물을 제거해야 하는 용도일 경우는 폭이 좁은 디캔터를 사용하고 타닌이 너무 강해 공기 접촉이 필요한 경우에는 폭이 넓은 디캔터를 사용하면 좋다.

3. 코르크스크류

코르크스크류Corkscrew는 끝이 나선형 금속으로 되어 있어 와인 병의 코르크 속에 넣고 돌려 코르크를 제거하는 데 사용하는 도구로서 와인 오프너Wine Opener라고도 한다. 전문적인 것으로는 AFNORAssociation Française de Normalisation에서 제정한 코르크 마개를 뽑는 도구로 레버가 달린 코르크스크루가 있다.

4. 아이스 버켓와 와인 병 쿨러

아이스 버켓Ice Bucket 혹은 와인 병 쿨러 Wine Bottle Cooler는 스파클링 와인이나 차갑게 마시는 와인의 냉각을 유지하기 위해 사용하며, 아이스 버켓의 경우 얼음과 물을 3/4 정도 채워서 서비스한다.

5. 와인 바스켓

와인 바스켓Wine Basket은 숙성된 와인을 셀러Celler에서 이동하거나 서비스하는 동안 병이 흔들려 침전물

이 올라오지 못하게 하며, 프랑스어 짚을 의미하는 파이에Paillé라고 부르고 짚이나 은으로 만들다. 와인 바스켓에 와인을 넣으면 병목 부분이 약간 올라가 거의 수평으로 와인이 유지되어 침전물이 와인에 섞이지 않고 병 아래에 모일 수 있도록 한다.

6. 테스터뱅

소믈리에가 와인을 시음할 때 사용하며 은으로 만든 얇은 펜던트 모양으로 손에 쥘 수 있게 만들어졌다. 최근에는 테이스팅 글라스로 대체되어 사용이 점차 줄고 있으나 소믈리에의 전문성을 상징하는 도구이다. 테스터뱅 안 쪽에는 8개의 진주 모양의 움푹 파인 면은 레드 와인을 판별할 때, 맥상이라 불리는 길고 오목한 부분은 화이트 와인을 눈으로 구분할 때 사용한다. 또한 원형 주변으로 작은 진주 모양으로 14개가 오목하게 새겨져 공기를 빠르기 접하여 와인의 향을 발산시키는 작용을 한다.

7. 샴페인 스토퍼

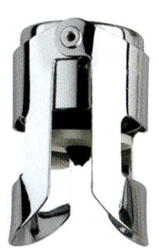

샴페인 개봉 후 탄산이 밖으로 새어 나오지 않게 입구를 막아 두는 뚜껑으로 개봉되기 전의 스파클링 와인을 신선하게 유지하는 데 사용할 수 있다. 스토퍼는 와인이 다시 서비 스될 때까지 보관할 때 사용한다.

8. 에어레이터

에어레이터Aerator는 와인에 공기를 접촉시키는 면을 크게 하여 와인의 풍미를 부드럽게 하여 맛과 향을 향상시키고 단시간에 숙성시키기 위한 도구로, 다양한 모양이 있다.

반면 질소, 아르곤 등을 이용하여 산소의 접촉을 차단하는 와인 디스펜서Wine Dispenser와 같이 와인의 맛과 향이 변질되지 않게 장기간 보관할 때 쓰는 것도 있다. 그 외에도 서빙할 와인, 사이드 타월, 서비스 트레이, 와인 리스트, 접시 등 다양한 와인서비스 도구들이 있다.

다양한 형태의 에어레이터

디스펜서

NCS
학습1 평가

🍇 평가 준거

학습 내용	평가 항목	성취수준		
		상	중	하
소믈리에 용모와 복장갖추기	- 개인 위생 상태 확인			
	- 와인서비스에 적합한 용모·복장 확인			
와인서비스 도구준비	- 와인 서비스에 필요한 도구 확인			

🍇 평가 방법

피평가자 체크 리스트

학습 내용	평가 항목	성취수준		
		상	중	하
소믈리에 용모와 복장	- 개인 위생 상태 점검 확인			
	- 와인 서비스에 적합한 용모·복장 확인			

작업장 평가

학습 내용	평가 항목	성취수준		
		상	중	하
와인서비스 도구준비	- 와인 서비스에 필요한 기물 준비 확인			

필기시험

학습 내용	평가 항목	성취수준		
		상	중	하
와인서비스 도구준비	- 와인 서비스 기물의 명칭 확인			
	- 와인 서비스 기물의 용도 확인			

피드백

- **피평가자 체크리스트**: 용모나 복장에 대한 자가 체크 리스트를 점검한 뒤 부족한 부분에 대한 수정을 어떻게 하는 것이 좋을지 각자 토의한 내용을 다시 한 번 점검하고 알려 준다.
- **작업장 평가**: 와인 서비스 준비 기물의 미비 사항을 점검하여 수정·보완하여 다시 한 번 재준비가 가능하게 숙지시킨다.
- **필기 시험**: 와인 서비스에 필요한 기물의 명칭과 용도에 대해 평가하고 일정 수준 이하일 경우 재학습을 통하여 평가를 재실시하여 숙지하고 있는지를 재확인한다.

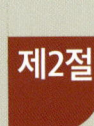

제2절

학습 1   소믈리에의 용모와 복장
학습 2 와인서비스 테이블세팅
학습 3   와인서브
학습 4   디캔팅하기
학습 5   트레이 사용

2-1 와인서비스 테이블세팅

학습목표
- 테이블의 위생 상태를 확인할 수 있다.
- 필요한 글라스의 수량과 종류를 파악할 수 있다.
- 글라스의 위생 상태를 화인할 수 있다.
- 글라스를 세팅할 수 있다.

1 와인 글라스의 종류

와인을 마시면 혀의 어떤 부분에 먼저 닿는가에 따라 맛이 달라지기 때문에 와인서비스에서 올바른 글라스 선택이 매우 중요하다.

1. 보르도 글라스

보르도 글라스Bordeaux Glass는 길쭉한 모양으로 약간 크고 오목하며 튤립 모양으로 화이트 와인 글라스보다 크고 와인의 향을 풍성하게 느낄 수 있으며 와인을 마실 때 타닌의 떫고 텁텁한 맛을 잘 음미할 수 있도록 글라스의 경사각이 완만하여 입술이 닿는 면적이 좁다.

와인이 직접 입 안쪽에 들어가게 되어 있어 쓴맛을 억제하며 부드러운 맛을 쉽게 느낄 수 있도록 해 준다. 까베르네 쇼비뇽, 까베르네 프랑, 메를로 품종의 와인에 적합하다.

2. 부르고뉴 글라스

부르고뉴 글라스Bourgogne Glass는 보르도 글라스보다 약간 짧고 뚱뚱한 모양에 볼이 볼록하고 윗부분으로 갈수록 많이 좁아진다. 볼이 넓기 때문에 와인이 공기와 접촉하는 면을 크게 하여 와인의 향을 보다 풍성하게 한다. 바르바레스코, 네비올로, 삐노누아 품종의 와인에 어울린다.

3. 레드 와인 글라스

일반적으로 화이트 와인보다 레드 와인용 글라스가 더 크며 포도 품종에 따라 더 세분화 하여 분류한다.

4. 화이트 와인 글라스

레드 와인용 글라스보다 크기가 약간 작은데, 이는 찬 상태로 마시는 화이트 와인의 온도 가 올라가지 않도록 용량을 작게 한 것이다.

5. 샴페인 글라스

보통 길쭉한 튤립 모양으로 입구가 좁고 잔의 높이가 높아 와인의 기포가 좀 더 오래 갈 수 있도록 하여 거품을 좀 더 천천히 감상할 수 있다.

② 와인 글라스의 취급

와인 글라스를 쥘 때는 밑 부분을 잡고, 손잡이가 달린 글라스는 손잡이 부분을 쥐어야 하며 글라스 안에 손가락을 넣고 잡아서는 안 된다. 스템드 글라스Stemmed Glass를 손으로 운반할 때는 손잡이 부분을 손가락 사이에 끼워 윗 부분이 아래쪽으로 향하도록 거꾸로 들고 글라스끼리 부딪히지 않도록 조심해서 운반한다. 스템드 글라스는 보통 왼손가락에 끼우며 마지막에 끼운 것부터 차례로 내려놓는다.

원통 모양의 글라스류는 반드시 트레이를 사용하여 운반한다. 트레이로 운반할 때는 글라스가 미끄러지지 않도록 트레이에 매트나 냅킨을 깔고 높은 잔을 중심 부분에 놓고 점차 낮은 글라스를 올려 무게가 한쪽으로 쏠리지 않게 하며 내용물이 담긴 글라스를 운반할 때에는 조심해서 다루고 전후좌우의 경계를 소홀히 하지 않는다. 반면 한꺼번에 많은 양의 글라스를 운반할 때에는 용도에 맞는 글라스 랙을 사용한다.

■ 와인 글라스의 세척

① 세제 없이 흐르는 온수로 닦거나 세척기에서 닦는다.
② 린넨 위에 글라스를 엎어서 어느 정도의 시간 동안 놓아 둔다.
③ 닦을 때는 냅킨을 펼쳐서 잡은 후 왼손 엄지손가락과 냅킨을 글라스 안쪽에 넣고 나머지 손가락은 글라스의 바깥부분을 쥐고 오른손으로 글라스 밑바닥을 냅킨으로 감싸 쥐고 글라스를 가볍게 돌려 가며 무리한 힘을 가하지 않으며 닦는다.
④ 닦는 순서는 뒷부분부터 안팎을 닦은 다음 손잡이 부분과 밑바닥 부분을 차례대로 물기가 없게 닦는다.
⑤ 왼손으로 보울을 흔들어 주며 오른손의 수건으로 닦는다.
⑥ 먼지나 얼룩, 물 자국이 남지 않았는지 철저하게 점검한다.

■ 테이블 위의 와인글라스 세팅법

① 와인에 따른 글라스를 선택하고 필요한 고객 수만큼 준비한다.
② 테이블의 위생 상태를 점검한다.
③ 와인 글라스는 고객의 오른쪽 위쪽에 세팅한다.
④ 글라스 세팅의 순서는 메뉴에 맞추어 화이트, 레드, 샴페인 글라스 순서로 한다.
⑤ 글라스 세팅 시스템을 잡고 세팅하여 지문이 림에 남지 않도록 한다.

③ 와인 테이블 세팅하기

와인 테이블을 세팅하기에 앞서 서비스하는 와인과 와인글라스레드, 화이트, 샴페인 글라스, 테이블 클로스, 디캔터, 트레이, 와인 바스켓, 와인 쿨러, 코르크스크루 등 기물의 청결을 특히 유의하여 점검한다.

■ 와인 테이블 세팅 순서

① 테이블 클로스Table Cloth를 세팅한다.
② 사이드 스테이션에서 세팅할 글라스를 와인의 종류 및 고객의 수에 맞게 준비한다.
③ 준비된 글라스를 손이나 트레이 등으로 운반한다. 트레이에 담을 때는 중앙부터 몸에 가까운 순으로 올리며, 글라스를 내릴 때는 몸에서 먼 글라스부터 내린다.
④ 와인 글라스를 테이블에 세팅한다.
　화이트 와인 글라스를 메인 나이프 위쪽에 놓고 물잔은 화이트 와인 글라스 오른쪽 아래에, 레드 와인 글라스는 화이트 와인 글라스 오른쪽 위쪽으로 놓는다.
　또 화이트 와인 글라스를 메인 나이프 위에 놓고 다른 글라스를 45° 일렬로 놓는 방법이 있다. 이 때 물잔은 화이트 와인 글라스 아래에 놓고 레드 와인 글라스는 화이트 와인 글라스 위쪽으로 놓는다.
⑤ 중간에 와인을 바꿀 경우 글라스도 바꾸어 세팅한다. 레드 와인을 서비스한 후 적절한 시기를 보아서 화이트 와인 글라스를 치우고, 고객의 요청이 있거나 없더라도 적당한 때에 물을 서비스한다.
⑥ 디저트가 끝나면 포트와인과 마데이라 등 후식 주를 권한다.

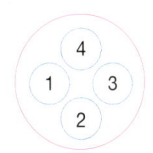

1. 물잔
2. 화이트 와인 글라스
3. 레드 와인 글라스
4. 샴페인 글라스

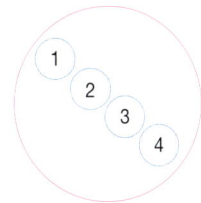

NCS
학습2 평가

🍇 평가 준거

학습 내용	평가 항목	성취수준		
		상	중	하
와인서비스 테이블세팅	- 테이블의 위생 상태를 확인			
	- 필요한 글라스의 수량과 종류 파악			
	- 글라스의 위생 상태를 확인			
	- 글라스 세팅법 확인			

🍇 평가 방법

평가자 질문

학습 내용	평가 항목	성취수준		
		상	중	하
와인서비스 테이블세팅	- 글라스 구분 능력			
	- 글라스 세팅 방법			

작업장 평가

학습 내용	평가 항목	성취수준		
		상	중	하
와인서비스 테이블세팅	- 글라스 위생 상태 파악 확인			
	- 글라스 닦는 법 확인			
	- 글라스 잡는 법 확인			

역할 연기

학습 내용	평가 항목	성취수준		
		상	중	하
와인서비스 테이블세팅	- 와인서비스에 필요한 기물들의 세팅 능력 확인			

 피드백

평가자 질문

- 평가 결과가 일정 점수 이하 학생들은 추가 학습 후에 그 결과를 보완하게 한다.
- 글라스 세팅 방법과 구분에 대한 구두 질문을 점검하고 실습을 통해 보완한다.

작업장 평가

- 평가 결과가 일정 점수 이하의 학생들은 피드백을 통하여 부족한 부분을 보완할 수 있게 한다.
- 글라스 닦는 법과 글라스 잡는 법에 유의하여 평가가 이루어지게 하고 잘못된 부분을 수정한다.
- 글라스 닦는 법은 실습을 통해서 시연하여 좀 더 자연스럽고 빠른 속도로 이루어지게 반복 연습시켜 보완한다.

역할 연기

- 와인 서비스에 필요한 기물들의 세팅을 평가함에 있어 적절한 기물들의 준비가 이루어져서 세팅되도록 하기 위함으로 일정수준의 신속성을 갖추지 못할 경우 반복적인 훈련을 통해서 보완이 이루어지게 한다.

제3절

학습 1 소믈리에의 용모와 복장
학습 2 와인서비스 테이블세팅
학습 3 와인서브
학습 4 디캔팅하기
학습 5 트레이 사용

3-1 와인 서브

학습목표
- 와인이 흔들리지 않게 파지하여 이동할 수 있다.
- 주문한 와인을 고객에게 확인시킬 수 있다.
- 와인 오프너를 이용하여 와인을 안전하게 오픈할 수 있다.
- 와인을 고객이 테이스팅 하도록 제공할 수 있다.
- 와인을 글라스에 제공할 수 있다.

1 와인 파지법

와인을 고객에게 가져갈 때는 와인 바스켓 안에 클로스 냅킨을 깔고 와인 레이블이 위를 향하게 넣은 다음 왼손으로 바스켓 밑을 받치고, 오른손으로 바스켓 위 병목을 잡아 와인 병이 흔들리지 않게 하여 테이블로 이동한다. 이 때 라벨을 고객이 잘 볼 수 있게 반대쪽을 오른손으로 가볍게 잡아 서비스한다.

아이스 버켓에 담아 서브할 경우는 테이블 위에 이등분으로 접은 냅킨을 깔아 놓고 와인을 아이스 버켓에서 꺼내 냅킨 위에 놓고 양 끝부분을 양손으로 잡고서 와인 병에 묻은 물기를 닦아낸다.

2 와인 서비스 에티켓

와인을 서빙할 때는 여성에게 먼저 따르고 그 다음 시계 방향으로 따른다. 와인을 따를 때는 방울이 흐르지 않도록 따른 후 병을 살짝 들면서 돌려 주면 좋다. 와인 서빙이 계속 되는 동안에는 와인 글라스를 들고 있는 것은 올바른 매너가 아니다. 또한 와인 글라스를 잡을 때는 보울을 잡으면 체온이 와인에 전달되기 때문에 스템을 잡는 것이 좋다.

요리와 함께 와인을 주문하거나 추천할 때 첫 번째 와인은 요리의 가격에 맞추어 주문하는 것이 좋고, 한 가지 와인을 주문할 경우에는 메인 코스리에 맞추어 주문하는 것이 좋다.

경우에 따라서는 모든 요리에 잘 어울리는 스파클링 와인을 주문하는 것도 좋다.

와인의 시음은 호스트가 하고 호스트가 테이스팅을 한 후 이상이 없으면 손님들에게 권하고, 와인이 변질 되었으면 소믈리에가 확인하도록 하여 새것으로 교환 한다. 와인 서비스가 끝나면 목례나 가벼운 눈인사를 건네는 것이 좋다. 일반적으로는 와인글라스가 비었 을 때에도 직접 따르지 않고 소믈리에가 따르게 한다. 이 때 소믈리에는 고객이 와인 잔에 손을 올리면 더 이상 따르지 않는다.

와인을 서비스하는 순서는 레드 와인 전에 화이트 와인, 스위트 와인 전에 드라이 와인, 무거운 와인 전에 가벼운 와인, 고가의 와인 전에 저 렴한 와인이 좋다.

일반적인 레스토랑에서는 와인 초보자들에게 쉽게 마실 수 있는 화이트 와인으로 쏘비 뇽 블랑Sauvignon Blanc과 삐노 그리Pinot Gris를, 음식과 잘 어울리는 화이트 와인으로 리슬링 Riesling을, 가볍고 쉽게 마실 수 있는 레 드 와인으로 보졸레Beaujolais를 추천하고 음식과 잘 어울리는 와인으로 삐노 누아 Pinot Noir도 좋다.

③ 와인의 서비스 온도

와인의 특성에 맞추어 적절한 와인의 온도로 서비스하는 것이 매우 중요하다. 일반적으로 화이트 와인, 로제와인, 스파 클링 와인은 서빙 전에 미리 차게 준비하 고 레드 와인의 경우 서빙 전에 미리 꺼 내어 너무 차갑지 않게 준비한다.

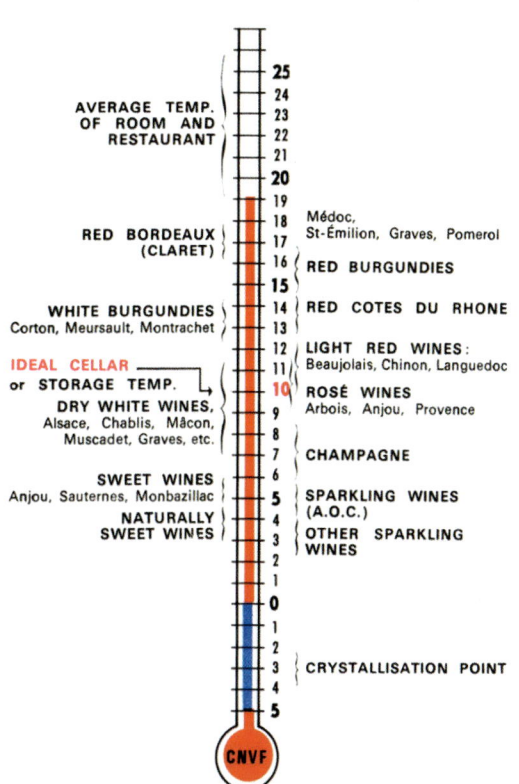

④ 와인 서비스 준비

1. 화이트 와인과 샴페인

① 고객이 주문한 화이트 와인이나 샴페인을 아이스 버켓에 넣어서 사이드 테이블 혹은 스탠드에 준비한다.
② 사이드 테이블에 준비할 경우에는 메인 접시 위에 흰색 냅킨을 장미 모양으로 접어 깐 뒤 그 위에 아이스 버켓을 놓고, 스탠드일 경우 그 위에 놓는다.
③ 아이스 버켓에 얼음 조각을 1/3 정도 넣고 물을 2/3 정도 채운다.
④ 와인 병은 라벨을 고객이 볼 수 있게 아이스 버켓의 바깥쪽으로 눕힌 뒤 냅킨을 2등분하여 접어 병목에 걸쳐 놓는다.
⑤ 와인에 맞는 적절한 온도를 유지하여 서빙한다.

2. 레드 와인인 경우

① 고객이 주문한 레드 와인을 와인 바스켓에 조심스럽게 넣는다.
② 와인 라벨이 위로 향하게 와인 바스켓에 넣어 사이드 테이블로 운반하며, 와인 바스켓 하단에 접시를 거꾸로 끼어 넣어 안정감을 유지할 수도 있다.

3. 와인의 연출프레젠테이션

① 흰색 냅킨을 사용하여 아이스 버켓에 있는 와인 병을 꺼내어 물기를 닦는다.
② 흰색 냅킨을 2등분으로 접어 오른손에 와인 병 밑을 받치고 고객의 왼쪽에 서서 오른발을 반보 앞으로 하고 와인 라벨은 고객이 잘 볼 수 있도록 주문한 와인을 보여준다.
③ 한손으로 프레젠테이션 할 때는 왼손은 등 뒤에 손을 붙이고 오른손으로 와인을 잡고, 두 손으로 프레젠테이션 할 때는 각 손으로 병의 위쪽과 아래쪽을 잡는다.
④ 고객에게 와인의 라벨, 제조 연도, 포도 품종, 산지 등을 설명한다.

4. 와인의 오픈

(1) 레드 와인 오픈

레드 와인은 테이블 위 혹은 와인 바스켓에서 오픈 가능하다. 레드 와인의 오픈 요령은 다음과 같다.

- 오른손으로 코르크스크루를 들고 왼손으로 나이프 칼집에서 칼을 꺼내어 완전히 끝까지 펼친 다음, 왼손으로 바스켓과 와인 병목 부분을 누르고, 오른손으로 와인 병목 두 번째 마디에 나이프 칼날을 병목과 칼날이 직각이 되도록 자세를 취한 다음, 캡슐에 칼집을 내고 캡슐을 병목으로부터 분리한다.
- 캡슐은 왼손으로 잡고 주머니에 넣고, 나이프의 칼을 왼손으로 가린 다음, 나이프 칼집에 넣고, 코르크스크루를 주머니에 넣는다.
- 종이 냅킨을 이용하여 병목을 가볍게 닦은 다음, 종이 냅킨은 주머니에 넣는다.
- 오른손으로 코르크스크루를 주머니에서 꺼내어 왼손으로 지지대를 완전히 펼친 다음, 스크루 부분을 코르크스크루 몸통과 직각이 되도록 세운다.
- 스크루 부분을 오른손 엄지와 검지, 중지 사이에 고정하여 스크루가 움직이지 않도록 단단히 잡는다.
- 왼손으로 바스켓과 병목을 잡은 다음, 코르크스크루의 손잡이 부분을 지지대가 위 쪽 방향으로 가게 한 다음 오른손으로 잡고, 스크루 끝부분을 코르크 중앙에 오게 한 다음 스크루를 삽입하여 시계방향으로 스크루 위쪽 한 마디가 남을 때까지 돌려, 코르크스크루손잡이가 오른쪽으로 오게 한다 왼손잡이는 왼쪽.
- 오른손으로 잡은 손잡이를 밑으로 서서히 내리면 지지대가 올라간다. 올라간 지지대를 왼손으로 잡고 서서히 내려 지지대 첫 번째 홈을 병목 끝 부분에 걸친다.
- 왼손으로 병목과 지지대를 힘껏 잡고 오른손으로 손잡이를 끝까지 올린 다음, 왼손으로 지지대와 병목을 가볍게 잡고 오른손의 손잡이를 가볍게 천천히 내리면 지지대가 올라간다. 올라간 지지대의 두 번째 홈을 병목 끝 부분에 걸치고 오른손으로 손잡이를 천천히 올리면 코르크가 올라온다. 코르크가 병의 첫번째 마디에 다다르면 코르크를 들어 올리는 것을 중지한다. 이어 오른손으로 코르크스크루를 감싸듯 하면서 엄지와 검지, 중지

를 이용하여 코르크를 잡고, 코르크를 천천히 위 아래로 반복하여 움직이면서 코르크를 자연스럽게 빼낸다.

- 코르크를 분리한 후 코르크의 건조 상태, 와인이 끓었는지 여부, 주석산염 등을 체크한다. 고객이 코르크를 잘 볼 수 있게 사이드 접시에 올려놓는다.
- 코르크 체크가 끝나면 바로 왼손 엄지와 검지, 중지를 이용하여 코르크를 단단히 잡은 다음, 오른손으로 코르크 스크루를 잡고 몸 안쪽으로 돌리면서 왼손의 코르크를 잡았다 놓았다 하기를 반복하여 코르크스크루에서 코르크를 분리한다. 분리된 코르크는 왼손에 있어야 한다.

- 코르크스크루의 스크루 끝 부분이 오른손 약지에 오도록 안착시키면서 약지로 스크루 부분을 접은 다음, 지지대를 엄지를 이용하여 완전히 코르크스크루를 접고 주머니에 넣는다.

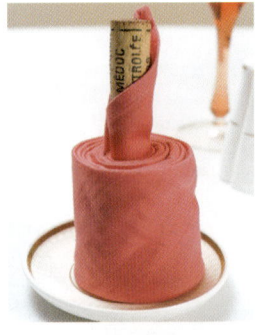

- 왼손에 들려 있는 코르크를 엄지와 검지를 이용하여 다시 잡은 다음 코르크 받침대에 놓고 왼손으로 코르크와 받침대를 가볍게 잡은 다음, 오른손으로 코르크 받침대를 잡고, 고객 호스트 오른쪽 와인글라스 바로 옆에 놓아둔다.
- 종이 냅킨을 이용하여 와인 병목과 병 안을 닦은 다음 주머니에 넣고, 오른손을 이용하여 테이스팅 글라스를 잡고 약 1.5oz 정도 와인을 따라 색, 향, 맛, 균형 등을 체크한다.

- 와인의 테이스팅 결과를 고객에게 설명한다.
- 올드 와인이거나, 와인의 브리딩Breathing이 필요하다고 판단되면 디캔팅 여부를 확인하여 디캔팅 서비스를 실시하며, 그렇지 않을 경우에는 바로 호스트 시음을 실시한다.
- 디캔터 병을 들고 먼저 여성에게 서비스한 후 남성에게 서비스를 하며 와인 라벨을 고객에게 보이게 한다.

- 와인 글라스를 픽업하여 서비스할 경우에는 테이스팅 시 서비스와 동일하게 하며 한손으로 서비스 할 때도 왼손은 등 뒤로 하고 오른손으로 고객의 오른쪽에 서 서비스를 시계 도는 방향으로 한다.
- 와인을 따를 때 와인 글라스에 2부 정도가 되도록 따르고 와인 물방울이 떨어지지 않도록 디캔터 병을 가볍게 돌리면서 마무리 서비스를 한다.

(2) 와인 쿨러 안에서 오픈

화이트 와인과 샴페인 및 로제 와인의 서비스는 와인 쿨러에 차게 해서 하는데, 와인 쿨러에 얼음물을 3/4 정도 채운 후 와인을 빨리 차갑게 하기 위해 얼음물에 깊이 담근다.
- 서브 시 얼음물이 떨어지면 닦아내기 위하여 쿨러에 내프킨을 걸친다.
- 그 후 서비스는 테이블 위에서 오픈하는 방법과 동일하다.
- 마지막으로 와인을 서비스하고 라벨이 잘 보이도록 하여 와인 쿨러에 넣는다.

(3) 스파크링 와인의 오픈

스파클링 와인은 기압이 있어서 오픈이 쉽지 않다. 샴페인을 '펑' 소리와 함께 따는 것은 파티 연출로 좋지만 코르크가 다른 사람에게 날아가거나 위생상의 문제가 생길 수 있으므로 다음 요령을 익히는 것이 중요하다.
- 병목 부분의 띠를 잡아당겨 캡슐의 윗부분을 벗겨낸다.
- 노출된 와이어 네트의 잠금쇠를 푼다.
- 왼손 엄지손가락으로 코르크의 윗 부분을 누르면서 와이어 네트를 완전히 벗겨낸다.
- 손을 바꾸어 오른손 엄지손가락으로 코르크가 순간적으로 튀어나오지 않도록 눌러준다.
- 왼손으로 병목 부분을 잡고 오른손으로 약간씩 좌우로 비튼다.
- 코르크가 순간적으로 튕겨나가는 것을 방지하기 위해 오른손으로 코르크를 견고하게 잡고 서서히 열어준다.

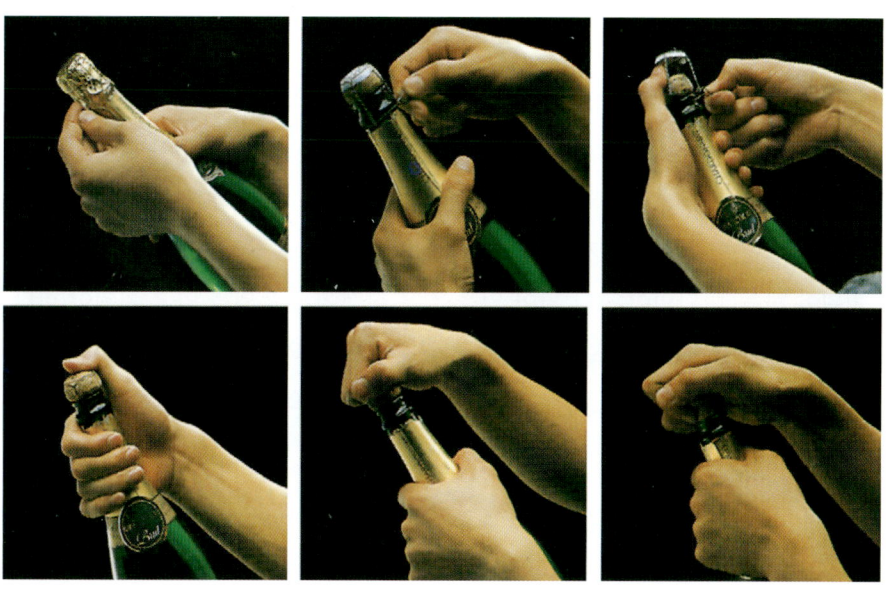

⑤ 와인 서빙

와인 서비스는 소믈리에 업무 중 가장 최종적인 업무로 서비스를 하기에 앞서 소믈리에는 셀러를 관리하고, 와인 리스트를 준비하며 고객에게 와인을 추천하고 제안할 수 있어야 한다.

와인에 대한 용어는 간단명료하게 설명하고 고객이 와인에 대한 지식이 없을 경우 전문 용어의 사용은 피한다. 고객이 최상의 조건에서 와인을 음미할 수 있도록 와인의 종류에 따라 알맞은 와인 서비스 온도와 조건을 알고 있어야 한다.

- 와인을 따를 때에는 테이블 클로스에 와인 방울이 떨어지지 않도록 조심해서 서브하고, 따르고 난 후 병을 세울 때에는 병목을 왼쪽으로 자연스럽게 틀어 올리면서 세운다.
- 다음 서브를 위해 병 입구에 맺힌 와인이 흘러내리지 않도록 암 타월arm towel로 살짝 닦는다.
- 와인을 따를 때 글라스에 와인 병이 닿지 않게 조심한다.
- 호스트가 테스트할 수 있게 와인을 1oz 정도 와인 글라스에 따르고, 호스트의 테스트 후 와인을 서비스한다.
- 호스트가 마음에 들면 시계 방향으로 여성 고객과 고령자 순으로 먼저 서비스하고 맨 마지막에 호스트에게 서비스를 한다.

와인은 계절에 따라 여름철에는 가볍고 깔끔한 화이트 와인과 로제 와인 등이 선호되고 겨울철에는 진한 레드 와인이 좋으며 알코올성이 강한 것 뒤에 제공되어야 한다. 라이트 와인은 섬세한 향과 가벼운 맛이 감소되지 않게 향이 강한 와인 전에 제공하고, 풍부한 맛을 지닌 와인 후에 제공되면 맛을 음미하기가 어려워진다. 화이트 와인 글라스는 레드 와인이 제공되기 전에 치워야 하는데, 와인이 조금 남아 있을 경우 고객에게 동의를 얻고 치워야 한다. 일반적으로 스파클링 와인 혹은 화이트 와인으로 시작하여 로제 와인, 레드 와인과 리큐르나 스위트 스파클링 와인, 가향 와인 순으로 제공되나 제공되는 와인의 수는 주문하는 음식과 식사에 따라 달라질 수 있다.

NCS
학습3 평가

평가 준거

학습 내용	평가 항목	성취수준		
		상	중	하
와인서브	- 와인 파지 확인			
	- 와인 연출(프레젠테이션) 확인			
	- 와인 오픈 확인			
	- 와인 테이스팅 제안 확인			
	- 와인 제공 확인			

평가 방법

역할 연기

학습 내용	평가 항목	성취수준		
		상	중	하
와인서브	- 와인서비스 확인			

구두발표

학습 내용	평가 항목	성취수준		
		상	중	하
와인서브	- 와인 프레젠테이션 확인			
	- 와인 테이스팅 제안 확인			

작업장 평가

학습 내용	평가 항목	성취수준		
		상	중	하
와인서브	- 와인 파지법 확인			
	- 와인 오픈 능력 확인			

🍇 피드백

역할 연기

- 조별 역할 연기에 대한 피드백을 통하여 부족한 부분에 대한 보완을 하게 한다.
- 다양한 와인에 대한 표현을 통해서 와인에 대한 지식을 점검하고 와인 서비스를 할 수 있는 능력이 부족할 경우에 반복적인 연습을 실시한다.
- 와인 서비스 능력이 일정한 수준에 미치지 못하면 반복적으로 실시하여 재평가한다.

구두 발표

- 조별로 와인에 대한 프레젠테이션을 실시하고 와인 테이스팅 제안에 대한 구두 실력을 측정하여 원활한 소통 능력이 부족한 학생들을 반복 구현하게 한다.

작업장 평가

- 와인에 따른 오픈 능력에 대한 평가가 일정 점수 이하일 경우 추가적인 학습을 통하여 보완하여 다시 평가를 받게 한다.
- 와인 서빙에 필요한 와인 파지법이 옳지 못한 경우 수정하고 반복 실습하여 올바른 파지법을 익숙하게 익히게 한다.

제4절

학습 1   소믈리에의 용모와 복장
학습 2   와인서비스 테이블세팅
학습 3   와인서브
학습 4   디캔팅하기
학습 5   트레이 사용

4-1 디캔팅

학습목표
- 디캔팅 하는 와인의 특성을 고려하여 디캔터를 선정할 수 있다.
- 디캔팅에 필요한 도구들의 위생 상태를 확인할 수 있다.
- 디캔팅을 시행할 수 있다.

    레드 와인은 장기 숙성하므로 잘 숙성된 레드와인일수록 주석산염 등의 침전물이 생기게 된다. 이러한 레드 와인을 그냥 서비스하면 와인 침전물이 글라스에 섞여 들어갈 수 있으므로 이 침전물을 제거하기 위해 와인 병을 1~2시간 혹은 3~4일까지도 똑바로 세워둔 후에 촛불이나 전등을 와인 병목 부분에 비추어 디캔터로 옮겨 붓다가 침전물이 지나가면 정지하여 와인과 침전물을 제거할 수 있다. 침전물을 포함한 나머지 40~80cc는 버리고 침전물의 움직임을 쉽게 보기 위해 병목 반대편 아래쪽에 촛불을 켜 놓으면 좋다.

    디캔팅은 숙성된 레드 와인을 여과시키는 절차로, '와인의 정화'라고도 한다. 디캔터의 넓은 바닥을 통해서 와인이 빨리 퍼지게 하여 공기와 접촉을 할 수 있고, 숙성이 덜 된 거친 와인은 공기와 접촉시켜 와인의 맛을 좀 더 부드럽게 할 수 있다.

    디캔팅을 하기 위해서는 좁은 병목의 크리스털 디캔터, 테이스팅 글라스, 손잡이가 달린 초와 재떨이, 성냥, 종이 혹은 클로스 냅킨, 2개의 사이드 접시나 받침접시 등이 필요하다.

    디캔터는 최고급 크리스털 제품에서부터 일반 값싼 유리병까지 천차만별이다. 하지만 단순히 와인을 옮겨 놓는 것이라는 생각으로 플라스틱 그릇에 옮기는 것은 금물이다.

    디캔터는 생김새와 가격에 따라 수많은 종류가 있지만 젊은 와인은 윗 부분이 넓은 디캔터를 사용하여 공기 접촉이 많게 하고 올드 와인이라면 좁은 것이 바람직하다.

NCS 학습4 평가

평가 준거

학습 내용	평가 항목	성취수준		
		상	중	하
디캔팅	- 디캔팅하는 와인의 특성을 고려한 디캔터 선정 확인			
	- 디캔팅에 필요한 도구들의 위생 상태 확인			
	- 디캔팅 시행 확인			

평가 방법

작업장 평가

학습 내용	평가 항목	성취수준		
		상	중	하
디캔팅	- 디캔팅 도구 준비 상태 확인			
	- 디캔터 선정 능력 확인			

구두 발표

학습 내용	평가 항목	성취수준		
		상	중	하
디캔팅	- 디캔팅의 목적 확인			
	- 디캔팅 실시 확인			
	- 디캔터 선정 능력 확인			

역할 연기

학습 내용	평가 항목	성취수준		
		상	중	하
디캔팅	- 디캔팅 실력 확인			

 피드백

작업장 평가

- 수준 이하의 평가를 받은 학생의 경우 재학습을 통하여 디캔팅에 필요한 기물들을 충분히 준비할 수 있게 하고 부족한 학생들에게 학습을 통해서 디캔팅에 필요한 기물들에 대한 준비와 더불어 일정 수준의 디캔터 기술을 함양할 수 있게 한다.

구두 발표

- 디캔터에 대한 올바른 이해가 부족한 학생들을 대상으로 재학습을 통하여 디캔터의 목적과 필요에 대해 고객에게 충분히 설명할 수 있도록 숙지하여 고객에게 디캔팅의 필요성과 디캔팅으로 얻어지는 효과에 대한 설명이 가능할 수 있게 재학습을 통하여 응답할 수 있게 한다.

역할 연기

- 디캔팅의 실력이 일정한 수준에 미치지 못할 경우 연습을 하여 재평가를 실시한다.

제5절

학습 1 　소믈리에의 용모와 복장
학습 2 　와인서비스 테이블세팅
학습 3 　와인서브
학습 4 　디캔팅하기
학습 5　트레이 사용

5-1 트레이 사용

학습목표
- 트레이의 위생 상태를 확인할 수 있다.
- 트레이의 이상 유무를 확인할 수 있다.
- 글라스, 도구 이동 시 트레이를 사용할 수 있다.

1. 서비스 트레이

서비스 트레이 Service Tray는 종사원들이 사용하는 비품으로 음식을 서비스하거나 빈 그릇을 치울 때, 기타 서비스에 필요한 물건을 대량으로 안전하게 운반할 때 사용한다. 모양과 용도에 따라 여러 형태와 다양한 크기가 있으며, 은제품류나 스테인리스를 많이 사용하였고, 현재 플라스틱으로 만든 저렴한 트레이도 많이 사용된다.

가장 많이 사용하는 종류는 원형 트레이로 너무 무겁거나 크면 업무 능률이 저하되고 작으면 비효율적이다. 보통 30~50cm가 적당하고 운반 시 미끄럽지 않게 천이나 매트를 깔아서 사용한다. 사각형 트레이는 실버로 된 것이 많고 용도는 후식 제공 시, 특별 행사의 테이프 커팅의 보조 수단, 쟁반 위에서 고객에게 직접 서브할 때 주로 사용한다.

타원형 트레이는 대체로 실버로 된 것이 많고 격식 있는 식당에서 서비스에 필요한 음식이나 기물을 쟁반 위에서 고객에게 직접 서브할 때 사용하고, 연회장 등에서 많은 기물을 한꺼번에 운반하기 위해 직사각형 트레이를 사용하기도 한다.

2. 트레이의 사용

트레이를 사용할 때는 트레이의 청결 상태는 물론이고, 글라스의 청결 상태 및 파손 상태

등을 미리 점검하고, 수에 맞추어 준비하되 무리하게 많은 양의 기물을 올리지 않는다. 트레이를 파지할 때는 다음 사항을 유의한다.

- 반드시 왼손으로 들어야 하고 옆구리에 끼거나 한손으로 잡으면 안 된다.
- 트레이를 들 때에는 트레이 바닥 중심 부분에서 왼손 팔목 부분의 손바닥과 손가락을 넓게 펴고 손가락 끝은 약간 세워 트레이를 고정시킨다.
- 트레이는 몸에 붙여서는 안 되고 반드시 수평을 유지하며 동일한 품목별로 트레이에 담고 무거운 것은 중앙에서부터 담아서 중심을 잡는다.
- 트레이를 든 팔을 겨드랑이에 자연스럽게 붙이고 몸 안쪽으로 직각이 되게 팔꿈치를 구부려 반듯하게 든다.
- 트레이로 기물을 운반할 때는 글라스가 미끄러지지 않게 매트나 내프킨을 깔고 높은 잔은 중심에 놓고 순서대로 낮은 잔을 올린다. 내려놓을 때는 중심 외부의 것부터 먼저 내려놓는다.

학습5 평가

평가 준거

학습 내용	평가 항목	성취수준		
		상	중	하
트레이 사용	- 트레이의 위생 상태 확인			
	- 트레이의 이상 유무 확인			
	- 글라스, 도구 이동시 트레이 사용 확인			

평가 방법

작업장 평가

학습 내용	평가 항목	성취수준		
		상	중	하
트레이 사용	- 트레이 위생 상태 점검			
	- 글라스 점검			

역할 연기

학습 내용	평가 항목	성취수준		
		상	중	하
트레이 사용	- 트레이 운반 기술			

평가자 체크 리스트

학습 내용	평가 항목	성취수준		
		상	중	하
트레이 사용	- 올바른 글라스 선택 확인			
	- 트레이에 글라스 올리는 순서 확인			
	- 트레이에서 글라스 내리는 순서 확인			

 피드백

작업장 평가

- 일정한 수준 이하의 평가에 대해서 수정·보완하여 다시 재수행함으로써 재평가를 받게 한다.
- 글라스와 트레이의 청결 상태에 대한 이해도를 파악하고 청결하게 하는 이유를 설명하고 재평가 받게 한다.

역할 연기

- 트레이 운반을 실습하여 역할 연기에 대한 일정 수준 이하의 수행일 경우 피드백을 통해서 부족한 부분을 보완할 수 있게 한다.

평가자 체크 리스트

- 올바른 글라스의 선택과 트레이 운반 시 글라스를 올리고 내리는 순서에 대한 정확한 과정에 대한 평가를 하고 잘못된 과정에 대해서 수정하여 재실시가 가능하게 한다.

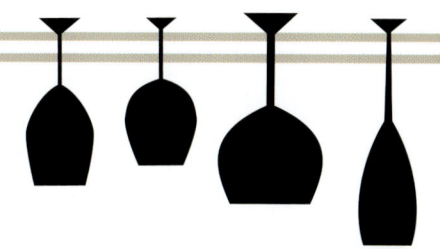

Part 4
와인 테이스팅
Wine Tasting

You will become a Good Sommelier!

제1절

학습 1 와인 테이스팅 사전 준비하기
학습 2   와인 테이스팅 하기

1-1 와인 테이스팅 준비

학습목표
- 와인 테이스팅에 적합한 시간, 장소를 확인할 수 있다.
- 와인 테이스팅에 필요한 장비·비품의 종류와 상태를 확인할 수 있다.
- 와인 테이스팅에 필요한 와인의 종류와 상태를 확인할 수 있다.

① 와인 테이스팅 환경

와인은 테이스팅하는 장소와 환경, 테이스팅하는 개인의 취향, 신체, 개성에 따라서 색·향·맛이 다르게 느껴지므로 와인을 제대로 테이스팅하기 위해서는 최대한 적합한 환경을 갖추어야 한다.

빛조명은 시각뿐만 아니라 미각에도 영향을 주기 때문에 자연에 가까운 조명 상태가 가장 좋다. 특히 노란색 계통의 조명은 와인의 산미에 영향을 줄 수 있어 피해야 한다. 습도는 60~80%, 온도 20℃ 전후로 환기가 잘 되고, 집중도를 높이기 위해 조용하며 외부 냄새가 유입되지 않는 장소에서 무늬가 없는 흰색 클로스나 테이스팅 매트를 덮은 테이블을 사용하는 것이 좋다. 또한 공복에서 집중력이 높아질 수 있어 오전 10~11시 경이 좋고, 육체적·정신적으로 피곤할 때나 식사 직후, 커피 마신 후, 흡연 후에는 피하도록 하고, 자극적인 음식 섭취, 과음 후에는 테이스팅을 삼가야 한다. 향을 맡는 데 지장을 주는 진한 화장과 향수, 진한 립스틱도 삼가야 한다.

② 와인 테이스팅 방법

와인의 품질 평가는 양조자의 평가, 와인을 구입·판매하기 위한 소믈리에의 평가, 소비자 평가, 시음회장에서의 평가, 각종 와인 관련 대회에서의 평가 등 다양한 목적으로 행해 진다. 따라서 품질 평가의 목적에 따라서 평가 항목들도 다르다.

1. 테이스팅의 목적에 따른 방법의 차이점

- **와인 양조자**: 와인 양조자는 포도 과즙의 상태, 양조 과정 중의 품질 및 위생, 숙성의 진행도, 병입 시기 및 출하 시기를 결정한다.
- **유통 관계자**수입업자, 도매업자 등: 어린 와인의 품질 및 스타일, 잠재성을 파악하고 구매를 결정하며, 와인 품질에 따라 적당한 판매 가격을 결정하며, 판매 마케팅 전략을 세운다.
- **전시회 또는 품평회**: 와인 박람회, 전시회, 대규모 품질 평가회에서 테이스팅 대회는 와인의 품질을 비교하여 순위를 결정한다.
- **와인 품질관리기관**: 와인 품질 분류 시스템법 규정의 조건에 맞는지를 판단하기 위하여 테이스팅을 한다.
- **소믈리에 또는 와인 구매 담당자**: 레스토랑의 소믈리에나 마트, 백화점, 와인 전문점과 같은 곳에서 와인 구매 담당자는 테이스팅을 통하여 가격 대비 품질 확인, 판매 전략, 가격 결정, 서비스 온도, 판매 시기, 와인과 음식의 매칭 등을 결정하기 위하여 테이스팅을 실시하며, 소믈리에 또는 구매 담당자는 와인 판매 리스트를 작성한다.
- **식사 시 호스트**: 주문한 상품의 레이블을 확인하고, 품질의 결함을 확인하기 위하여 테이스팅을 실시한다.

2. 와인 테이스팅 방식

와인 테이스팅 방식은 세계적으로 다양한 방식이 있으며, 와인 품질을 종합 평가하여 기술하거나 점수로 표기하는 방식을 취하고 있다.

(1) 유씨 데이비스 UC Davis 방식

캘리포니아 주립대 유씨 데이비스, UC Davis에서 1959년에 와인 양조학 교수인 메이나드 A. 아메린 Maynard A. Amerine 박사팀이 개발한 시스템으로, 색에 대한 평가 점수를 3점, 아로마와 부케에 대한 점수를 6점, 맛에 대한 점수가 6점, 와인을 시음하고 난 후의 여운을 3점, 마지막으로 와인의 전체적인 느낌을 2점, 총 20점 만점으로 구성되어 있다.

(2) OIV 방식

OIV International Organisation of Vine and Wine는 1924년에 설립되어 46개 회원 국가가 가입되어

있다. OIV 테이스팅 방식은 점수로 순위를 가리며, 외관, 향, 맛, 종합 평가 100점 만점으로 평가한다.

(3) INAO 방식

이나오INAO : Institut national de l'origine et de la qualité는 프랑스국립원산지명칭 및 품질위원회로 1905년에 설립되었다. INAO에서 개발한 테이스팅 방식은 점수 대신 와인 품질에 대한 기술된 단어 또는 문장을 선택하는 방식을 택하고 있다.

(4) 로버트 파커Robert M. Parker, JR. 방식

미국의 와인 평론가 로버트 파커가 고안한 방식으로, 기본 점수 50점부터 시작되며, 외관 5점, 향 15점, 맛 20점, 총평 10점 등 100점 만점으로 평가한다. 96~100점은 훌륭한 최상급 와인, 90~95점은 탁월한 품질의 와인, 80~89점은 아주 좋은 와인, 75~79점은 평균 이상의 와인, 65~74점은 보통와인, 61~64점은 눈에 띄는 결점이 있는 와인, 51~60점은 구매하지 말아야 할 와인으로 평가하는 방식이다.

(5) 크리스티스Cristies 방식

영국의 와인 평론가이자 와인 마스터, 경매사 그리고 와인 테이스팅의 권위자로 널리 알려진 마이클 브로드벤트Michael Broadbent에 의해서 고안된 방식으로 INAO방식과 20점 만점의 점수 방식으로 구성하여 평가한다.

(6) IWC 방식

IWCInternational Wine Challenge는 영국에 기반을 두고 있으며, 영국의 와인 작가, 로버트 조셉Robert Joseph에 의해 1984년 고안되어, 현재는 윌리엄 리드 비즈니스 미디어William Reed Business Media가 관리하고 있다. 4~5명의 심사위원이 한 가지 와인을 테이스팅하고 심사 위원이 협의를 거쳐 통일된 점수를 발표하는데, 20점을 만점에 18.5~20점은 금메달, 17~18.4점은 은메달, 15.5~16.9점은 동메달을 수여한다..

3. 테이스팅 순서

와인 테이스팅 순서는 4S, 즉 시각See, 후각Sniff, 미각Sip, 총평Summarize의 순서로 진행한다.
테이스팅 와인은 글라스에 3분의 1 정도 따르고, 3분의 2는 공기가 접촉하도록 하고, 테이스팅한 와인은 삼키지 않고 뱉어내고, 물로 입안을 헹궈낸다.

See

Sniff

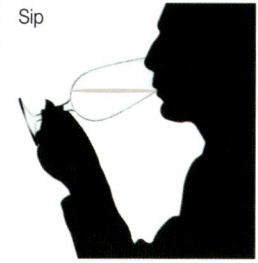
Sip

Summarize

- **시각**See: 와인 외관 살펴보기: 와인의 투명도, 색, 점성, 색의 농도를 평가한다.
- **후각**Sniff: 와인 향 맡기: 휘발성 분자가 코를 통해 전달되는 전반적인 향들을 평가한다.
- **미각**Sip: 와인 한 모금 마시기: 맛의 농도, 신맛, 단맛, 농도, 타닌을 중점적으로 평가한다.
- **총평**Summarize: 당도, 산도, 알코올, 타닌의 조화를 평가한다.

테이스팅은 와인의 품질을 평가하여 장점과 결점을 발견하고 기록하여 표현하는 것이 매우 중요하다. 사람의 기억력은 한계가 있고, 테이스팅 장소, 시음자의 컨디션 등이 와인 품질 평가에 영향을 미치기 때문에, 테이스팅 체크 리스트를 작성하여 활용하는 것이 좋다. 테이스팅 체크 리스트는 목적에 따라 항목을 달리할 수 있으나, 기본적으로 위의 4가지 항목을 중심으로 기술할 수 있도록 작성한다.

③ 테이스팅 테이블 세팅

테이블이 흔들리지 않도록 고정시킨 다음 무늬가 없는 흰색 테이블 클로스를 테이블 위에 반듯이 펼쳐 놓고, 테이블 오른쪽에서 약 10cm 간격을 두고 테이스팅 매트를 올려 놓는다.
테이스팅 매트 위에 와인 수량에 맞춰 1번 와인 글라스를 왼쪽부터 오른쪽으로 세팅한다. 테이블 왼쪽에 물과 물잔을 놓고 접시 위에 종이 내프킨을 올려서 테이블에 놓은 다음, 시음한 와인이나 물을 마신 후 뱉어 낼 수 있는 타구Spittoon를 놓는다. 마지막으로 테이스팅 체크 리스트를 세팅하고, 테이블 의자를 정리하여 테이블 세팅을 마무리한다.

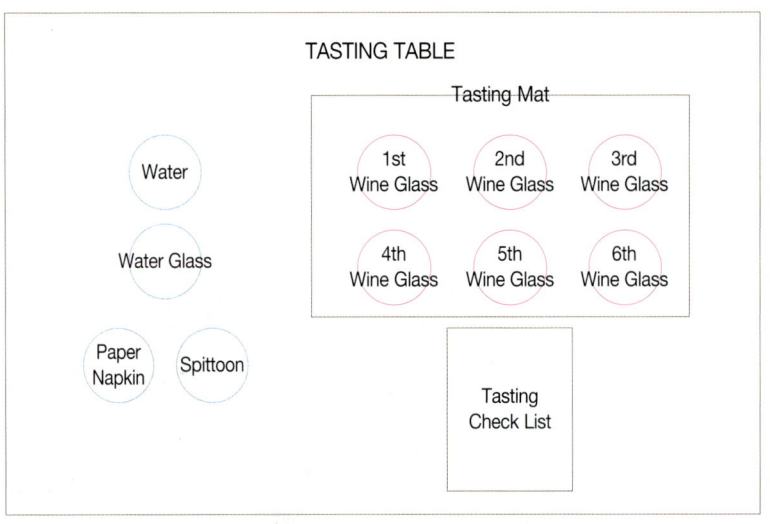

④ 와인 테이스팅 글라스 및 장비·비품

와인 테이스팅을 위해서 전용 글라스와 온도계, 와인 쿨러, 와인병 가리개 등 다양한 장비 및 비품이 필요하다.

1. 와인 테이스팅 전용 글라스

이상적인 와인 테이스팅 글라스는 와인의 온도가 높아지는 것을 방지하기 위하여 다리stem가 있어야 하며, 외관의 식별을 용이하게 하기 위해 무색투명하고 얇으며 장식이 없는 것이 좋다. 또한 향을 모으기 위하여 튤립형이 좋다.

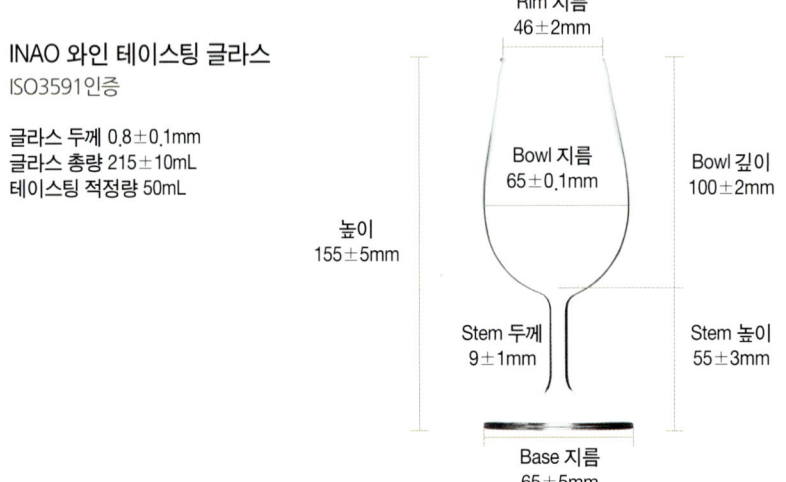

2. 와인 온도계

와인은 온도에 따라 향과 맛에 영향을 줄 수 있기 때문에 테이스팅을 실시하기 전 반드시 테이스팅에 적절한 온도에 맞춰야 한다. 와인의 온도는 오픈하기 전에 재는 것이 좋다.

3. 와인 쿨러와 와인병 가리개

와인병 가리개Bottle Cover는 테이스팅 와인을 가릴 때 사용하는 것으로, 병목까지 완전히 가리고 번호가 새겨져 있다.

온도가 적절하지 않은 와인이라면, 얼음통이나 와인 쿨러 등을 이용하여 인위적으로 온도를 조절하여 테이스팅 하여야 하며, 서비스 온도보다 2℃정도 높은 온도로 테이스팅할 때 향과 맛을 보다 더 쉽게 평가 할 수 있다.

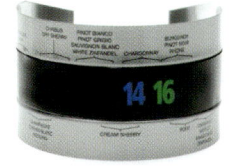

Wine Buttle Cover

온도를 낮추는 방법 중 가장 손쉬운 방법은 얼음통에 와인을 거꾸로 넣고, 얼음을 반 정도 채우고 물이 넘치지 않을 정도로 채우는 것이다. 병을 거꾸로 담가 두면 병목 부위와 어깨 부위가 좁기 때문에 온도가 몸통 부위보다 더 빨리 내려간다. 냉동실에 와인 쿨러를 넣고 5시간 정도 경과 후 꺼내어 와인 쿨러 안에 와인을 넣어 두면 빠른 시간 내에 와인의 온도를 낮출 수 있다. 와인 전용 셀러에서 보관하는 것도 가장 효율적인 방법이다.

Wine Cooler

와인 유형	테이스팅 온도
가벼운 스위트 와인, 화이트 스파클링 와인 Light bodied sweet wine, White sparkling wine	8~12℃
가벼운 화이트 와인, 무거운 스위트 와인 Light bodied white wine, Full bodied sweet wine	10~14℃
레드 스파클링 와인, 중간 농도의 화이트 와인, 가벼운 레드 와인 Red sparkling wine, Medium bodied white wine, Light bodied red wine	12~14℃
무거운 화이트 와인 Full bodied white wine	14~18℃
중간 농도의 레드 와인 Medium bodied red wine	16~19℃
무거운 레드 와인 Full bodied red wine	17~20℃

4. 테이스팅에 필요한 기타 장비·비품

- **타구**Spittoon: 테이스팅한 와인을 뱉거나 입을 헹군 후 물을 뱉을 수 있다. 최근에는 대용량 1회용 종이컵으로 대체하기도 한다.
- **와인 오프너**: 와인 병의 호일을 벗겨 내거나, 코르크를 뽑아낼 때 사용한다. 영업장에서 주로 사용하는 와인 오프너는 소지하기 편리하도록, 작은 크기로 호일을 벗겨 낼 수 있는 칼 부분과 코르크를 뽑아 올릴 때 힘을 지탱해 줄 수 있는 지렛대, 스크루 부분 그리고 손잡이 부분으로 구성되어 있다.
- **테이스팅 매트**Tasting Mat: A4, A3 사이즈의 흰색 바탕에 무늬가 없는 종이를 사용한다. 테이스팅 매트는 글라스 크기를 감안하여 제작하되, 충분한 공간을 두고 매트에 테이스팅 할 와인 수 만큼 원을 다양한 배열로 그린다.
- **냅킨 받침대, 종이·클로스 냅킨**: 입 주위를 닦을 때 사용하는 종이 냅킨은 접시에 적당량 준비하여 올려서 준비하고, 클로스 냅킨은 와인을 오픈할 때 와인이 흐르는 것을 방지하고, 와인을 서비스할 때 흘린 와인을 닦을 때 사용한다.

5 테이스팅 와인의 준비

여러 종류의 와인을 테이스팅 할 때에는 다음 원칙을 따르는 것이 좋다.
- 가벼운 와인을 먼저 테이스팅하고 무거운 와인을 테이스팅한다.
- 젊은 와인을 먼저 테이스팅하고 오래된 와인을 테이스팅한다.
- 화이트 와인을 먼저 테이스팅하고 레드 와인을 테이스팅한다.
- 드라이 와인을 먼저 테이스팅하고 스위트 와인을 테이스팅한다.

특별한 목적에 따라 와인 테이스팅이 이루어질 경우는 다음 원칙을 따른다.
- 맛에 대한 비교 테이스팅을 목적으로 할 경우에는 먼저 부드럽고 가벼운 스위트 와인, 즉 모스카토Moscato와 같은 품종으로 만든 와인과 샤르도네Chardonnay와 같은 드라이 타입의 화이트 와인을 국가별·지역별·생산자별로 준비한다.
- 농도에 대한 비교 테이스팅을 목적으로 할 경우에는 농도가 낮은 피노 누아Pinot Noir 품종 와인과 무거운 쉬라즈Shiraz 또는 까베르네 쇼비뇽Cabernet Sauvignon 품종 와인을 준비한다.
- 화이트 와인용 포도 품종에 대한 비교 테이스팅을 목적으로 할 경우에는 화이트 와인 용 포도 품종별로 준비하되, 같은 나라, 같은 원산지인 다른 품종 와인을 준비한다.

- 레드 와인용 포도 품종에 대한 비교 테이스팅을 목적으로 할 경우에는 레드 와인용 포도 품종으로 준비하되, 같은 국가, 같은 원산지인 다른 포도 품종 와인을 준비한다.
- 한 가지 포도 품종을 국가별로 원산지별로 비교 테이스팅할 목적인 경우에는 한 가지 포도 품종 와인을 국가별·원산지별로 준비한다.
- 한 회사의 와인을 비교 테이스팅할 목적으로 할 경우에는 원산지별·빈티지별·품종별로 준비한다.
- 포도 품종 와인을 회사별로 비교 시음할 경우에는 다른 회사별 같은 원산지 와인을 준비한다.
- 테이스팅할 와인은 병 가리개에 넣어 순서대로 준비한다.

테이스팅 장비 및 비품 목록	비고
와인 테이스팅 전용 글라스	와인 수량 x 인원수
테이스팅 매트	1인당 1매
물 · 물잔	1인당 1개
타구(Spittoon)	1인단 1개
와인	5명당 1병
클로스 내프킨	와인 1병당 1개
와인 오프너	서비스 인원당 1개씩
아이스 버킷(Ice Bucket)	화이트 와인, 스파클링 와인 1병당 1개
와인 쿨러(Wine Cooler)	화이트 와인, 스파클링 와인 1병당 1개
와인병 가리개	와인1병당 1개
종이 내프킨, 받침대	1인당 적당량
테이블 및 의자	1인당
테이블 클로스	테이블당 1개

NCS
학습1 평가

🍇 평가 준거

학습 내용	평가 항목	성취수준		
		상	중	하
와인 테이스팅 사전 준비하기	- 테이스팅에 적합한 시간, 장소 확인			
	- 테이스팅에 필요 한장비·비품의 종류와 상태 확인			
	- 테이스팅에 필요한 와인의 종류와 상태 확인			
	- 테이스팅 테이블을 점검하고 순서에 맞게 테이스팅 할 수 있는 세팅 상태 확인			

🍇 평가 방법

피평가자 체크 리스트

학습 내용	평가 항목	성취수준		
		상	중	하
와인 테이스팅 사전 준비하기	- 테이스팅에 적합한 시간, 장소 확인 가능 여부			
	- 테이스팅에 필요 한장비·비품의 종류와 상태 확인 가능 여부			
	- 테이스팅에 필요한 와인의 종류와 상태 확인 가능 여부			
	- 테이스팅 테이블 고정 및 세팅 순서 숙지 여부			

평가자 체크 리스트

학습 내용	평가 항목	성취수준		
		상	중	하
와인 테이스팅 사전 준비하기	- 테이스팅에 적합한 환경에 대한 이해 여부			
	- 테이스팅 장비·비품 종류와 사용법 이해 여부			
	- 와인 글라스 세척 방법 및 보관 방법 이해 여부			
	- 아이스 버킷 및 와인 쿨러 사용법 이해 여부			
	- 테이스팅 와인 정리와 병가리개 사용법 이해 여부			

	- 테이스팅 테이블 세팅 순서 숙지 및 세팅방법 이해 여부		
	- 테이스팅 체크 리스트 작성법 숙지 여부		

서술형 평가

학습 내용	평가 항목	성취수준		
		상	중	하
와인 테이스팅 사전 준비하기	- 테이스팅에 적합한 시간, 장소 파악 여부			
	- 테이스팅 장비·비품 종류와 사용법 파악 여부			
	- 와인글라스 세척 방법 및 보관 방법 파악 여부			
	- 아이스 버킷 및 와인 쿨러 사용법 파악 여부			
	- 테이스팅 와인 정리와 병가리개 사용법 파악 여부			
	- 테이스팅 테이블 세팅 순서 파악 여부			

피드백

피평가자 체크리스트

■ 와인 테이스팅에 적합한 시간, 장소와 테이스팅할 와인 상태, 장비, 비품 등의 사용법 숙지 여부와 테이스팅 테이블 세팅을 평가하고, 평과 결과에 대해 정확하게 숙지할 수 있도록 한다.

피평가자 체크리스트

■ 와인글라스 세척 방법, 아이스 버킷 및 와인 쿨러 사용법, 병 가리개 사용법, 테이블 세팅 순서에 맞게 세팅했는지에 대하여 평가하고, 평가 결과에 대해 설명하고 정확하게 사용법을 숙지할 수 있도록 하고, 일정 수준 이하의 평가 결과에 대해서는 학습 후 재평가를 실시할 수 있도록 한다.

서술형 평가

■ 와인 테이스팅 사전 준비 과정에 대해 평가를 실시하고, 평가 결과를 피드백한다. 일정 수준 이하의 평가 결과에 대해서는 학습 후 재평가를 실시할 수 있도록 한다.

제2절

학습 1 와인 테이스팅 사전 준비하기
학습 2 와인 테이스팅 하기

2-1 와인 테이스팅

> **학습목표**
> - 와인의 점도, 밝기, 투명도, 색 등의 외관을 확인할 수 있다.
> - 와인의 아로마와 부케 같은 향을 확인할 수 있다.
> - 와인의 강도, 밀도, 피니시와 같은 맛을 확인할 수 있다.
> - 와인의 서비스 온도를 확인할 수 있다.
> - 와인의 숙성 잠재력을 확인할 수 있다.
> - 전체적인 밸런스와 품질을 확인할 수 있다.
> - 와인과 조화를 이루는 음식을 선정할 수 있다.

1 와인 품질 평가

와인 테이스팅은 시각, 촉각, 미각, 후각 등 모든 감각 기관을 통하여 장단점과 특징을 알아내고 그것들을 표현하는 것이다. 와인을 전문적으로 판매하고 관리하는 소믈리에는 와인 테이스팅을 통하여 와인의 어린 시기미성숙 와인, 전성기숙성기, 품질이 가장 좋은 시기, 쇠퇴기와인이 변질되어 가는 시기 등의 품질 수명 경로를 파악하는 것이 매우 중요하다.

1. 시각 See

와인의 투명도, 색, 점성, 색의 농도에 대한 시각적 관찰을 통하여, 포도 품종, 포도가 재배된 국가와 원산지, 와인의 숙성도 등을 알 수 있다.

(1) 투명도 Clarity

와인이 오래되지 않은, 즉 영 와인일수록 투명도는 밝거나 맑으며, 오래된 와인이거나 변질된 와인일수록 흐리거나 혼탁하다.

- **표현 방법**: 밝은Brilliant, 맑은Clear, 흐린Hazy, 혼탁한Turbidity

(2) 색Color

화이트 와인은 녹색을 머금고 있고, 짚 색에서부터 황금색, 호박색에 이르는 색을 가지며, 레드 와인은 옐로우 색소를 머금은 자주빛에서부터 루비, 레드, 황갈색에 이르는 색을 띤다. 와인 색은 산성화의 영향을 받는데, 포도 품종, 양조, 보관 조건에 따라 다양한 색을 가진다.

와인의 숙성도와 재배 지역의 기후, 포도 품종에 대한 정보를 제공할 목적이라면 가장자리 색을 먼저 표현하고, 중심 색을 나중에 표현한다. 가장자리 색보다는 중심 색이 더 짙은 색이어야 하며, 가장자리 색으로 와인의 숙성도, 기후, 품종 등을 가늠해 볼 수 있으며, 중심 색으로는 포도 품종과 와인의 숙성도, 원산지의 기후 등을 가늠해 볼 수 있다.

- **화이트 와인**: 화이트 와인의 글라스 가장자리 색이 엷은 그린색에 가까우면 서늘한 기후에서 재배된 포도로 만든 와인이며, 어린 와인일 가능성이 있다. 황금색은 온난한 기후에서 재배된 포도로 만든 고품질의 와인이거나 숙성된 와인일 가능성이 있다. 화이트 와인은 녹색Green, 노란색Yellow, 짚색Straw, 황금색Gold, 호박색Amber으로 표현한다.
- **레드 와인**: 레드 와인의 가장자리 색이 자주색Purple이면 숙성되지 않은 어린 와인이고, 오렌지색을 머금고 있으면 숙성이 진행되고 있거나 숙성된 와인이다. 적벽돌색이거나 호박색이면 오래된 와인일 가능성이 있다. 가장자리 색과 중심 색의 차이가 클수록 어린 와인이며, 단계적 차이Gradation가 있으면, 숙성된 와인일 가능성이 있다. 레드 와인은 자주색Purple, 루비Ruby, 레드Red, 황갈색/호박색Tawny/Amber으로 표현한다.

(3) 점성Legs

와인 글라스를 흔들고 나서 와인글라스 외벽을 타고 흐르는 것을 와인의 눈물Tears 또는 와인의 다리Legs라고 하는데, 증발률과 표면장력으로 생기는 것으로 마란고니 효과Marangoni Effect라고 한다. 와인의 성분 중 물보다는 알코올이 더 표면장력이 약하기 때문에 먼저 증발하고, 남은 물은 표면장력이 강하여 물방울 형태로 맺히게 되며, 중력 때문에 물방울이 뭉쳐서 흘러내린다. 와인의 알코올 농도가 높을수록 눈물이 두드러지게 나타난다. 와인의 눈물, 즉 점성이 약하면 서늘한 기후에서 재배된 포도로 만든 와인이거나 산도가 높은 와인, 알코올 농도가 낮은 와인이며, 점성이 뚜렷하면 더운 기후에서 재배된 포도로 만든 와인이거나 알코올 농도가 높고 산도가 낮은 와인이다.

(4) 색의 농도 Intensity

와인은 투명하고 침전물이 없어야 하며, 불투명하고 침전물이 없어야 한다. 투명한 농도는 서늘한 기후, 불투명한 농도는 무더운 기후에서 재배된 포도로 만든 와인이다. 색의 농도가 엷을수록 대륙성 기후에서 잘 자란 포도 품종으로 만든 와인이며, 어두울수록 무더운 기후, 즉 지중해성 기후에서 잘 자란 포도 품종의 와인이다.

2. 후각 Sniff

와인의 휘발성 분자가 코를 통해 전달되는 전반적인 향을 후각으로 느낄 수 있다. 와인 글라스에 정체된 상태에서 잡내 유무를 확인하고, 글라스를 흔든 후 와인의 품질을 확인한다.

(1) 아로마 농도 Aroma Intensity

아로마 농도가 약한 와인일수록 가벼운 와인이며, 농도가 강할수록 알코올 농도가 높고 무거운 와인이다.
- 표현 방법: 약한 Faint, 중간 Medium, 강한 Powerfull

(2) 와인의 향

와인에서 감지할 수 있는 향은 수백 가지가 되며, 제1차 향은 포도 품종에서 유래하는 향이고 제2차 향은 포도를 발효할 때 생성되는 향 등으로 에스테르 향, 바나나 향, 효모에 의한 버터스카치 향, 이스타 향 등이다. 제3차 향은 숙성으로 생성되는 향으로 바닐라, 토스트, 스파이스 향, 커피 향, 담배 향, 말린 자두 향 등이 있다.
- 감귤류 Citrus 향: 주로 화이트 와인에서 감지되는 향으로 레몬 Lemon, 라임 Lime, 그레이프푸르트 Grapefruit 향 등이 있다.
- 장과류 Berry 향: 주로 레드 와인에서 감지되는 향으로 딸기 Strawberry, 라즈베리 Raspberry, 블랙베리 Blackberry, 블랙커런트 Blackcurrant 향 등이 있다.
- 나무 열매 Tree Fruit 향: 화이트 와인에서 사과 Apple, 배 Pear, 복숭아 Peach, 살구 Apricot, 무화과 Fig 향, 레드 와인에서는 체리 Cherry, 자두 Plum 향 등이 감지된다.
- 열대 과일 Tropical Fruit 향: 주로 화이트 와인에서 감지되는 향으로 멜론 Melon, 파인애플 Pineapple, 바나나 Banana 향 등이 있다.

- **마른 과일**Dried Fruit 향: 주로 레드 와인에서 감지되는 향으로 잼Jam, 건포도Raisin, 말린 자두Prune 향 등이 있다.
- **꽃**Floral 향: 화이트 와인에서 오렌지 꽃Orange Blossom, 인동덩굴Honeysuckle 등의 향이 감지되며, 레드 와인에서는 바이올렛Violet, 장미 꽃잎Rosepetal 향 등이 감지된다.
- **초본**Herbal 향: 풀Grassy, 녹색 채소Green Vegetable, 박하Mint 향 등
- **고기류**Meat 향: 주로 레드 와인에서 훈제 고기Smoked Meat, 베이컨Bacon, 가죽Leather 향 등이 감지된다.
- **토양**Earth 향: 주로 레드 와인에서 흙Earth, 버섯Mushroom, 타르Tar 향 등이 감지된다.
- **무기물**Mineral 향: 주로 화이트 와인에서 돌Stone, 점판암Slate, 습지Moist Earth, 버섯Mushr Oom 향 등이 감지된다.
- **견과류**Nut 향: 주로 화이트 와인에서 아몬드Almond, 헤이즐넛Hazelnut, 마지팬Marzipan 향 등이 감지된다.
- **향신료**Spice 향: 화이트 와인에서 계피Cinnamon, 육두구Nutmeg, 정향Clove 등 모든 향신료류 향이 감지되며, 레드 와인에서 아니스Anise, 계피Cinnamon, 정향Clove, 검은 후추Blackpepper 향 등이 감지된다.
- **오크**Oak 향: 화이트 바닐라Vanilla, 오크Oak 향 등
- **연기**Smoky 향: 연기Smoky, 토스트Toast, 태운 토스트Burnt Toast, 검은 숯Charredwood 향 등
- **버터**Buttery 향: 주로 화이트 와인에서 꿀Honey, 카라멜Caramel, 버터Butter, 스카치 캔디Butterscotch 향 등이 감지된다.
- **초콜릿**Chocolate 향: 주로 레드 와인에서 초콜릿Chocolate 향 등이 감지된다.

3. 미각Sip

혀의 중앙 부분에서는 짠맛, 혀의 맨 앞 부분에서는 단맛, 맨 끝 부분에서는 쓴맛, 혀의 양 옆 부분에서는 신맛을 감지한다.

(1) 맛의 농도Flavor Intensity

적당량을 마시고 입 안에서 맛을 감지할 수 있도록 혀 각 부분에 와인이 적실 수 있도록 하여 맛을 평가한다.

- **표현 방법**: 묽은Low, 중간Medium, 진한High

(2) 신맛 Acidity

와인에서 느껴지는 산은 와인의 품질을 결정하는 중요한 요소이며, 산은 색에 광택을 주며 장기 보관할 수 있게 한다. 산도를 나타내는 수치는 pH이며 값이 낮을수록 시다 와인의 평균 pH는 3.3이다. 산도가 너무 높으면 쓴맛이 잇몸에서 느껴진다. 산은 침의 분비를 높이므로 목이 마를 때 산도가 높은 와인을 마신다.

- **표현 방법**: 낮은 Low, 중간 Medium, 높은 High

(3) 단맛 Sweetness

1리터당 잔당에 따라 드라이 Dry: 0~4g, 오프드라이 Off-Dry, Medium Sweet: 8~30g, 스위트 Sweet: 30g 이상로 표현한다.

(4) 맛의 농도 Body

포도 품종, 양조 방법, 떼루아에 따라 맛의 농도가 다르게 나타나며, 농도를 결정짓는 요소는 알코올, 산도, 타닌이 중요한 역할을 한다.

- **표현 방법**: 가벼운 Light Bodied, 중간 Medium Bodied, 무거운 Full Bodied

(5) 타닌 Tannin

타닌은 포도의 씨, 껍질, 줄기, 숙성 과정에서 생성되는 물질로 와인의 구조에 영향을 준다.

- **표현 방법**: 부드러운 Soft, 중간 Medium, 떫은 Astringent

4. 총평 Summarize

와인의 색과 향, 맛을 평가한 후에는 와인의 품질에 대해 총평을 한다. 와인의 균형에 대하여 살펴보고 와인의 복잡성과 마신 후의 여운, 그리고 종합적인 품질을 평가한다.

(1) 균형 Balance

마시기에 가장 좋은 와인은 균형의 치우침 없이 당도, 산도, 알코올, 타닌이 잘 조화를 이루고 있는 와인이다. 와인의 균형을 이루고 있는 4개의 요소들이 활기차게 느껴졌을 때는 거칠음의 정도에 따라 숙성을 더 필요로 하며, 활기가 없을 경우에는 균형을 잃어버린 쇠퇴기에

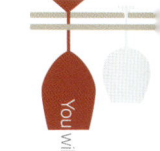

접어든 와인이다.

(2) 복잡성 Complexity

품종 와인일수록 향과 맛이 단순하고 적당하게 복잡하며, 혼합 와인일 수록 향과 맛이 복잡한 경향이 있다.

- **표현 방법**: 단순한 Simple, 적당하게 복잡한 Moderately Complex, 복잡한 Complex

(3) 여운 Finish

와인을 마신 후 3초의 여운은 짧으며, 3초에서 7초의 여운은 보통, 8초 이상이면 여운이 길다고 한다.

- **표현 방법**: 짧은 Short, 보통 Moderate, 긴 Long

(4) 품질 Quality

와인 품질 평가자의 기준에 맞춰 열악한 품질 Poor, 좋은 품질 Good, 아주 훌륭한 품질 Excellent 로 표현한다.

(5) 취향 Preference

총평은 와인 품질 평가자의 취향을 기록하기도 한다.

- **표현 방법**: 싫어한 Dislike, 좋아한 Like, 너무 좋아한 Love

② 와인 품질의 결점

와인 품질 결함의 발견은 첫 번째 외관에서 발견할 수 있으며, 두 번째로는 와인을 테이스팅할 때 향과 맛에 의해서 감지할 수 있다. 대부분의 결함은 향에서 발견될 수 있다.

1. 와인 외관의 결함

매우 더운 곳에서 와인을 보관하였거나, 병 속에서 발효가 다시 일어날 가능성이 있을 때 코르크가 튀어나온 경우, 병 입구에 와인이 새어나온 경우, 양조 과정에서 여과 기술, 위생 환경 또는 더운 장소에서 와인을 보관하였을 경우에 침전물이 발생할 수 있는데, 과도한 침전물이 발생한 경우에는 와인의 결함으로 볼 수 있다. 와인을 오랜 기간 보관하게 되면 타닌과 안토시아닌 등이 결합한 인자가 바닥으로 가라앉은 것이 주석산염 침전물이다. 주석산염이 생긴 와인에 대한 유해성에 대해서는 논란의 여지가 있는데, 맛과 향에 부정적인 것은 부인할 수 없다.

코르크 마개로 된 와인 병 또는 오크 배럴의 빈 공간 등 상단에 공기가 있는 공간 부분을 얼리지Ullage라고 하는데, 숙성 과정에서 생성되는 부산물인 이산화탄소와 알코올 그리고 수분의 혼합물로 이루어져 있다. 완전히 밀폐되지 않은 용기에는 산소가 들어갈 수 있다. 약간의 산소가 와인의 숙성에 도움은 되지만 과도한 양의 산소는 와인의 산화 및 결점으로 이어질 수 있다. 오크 와인 배럴의 빈 공간을 최소화하기 위하여 정기적으로 채워 넣기를 실시하며, 병 와인은 코르크에 와인이 촉촉히 젖을 수 있도록 뉘어서 보관해야 산소의 유입을 막을 수 있다. 오크 와인 배럴이나 와인 병의 코르크에 구멍이 나 있거나 잘못 봉인하면, 빠른 속도로 와인이 증발된다.

2. 와인 향의 결함

와인의 양조 과정에서 화학 물질 생성과 과도한 산소와 접촉, 미생물에 의한 오염 등의 원인으로 생성되는 향들은 와인의 결함으로 평가할 수 있다.

- **아세트알데히드**Acetaldehyde: 볶은 견과류 향, 건조된 짚 냄새, 셰리와인과 관련된 향
- **아밀 아세테이트**Amyl-acetate: 가짜 바나나 캔디 향
- **브레타노미스**Brettanomyces: 농가의 마당 냄새, 말 배설물, 사냥감 냄새
- **더러운 코르크**Cork Taint: 습기가 많은 지하실 냄새, 젖은 종이 신문, 버섯 향
- **부티르산**Butyric acid: 썩은 버터 냄새
- **에틸 아세테이트**Ethyl acetate: 식초 냄새, 매니큐어, 페인트 세정제
- **황화수소**Hydrogen sulfied: 썩은 달걀 냄새, 변질된 마늘 냄새
- **요오드**Iodine: 곰팡이 핀 포도 향
- **유산균**Lactic acid bacteria: 소금에 절인 양배추 냄새

- **메르캅탄**Mercaptans: 탄 고무 냄새, 오래된 양배추 냄새
- **산화**Oxidation: 요리된 과일 냄새, 호두 냄새, 황갈색
- **소르빈산과 유산균**Sorbic acid plus Lactic acid bacteria: 분쇄된 제라늄 잎 냄새
- **이산화황**Sulfur dioxide: 탄 성냥 냄새, 코를 찌르는 냄새

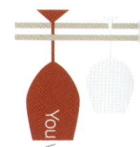

③ 와인의 아로마, 맛, 향

와인을 평가할 때 아로마Aroma, 맛Taste, 향미Flavor를 혼용하기도 하지만, 그 의미는 매우 다르다.

- **아로마**Aroma: 냄새 맡기를 통해서 확인될 수 있는 특정한 방향을 가지고 있는 실제적인 아로마 화합물을 의미한다. 딸기, 커피, 베이컨 등은 냄새를 맡아보고 명백히 특정한 아로마 화합물을 확인할 수 있다.
- **맛/촉각**Taste/Tactile: 혀로는 맛을 감지하고 질감을 느낄 수 있으며 단맛, 신맛, 쓴맛, 짠맛을 감지할 수 있다. 또한 알코올로부터 열을, 타닌으로부터 떫은맛을, 그리고 우유로부터 크림 같은 느낌을 감지할 수 있다.
- **향미**Flavor: 향미는 코를 통한 냄새, 혀를 통한 맛 그리고 입을 통한 질감느낌에 대한 뇌의 연상작용을 의미한다. 예를 들면 딸기의 향미는 특정한 아로마 화합물에 대한 뇌의 연상작용을 의미하는데, 달고 신맛 그리고 딸기가 씹힐 때의 특정한 촉감적 감각을 말한다.

1. 아로마, 맛, 향미에 영향을 미치는 구성요소

- **산**Acid: 포도가 작은 과실로 형성될 때의 성분은 대부분 산Acid이고, 당분Sugar은 거의 없다. 포도가 익어 갈수록 산도는 떨어지고 당도는 올라간다. 포도가 성장하는 동안 산은 온난한 지역에서 급속히, 서늘한 지역에서 서서히 떨어져 간다. 온난한 기후에서 자란 포도는 산도가 급속히 떨어져 가므로 서늘한 기후에서 성장한 포도보다 신맛이 덜하며, 순한round 맛이 난다.
- **아로마 화합물**Aroma Compounds: 대부분 포도 껍질 세포에서 발견되고 직접적으로 1차 아로마를 구성하는데, 포도 품종들의 특징과 차이를 나타낸다. 포도 껍질에서 이런 향미를 과도한 떫은맛 없이 추출해 내고 산화를 방지하면서 화이트 와인을 만드는 일은 결코 쉬운 일이 아니다.

- **글리세롤**Glycerol: 뚜렷한 당 혹은 과도한 알코올 없이 와인에 부드러움과 무게감을 주어 입안에서 느끼는 질감에 직접적으로 영향을 준다. 글리세롤의 양은 발효 과정에서 숙성 정도 및 효모의 종류에 따라 달라진다. 보통 12.5% 알코올이 가장 좋은 입안 질감을 느끼게 해준다.
- **유산발효**Malo-Lactic Fermentation: 알코올 발효1차 발효가 끝난 다음 일어나는 2차 발효이다. 유산발효는 기본적으로 박테리아 발효인데, 말산Malic Acid을 보다 부드러운 젖산Lactic Acid으로 바꾸는 작업이다. 부산물은 디아세틸Diacetyl이다.
- **오크**Oak: 대부분의 오크는 바닐라, 정향, 헤이즐넛, 스모크 등의 향을 나게 한다. 오크는 통기성이고 와인을 천천히 오랜 시간에 걸쳐 증발하게 한다. 과도한 오크통 숙성은 과일 향을 강하게 하거나 와인의 질을 낮추기도 한다.
- **폴리페놀**Polyphenol: 포도의 껍질과 과육에서 약간 발견되는 중요한 화합물 그룹이다. 타닌과 색에 관여하며 그들끼리 상호 의존적이지 않다는 점을 주목하는 것이 중요하다. 그러므로 네비올로Nebbiolo와 같은 품종과 같이 타닌이 높고, 색이 밝은 특징을 볼 수 있다.
- **사전 발효 당분 또는 잠재 알코올**Prefermented Sugar or Potential Alcohol: 포도의 성장기 동안 만들어져서 알코올로 변화되는 당분에 관한 것으로, 당분은 포도 안에서 광합성 작용과 열에 의해 생성된다. 수확 시 높은 당분 수준은 포도가 더 잘 익어서 알코올 농도를 증대시키고 더 강력한 와인이 되게 한다. 수확 시 뜨거운 햇빛과 당분의 상관관계 때문에 완성된 와인에서 맛과 느낌을 알 수 있다. 강한 와인은 뜨겁고 햇빛이 있는 지역에서 재배되고, 더 섬세한 와인은 서늘한 기후의 지역에서 재배되는 경향이 있다.
- **잔당**Residual Sugar: 발효가 끝난 다음 와인에 남아 있는 당분의 양을 의미하며, 대부분의 와인은 어느 정도 잔당을 가지고 있으나, 잔당이 리터당 10그램 이하면 거의 감지하기 어렵다. 그래서 같은 잔당을 가진 두 와인을 테이스팅해 보면 더 높은 산도의 와인이 더 드라이하게 느껴진다.

2. 아로마의 생성과 발전 원인

와인의 아로마를 구성하는 아로마 화합물은 포도 껍질과 과즙에 들어있는데, 개별 포도 품종에 따라 그 구성이 달라진다. 비티스Vitis과 포도들은 그런 화합 물질로 곤충을 유인하여 식물 수분 작용을 통해, 또는 새나 동물들이 포도를 먹고 그 씨를 퍼트리는 방식을 통해 생식을 돕는 진화 도구로서 발전시켰다고 한다. 즉 개별 포도 품종과 연관된 다양한 범위의 아로마는 생태적 환경에 대한 적응과 다른 식물들과의 경쟁으로 인해 나타난 영향으로 볼 수 있다.

아로마 휠 The Wine Aroma Wheel

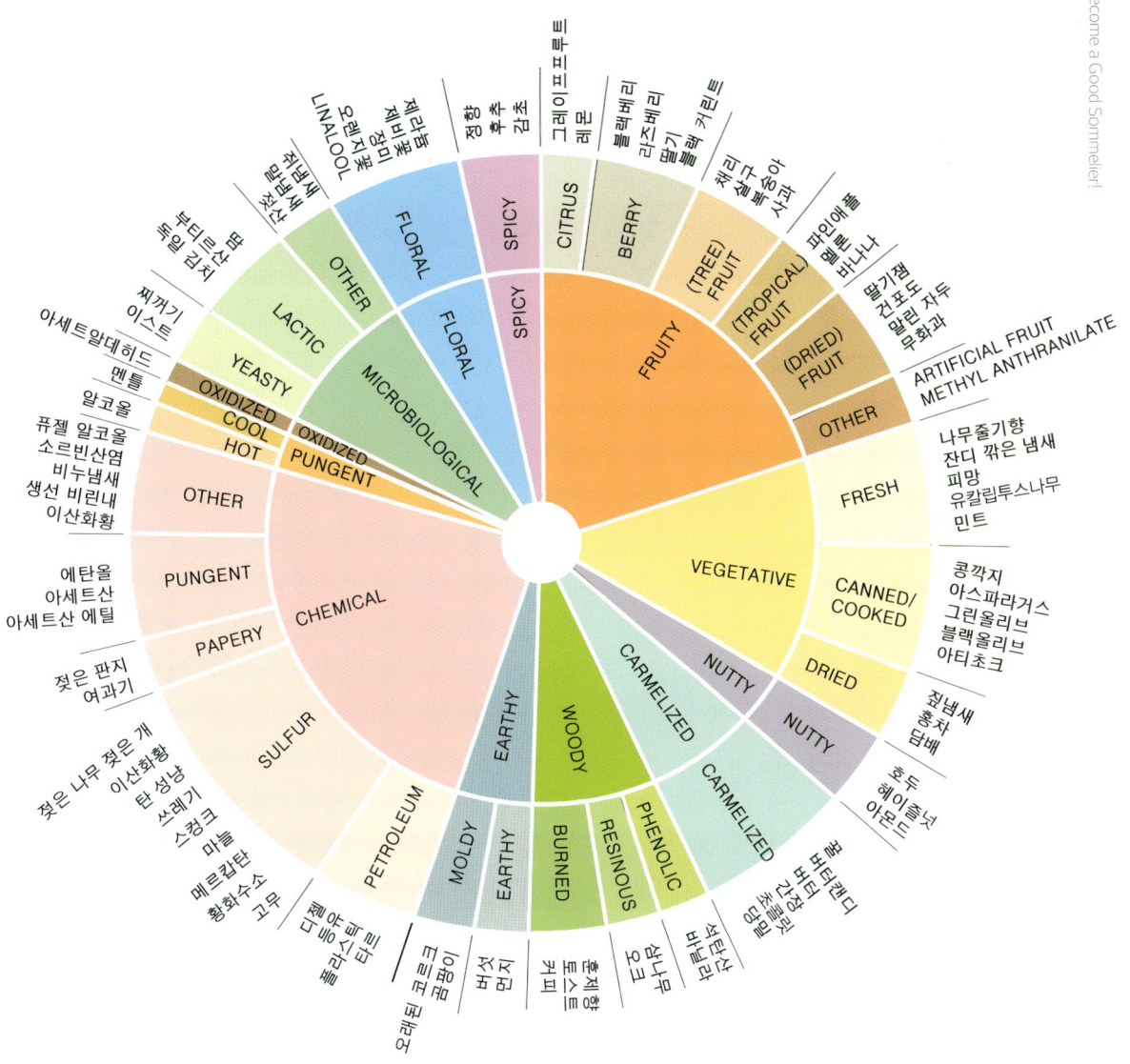

- 까베르네 쇼비뇽(Cabernet Sauvignon), 메를로(Merlot), 말벡(Malbec)
- 까베르네 프랑(Cabernet Flanc) : 딸기류, 피망, 아스파라거스, 올리브, 민트, 검은 후추, 바닐라, 버터, 콩 (오래된 레드 와인의 경우)
- 삐노 누아(Pinot Noir) : 딸기류, 딸기잼, 바닐라, 버터
- 진판델(Zinfandel) : 딸기류, 후추, 건포도, 콩, 버터, 바닐라
- 프티 시라(Petite Sirah) : 딸기류, 후추, 바닐라, 버터, 콩
- 샤르도네(Chardonnay) : 사과, 복숭아, 시트러스, 파인애플, 향신료, 바닐라, 버터
- 쇼비뇽 블랑(Sauvignon Blanc) : 꽃, 시트러스, 복숭아, 살구, 피망, 아스파라거스, 바닐라, 버터
- 리슬링(Riesling) : 꽃, 시트러스, 복숭아, 살구, 파인애플, 꿀
- 게뷔르츠트라미너(Gewürztraminer) : 꽃, 시트러스, 자몽, 복숭아, 꿀, 향신료 계통

학습2 평가

평가 준거

학습 내용	평가 항목	성취수준		
		상	중	하
와인 테이스팅	- 와인의 점도, 밝기, 투명도, 색깔 등의 외관 확인			
	- 와인의 아로마와 부케와 같은 향 확인			
	- 와인의 강도, 밀도, 피니시와 같은 맛 확인			
	- 와인 서비스 온도 확인			
	- 와인의 숙성 잠재력 확인			
	- 전체적인 밸런스와 품질 평가			
	- 와인과 조화를 이루는 음식선정			

평가 방법

평가자 체크 리스트

학습 내용	평가 항목	성취수준		
		상	중	하
와인 테이스팅	- 와인의 점도, 밝기, 투명도, 색깔 등의 외관 표현 여부			
	- 와인의 아로마와 부케와 같은 향을 확인하고 표현 여부			
	- 와인의 강도, 밀도, 피니시와 같은 맛을 확인하고 표현 여부			
	- 와인 서비스 온도 확인 여부			
	- 와인의 숙성 잠재력을 확인하고 표현 여부			
	- 전체적인 밸런스와 품질 평가 여부			
	- 와인과의 조화를 이루는 음식 선정 여부			

피평가자 체크 리스트

학습 내용	평가 항목	성취수준		
		상	중	하
와인 테이스팅	- 와인의 점도, 밝기, 투명도, 색깔 등의 외관 확인			
	- 와인의 아로마와 부케와 같은 향 확인			
	- 와인의 강도, 밀도, 피니시와 같은 맛 확인			
	- 와인 서비스 온도 확인			
	- 와인의 숙성 잠재력 확인			
	- 전체적인 밸런스와 품질 평가			
	- 와인과 조화를 이루는 음식선정			

서술형 평가

학습 내용	평가 항목	성취수준		
		상	중	하
와인 테이스팅	- 와인의 점도, 밝기, 투명도, 색깔 등의 외관 평가 능력			
	- 와인의 아로마와 부케와 같은 향에 대한 표현 능력			
	- 와인의 강도, 밀도, 피니시와 같은 맛에 대한 평가 능력			
	- 와인 서비스 온도의 판단 능력			
	- 와인의 숙성 잠재력에 대한 판별 능력			
	- 전체적인 밸런스와 품질 평가 능력			
	- 와인과 조화를 이루는 음식 선정 능력			

 피드백

서술형 평가

- 와인의 점도, 밝기, 투명도, 색깔 등의 외관을 관찰하고 서술 능력을 평가하고, 수준 이하인 경우에는 원산지별, 포도품종별 색상표를 참고로 하여 반복 학습을 실시하여 재평가할 수 있다.
- 와인의 아로마와 부케와 같은 향들을 포도 품종별 아로마, 와인 결함 아로마, 표준 아로마에 대한 판별 능력을 평가하고, 수준 이하의 평가 결과에 따라 사물과 아로마 킷 등을 활용하여 충분히 숙지하도록 반복 학습을 하여 재평가를 실시할 수 있다.
- 와인의 숙성 잠재력, 밸런스, 품질 평가를 정확하게 서술 능력을 평가하기 위하여, 와인의 숙성 잠재력표를 참고로 하여 충분히 학습하고, 평가하여 수준 이하인 경우에는 반복 학습을 실시한 다음 재평가를 실시할 수 있다.

Part 5
와인과 음식
Wine & Food

You will become a Good Sommelier!

You will become a **Good** Sommelier!

제1절 와인과 음식

와인과 음식의 조화에 있어서 절대적인 원칙은 없다. 흔히 샐러드와 생선류에는 화이트 와인, 육류에는 레드 와인이 기본적인 매칭이라 함에는 큰 문제는 없다. 하지만 최근의 음식들을 보면, 여러 가지 재료를 혼합하고, 다양한 소스 및 조리방법을 사용하고 있으며, 또한, 와인에 있어서도 너무나 다양한 특징들을 가지고 있으므로 일차적인 조건만을 가지고 접근하기에는 무리가 있다.

다만 와인과 음식의 조화를 최적화시키는 데 있어서 올바른 목적을 이해하는 것은 매우 중요하다.

그것은 단순히 상호간의 부족한 부분을 채워주는 것에서 한걸음 더 나아가 쌍방간의 시너지 효과를 얻을 수 있게끔 하는 것이다. 올바른 마리아주는 와인과 음식이 만나서 둘이 되는 것이 아니라, 셋 또는 넷을 되게 금하는 것이 최상의 결과이다.

소믈리에가 갖추어야 하는 자질 가운데 매우 중요한 부분이 바로 와인과 음식의 조화에 관한 능력이다.

1. 와인과 음식의 매칭

와인과 음식을 매칭하려고 할 경우 고려해야 하는 사항들과 조건이 매우 많다.

와인이 생산되는 다양한 국가, 지역, 품종 등, 그에 따른 와인들의 각각의 개성, 다양한 음식, 다양한 식재료, 다양한 조리방법, 셀 수 없는 소스와 양념 등, 이런 것들을 모두 고려하여서 완벽한 조화를 이룰 수 있게금 해야 한다.

음식의 색깔과 와인의 색깔 그리고 음식의 맛과 와인의 맛은 비례한다고 보아도 좋다. 즉 맛, 색, 질감이 서로 비슷한 것끼리 좋은 매칭이 될 수 있다.

음식의 색깔이 연하면 색이 연한 와인과 어울리고, 음식의 색이 진할수록 진한 색깔의 와인과 어울린다. 그와 비슷한 원리로 맛(양념)이 순한 음식은 연한 맛의 와인, 맛이 강한 음식은 진한 맛의 와인과 잘 맞는다.

하지만, 이런 다양한 고려사항들 중에서도 우선고려사항, 다시 말해서 특정요리의 경우 그 요리에 어울리는 와인선정 시 접근하는 순서가 있다. 물론, 모든 상황, 조건에서 완벽하다고는 할 수 없지만 접근순서를 열거해 보자면 다음과 같다.

- **1단계 : 음식의 원재료**

  양념이 되어있는 재료인지, 재료의 신선함을 살린 재료인지

- **2단계 : 조리방법**

  구이그릴, 스팀찜, 스튜, 바베큐, 전기구이, 팬프라이, 튀김 deep-fry

- **3단계 : 소스, 양념**

  크림류, 오일류, 바베큐, 레드 와인, 각종 드레싱 단맛, 신맛, 오일

1) 음식의 재료

음식의 원재료가 무엇인지에서부터 접근하는 것이다.
① 야채, 생선, 해산물, 밀, 과일 - 화이트 와인, 로제 와인
② 육류 - 레드 와인

추가설명을 하자면, 생선 중에서도 육류의 칼라를 보이는 연어, 참치 등은 무겁지 않은 레드 와인 삐노 누아, 가메, 돌체토 계열과도 매우 잘 어울리며, 육류 중에서도 생선살의 칼라를 보이는 닭, 오리, 칠면조, 송아지 등은 삐노 누아 또는 미디엄 바디의 메를로와도 잘 어울리지만, 약간 무게감이 있는 샤르도네, 삐노블랑, 리슬링, 게뷔르츠트라미너와도 매우 훌륭한 조화를 보인다. 샐러드 같은 경우에는 드레싱의 영향을 가장 많이 받을 수 있지만, 어떤 재료들로 만들어졌는지도 매우 중요하다.

2) 음식의 조리방법 및 소스

강한조리법과 약한 조리법에 따라서 접근하는 것이다. 다음으로는 사용되는 소스나 양념들이다.

일반적으로 전채요리에 주로 사용되는 샐러드, 새우, 굴 등의 경우와, 양식의 메인으로서 주로 사용되는 쇠고기 안심, 양고기, 오리, 돼지고기, 송아지, 치킨, 생선, 스파게티, 피자, 갑각류, 참치, 연어, 바닷가재의 경우를 보면 다음과 같다.

(1) 전채요리 Appetizer

일반적으로 차가운 전채요리에는 신세계 화이트 가운데, 신선한 과일향과 허브향이 기분좋은 산도와 조화를 잘 이루는 뉴질랜드 말보로의 쇼비뇽 블랑 느낌의 와인이 잘 어울린다. 더운 전채요리의 경우에는 산도가 높고, 달지 않은 독일 모젤의 드라이 리슬링이 잘 어울린다.

① 야채 또는 해산물샐러드 스위트한 과일드레싱

일품요리로서 샐러드를 즐긴다면, 일반적인 화이트 와인, 로제 와인은 모두 다 무난하다. 단 양식요리의 하나의 코스로서 전채요리 즐긴다면, 다음 코스를 위하여 단맛을 입안에 남겨 두지 않는 것이 좋다. 이런경우라면 스위트한 화이트 와인을 제외한, 다양한 쇼비뇽, 샤르도네, 샴페인도 잘 어울린다. 비록 와인은 아니지만, 물 또한 꽤 좋은 매칭이 될 수 있다.

② 야채 또는 해산물샐러드 올리브오일 드레싱

드레싱의 오일리한 부분을 잡아 줄 수 있는 약간의 산도가 있는 화이트 와인이 잘 어울린다. 예를 들어 미디움 이하의 바디를 지닌 신세계의 상큼한 쇼비뇽 블랑, 스파클링, 샴페인이 잘 어울린다.

③ 야채 또는 해산물샐러드 발사믹 드레싱

발사믹 드레싱은 와인을 오랜시간 숙성시켜서 만든 것이므로, 와인의 맛에 많은 영향을 두기 때문에 잘 어울리지 않는다. 만약 발사믹 드레싱을 곁들일 경우라면, 드레싱을 최소로 사용하여 전반적인 샐러드의 맛이 기분좋은 정도의 시큼함을 유지할 수 있게 하고, 적당한 정도의 산도를 지닌 뉴질랜드를 비롯한 쇼비뇽 블랑이 잘 어울린다.

④ 새우 Prawn

일반적인 드라이 쇼비뇽 블랑, 샤르도네, 드라이 리슬링, 세미용이 잘 어울린다.

⑤ 굴 Oyster

굴의 특유의 향과 깊은 맛을 살릴 수 있는 샤블리 샤르도네, 샴페인, 드라이 쇼비뇽 블랑이 잘 어울린다.

⑥ 푸아그라 Foie-gras

쏘테른이나 바작의 고급 스위트와인이 잘 어울린다. 푸아그라의 단맛이 소스와 같은 역할을 하고, 기름진 맛을 높은 산도와 과실향이 충분히 받쳐주며, 푸아그라의 짙은 향과 풍미는 복합적인 귀부향이 잡아 줄 수 있기 때문이다. 이 외에도 프랑스산 샴페인도 훌륭하다.

⑦ 캐비어 Caviar

캐비어의 배스트매칭은 누가 뭐라해도 샴페인이다. 캐비어의 깊은 향과 짠맛, 입안에서의 터지는 느낌은 다양한 아로마와 부케를 자랑하는 샴페인과 잘 어울린다.

⑧ 빠떼 Pates

일반적인 빠떼에는 세미용 또는 퓌메블랑, 생선빠떼에는 샤르도네, 오일리 타입의 경우에는 쇼비뇽 블랑이 잘 어울린다.

⑨ 홍합 Mussels

잘 숙성된 세미용처럼 깊은 향을 지닌 와인이 잘 어울린다.

(2) 스프 Soup

① 크림 스프

스프와 와인은 기본적으로 매칭하기가 어렵다. 다만 진한 스프의 경우라면, 삐노 또는 아몬틸라도 셰리와인, 마데이라를 매칭할 수 있다.

② 콘소메 Consomme

맑은 스프로서 매우 라이트하며 스프의 잔맛을 깨끗하게 마무리할 수 있는 꼬냑도 좋은 선택이 될 수 있다.

(3) 주요리 Main

① 쇠고기 로스트, 구이, 바베큐

타닌 맛이 강하고 바디감이 가볍지 않으며, 과일향 또한 풍부한 보르도, 호주, 칠레의 까베르네 쇼비뇽과 메를로, 프랑스의 시라, 그르나슈, 이탈리아의 부르넬로, 과일향이 풍부하고 후루티한 칠레 메를로.

② 쇠고기 찜, 조림

직화가 아닌, 오랜시간 천천히 익히게 되므로 고기의 육질이 매우 부드럽게 익게 된다. 이런 경우, 타닌이나 바디가 너무 무겁지 않고 깊은 소스의 향과 매칭이 되기 위한 메를로, 산지오베제끼안티, 삐노 누아가 잘 어울린다. 특히, 한국음식 중 갈비찜의 경우에는 육질이 풍부하고 양념 맛이 깊게 느껴지므로 타닌이 충분한 와인이 좋다. 또한 뒷맛이 오래 남는 음식은 아니므로 담백한 뒷맛을 가진 보르도 와인이 좋다. 까베르네 프랑처럼 뒷맛은 짧고 구조감이 있는 와인이 어울리므로 보르도 셍떼밀리옹, 뽀므롤의 메를로가 잘 어울린다.

여러 재료들의 향이 베인 음식이므로 다양한 아로마를 자랑하는 샤토네프 뒤 빠쁘 와인도 좋은 조화를 이룬다.

③ 양고기 구이

육질도 촘촘하고, 짙은 향을 지닌 양고기 구이의 경우, 타닌 맛도 강하고, 향도 매우 풍부하며 미디엄 이상의 바디를 지닌 까베르네 쇼비뇽, 시라, 바롤로, 부르넬로, 메를로, 잘 숙성된 삐노 누아

④ 오리 구이

여러 가지 향이 응축되어 있어 감칠맛이 나는 미디움 바디의 쉬라즈나 메를로와 잘 어울린다.

⑤ 돼지안심 구이

돼지고기는 쇠고기와는 달리 고기의 육취고기 특유의 냄새를 없애고 연하게 만들기 위해서 주로 조리전에 마늘, 생강, 화이트 와인등을 이용한다. 돼지고기의 경우 일반적으로 쇠고기 스테이크와는 달리 잘 익혀서 요리를 하므로, 쇠고기 안심스테이크보다 입안에서의 질감에 있어서 조금은 더 단단한 구조를 지니게 된다. 돼지고기 특유의 냄새를 지닌 돼지안심구이의 경우라면, 과일향도 풍부하고 후루티하며 약간의 바디감도 느껴지는 미디움바디 정도의 칠레 메를로.

양고기 요리

⑥ 돼지안심 찜

스팀찜을 하는 경우에는 구이의 경우보다 식감이 매우 부드럽게 느껴진다. 이런 경우에는 기본적으로 화이트 와인도 잘 어울리나, 삐노 누아나 돌체토같은 와인도 매우 훌륭한 매칭이 된다.

⑦ 송아지 Veal

송아지의 경우 부드러우면서도 캥거루, 로스트 오리와 같이 짙은 향을 지닌 고기류의 특징을 가지고 있다. 이탈리아의 돌체토, 프랑스 보졸레와 같은 가벼운 레드 와인과 대부분의 샤르도네와 삐노블랑, 소스에 따라 쉬라즈와도 매우 잘 어울린다.

⑧ 치킨가슴살 Chicken Breast

- 로티서리전기회전구이, 로스트: 이런 조리법을 사용하는 경우에는 보통 진한 소스를 사용하지 않는 경우가 많다. 이런 경우 기름기가 많이 빠진상태이고, 껍질부분이 매우 고소하므로 샤르도네, 쇼비뇽 블랑, 리슬링과 같은 담백하면서도 과일향이 충부

오리 요리

생선 요리

하고 상쾌한 화이트 와인이 잘 어울린다. 무겁거나 타닌이 강하지 않은 미디움바디의 메를로, 삐노 누아도 좋다.

- 스팀찜: 치킨브레스트가슴살의 고기조직이 매우 연해지므로, 매우 담백한 맛을 낸다. 일반적으로 양식에서 널리 쓰이는 크림소스를 곁들인 경우라면 담백하고 깔끔한 삐노그리, 삐노비앙코, 쇼비뇽 블랑, 샤르도네, 리슬링 등이 잘 어울리며, 매콤한 바베큐소스를 사용하는 경우라면, 과일향과 검은 후추 등의 향을 지닌 시라즈나 깊은 향을 보여주는 게뷔르츠트라미너, 약간 달콤한 리슬링 또한 잘 어울린다.

⑨ **생선**흰살생선

- 구이: 팬이나 그릴에서 익힌 경우 겉표면은 약간 로스팅 된 듯 하지만 속살은 매우 부드럽다. 보통 아래에 있는 생선찜과 어울리는 와인들과 서로서로 잘 어울리지만, 익히는 과정에서 올리브오일이나 허브류를 주로 사용하게 되므로 오크숙성한 샤르도네, 알자스 삐노그리, 이탈리아 삐노그리지오가 특히 잘 어울린다.
- 생선찜: 조리된 생선이 매우 부드럽게 되며, 그 부드럽고 담백한 생선의 맛을 최대한 살리기 위하여 강하거나 진한 소스를 흔히 사용하지 않는다. 이런경우에는 최대한 생선의 맛과 식감을 살릴 수 있는 담백한 삐노그리, 삐노비앙코, 샤블리 등이 잘 어울린다.

⑩ **스파게티**

스파게티는 밀을 재료로 하여 내용물과 소스가 다양한 음식이다. 기본적으로는 화이트 와인이나 가벼운 레드 와인이 잘 어울리지만, 자세한 매칭은 내용물과 소스를 봐야 한다.

⑪ 참치, 연어구이

생선가운데에서 가장 육류의 칼라를 가지고 있으며, 일반 흰살생선보다 깊은 향과 맛을 지니고 있다. 참치와 연어구이는 과일향과 오크 통의 바닐라, 토스트, 버터향과 같은 섬세한 호주 샤르도네, 프랑스 샤블리, 독일 모젤의 드라이 리슬링이나 타닌이 적고 산도가 높은 삐노 누아, 올체토, 산지오베제 등이 잘 어울린다.

참고로, 훈제연어의 경우 스모키하고 스파이시한 향과 어울리는 향이 진한 알자스의 게뷔르츠트라미너가 매우 잘 어울린다.

⑫ 사시미, 스시

생선 고유의 맛과 질감을 느낄 수 있는 드라이한 독일 모젤의 드라이 리슬링, 드라이 샤블리, 알자스 리슬링, 쇼비뇽 블랑이 잘 어울린다.

⑬ 바닷가재

차가운 샐러드스타일의 랍스터요리에는 슈냉블랑과 드라이 리슬링, 뜨거운 랍스터요리에는 깊고 짙은 향과 맛을 내는 신세계 샤르도네와 삐노그리, 마르산이 잘 어울린다.

(4) 디저트

① 무스, 크림 브릴레, 푸딩

쏘테른 스위트와인, 신세계 레잇 하베스트, 스위트한 스파클링 와인

② 초콜릿케익_{초코렛과 버터향이 강한}, 초콜릿

그르나슈가 주 품종이며 초코렛과 잘 어울리는 프랑스의 감미와인 반열스Banyuls와 포트 와인

③ 과일

과일향이 풍부한 리슬링이 잘 어울린다.

④ 과일 타르트, 아이스크림
쏘테른 디저트 와인

⑤ 치즈케익
스위트한 뮈스카데, 진한 쏘테른와인

⑥ 체다치즈
까베르네 쇼비뇽, 진한 뽀므롤의 메를로, 베럴숙성한 샤르도네와 세미용

⑦ 블루치즈
쏘테른, 토니포트, 빈티지 포트, 뻬노셰리.
타닌이 강한 레드의 경우 금속성 냄새가 날 수 있다.

⑧ 크림치즈, 카망베르, 브리
드라이 리슬링, 드라이 쇼비뇽 블랑, 말로락틱 발효 한 샤르도네, 샴페인

⑨ 커피

와인의 찌꺼기를 증류하여서 만든 다양한 아로마를 지닌 이탈리아의 그라파와 포르투갈의 강화와인인 강한 알코올과 스위트한 맛과 다양한 아로마를 지닌 포트 와인

3) 음식의 소스_{양념}

요리에 있어서 재료 및 조리방법을 압도할 수 있는 부분이 바로 소스이다.

어떤 소스가 곁들여 지는지_{매콤함, 달콤함, 새콤함, 담백함 / 레드 와인, 밀크, 고추가루, 허브류 등}, 얼마나 곁들여 지는지에 따라서 와인의 선택이 매우 다양해질 수 있다.

특히 스파게티의 경우 소스의 특성을 잘 고려해야 한다.

① 포모도로 스파게티_{토마토소스} 또는 볼로네이즈 스파게티_{미트소스}

- 싱그럽고 톡 쏘는 새콤한 맛의 뉴질랜드 말보로산 쇼비뇽 블랑, 프랑스 르와르밸리의 상세르와 푸이퓌메, 독일 모젤의 리슬링
- 향이 좋고, 허브의 향이 자극적인 이탈리아의 돌체토, 산지오베제, 바르베라, 끼안티 와인과 라이트하면서도 타닌이 적은 발폴리첼라와인, 프랑스, 캘리포니아의 삐노 누아

② 봉골레 스파게티 올리브오일소스+조개소스

오크향과 열대과일향이 적은 드라이하고 뉴츄럴한 화이트 와인으로서 이탈리아의 알토 아디제의 삐노 비앙코, 삐노 그리지오, 오르비에토, 소아베와 오크 숙성을 하지 않은 상쾌한 맛의 프리미엄급과 그랑 크뤼급 샤블리, 상쾌하고 후루티한 알자스 삐노그리, 뉴질랜드의 쇼비뇽 블랑

③ 카르보나라 스파게티 크림소스+베이컨

오크향과 열대과일향이 적은 드라이하고 뉴츄럴한 화이트 와인으로서 이탈리아의 알토 아디제의 삐노 비앙코, 삐노 그리지오, 오르비에토, 소아베와 오크 숙성을 하지 않은 상쾌한 맛의 프리미엄급과 그랑 크뤼급 샤블리, 상쾌하고 후루티한 알자스 삐노그리, 뉴질랜드의 쇼비뇽 블랑

④ 매콤한 육류요리

과일향이 풍부하고 후루티한 레드 와인 칠레 메를로과 달콤함과 진한 바디감을 지닌 스위트와인

⑤ 향이 진한 레드 와인 소스의 쇠고기나 양고기 요리, 닭고기

프랑스, 캘리포니아의 삐노 누아

제2절 와인과 음식의 상호작용

1. 타닌성분이 많은 떫은 와인

① 음식의 달콤한 맛을 줄인다.
② 스테이크나 치즈 같은 단백질과 지방이 풍부한 음식과 마시면 떫은 맛이 줄어든다.
③ 짠 음식과 마시면 떫은 맛이 강해진다.

2. 달콤한 와인

① 짠 음식에 곁들이면 단맛이 줄어들지만 포도맛은 강해진다.
② 짠 음식을 맛있게 한다.
③ 단 음식과 잘 어울린다.

3. 신맛 나는 와인

① 짠 음식과 함께 곁들이면 신맛이 줄어든다.
② 약간 단 음식에 곁들이면 신맛이 줄어든다.
③ 음식을 약간 짜게 한다.
④ 음식의 기름기를 없애 준다.
⑤ 신맛 나는 음식과 잘 어울린다.

4. 알코올 도수가 높은 와인

① 은은한 맛이 나는 음식이나 예민한 음식을 압도한다.
② 약간 단 음식과 잘 어울린다.

제3절 음식에 따른 와인 선택의 조건

1. 음식의 장점을 부각시키는 조화로운 와인 선택

- **와인은 음식의 부각시키지 않고 장점을 잘 드러내도록 조화를 고려**

  예를 들어 생선을 비롯한 해산물 요리에 화이트 와인이 어울리는 이유는 화이트 와인이 해산물에 있는 특유의 비린 맛을 부각시키지 않고 대신에 담백한 맛을 살려내기 때문이다. 반대로 레드 와인의 경우 생선의 비린 맛을 부각시켜 오히려 좋지 않은 맛을 끌어 내기 때문에 생선과는 어울리지 않는다.

- **와인과 음식 강도의 균형**

  음식의 풍미가 강하지 않은 요리에서 너무 강한 맛을 가진 와인은 음식의 맛을 즐기는 것을 방해하며, 반대로 풍미가 강한 음식에서 옅은 종류의 와인은 입안의 잡맛을 충분히 씻어 내질 못한다.

예를 들어 같은 육류라고 하더라도 닭과 같은 가금류요리에는 우아한 스타일의 부르고뉴 와인이, 쇠고기나 양고기 스테이크와 같은 요리에는 보르도 와인이 선호되는 이유는 바로 와인과 음식이 적절한 균형을 이루어 어느 한 쪽이 지나치게 부각돼 다른 한쪽의 효과를 억제하지 않도록 하기 위함이다.

■ 와인은 보통 그 지방의 음식들과 잘 어울리는 형태로 발전

항상 와인을 음식과 곁들어 즐기는 유럽에서는 이러한 원칙은 당연한 것이다. 예를 들면, 보르도에서는 까베르네 쇼비뇽을 중심으로 맛이 무겁고 빛깔이 짙은 와인이 발달하고 부르고뉴에서는 삐노 누아를 중심으로 맛과 빛깔이 우아한 와인이 발달한 이유도 이러한 지역적인 특성 때문이다. 즉 보르도 지방에서는 양을, 부르고뉴 지방에서는 오리나 거위를 많이 기르기 때문에 그에 맞는 식문화가 발달해 있는 것처럼 따라서 같은 지방에서 발달해 온 음식과 와인은 대체로 좋은 조화를 이루기 마련이다.

■ 와인과 치즈와의 조화

치즈는 단백질, 지방, 칼슘 등이 풍부한 고열량 식품이면서 소화가 잘 된다는 특징을 가지고 있다. 치즈가 짠맛이 강하면 포도나 사과, 귤 등의 과일을 곁들이면 짠맛을 중화 시키는 효

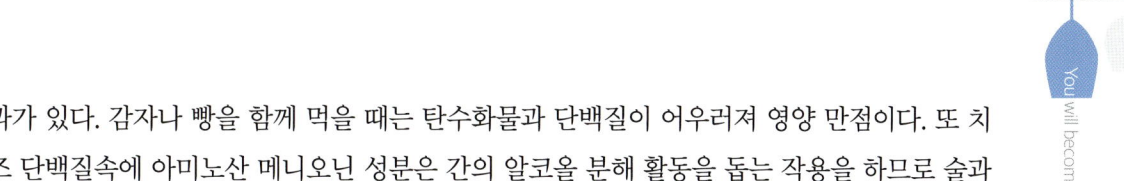

과가 있다. 감자나 빵을 함께 먹을 때는 탄수화물과 단백질이 어우러져 영양 만점이다. 또 치즈 단백질속에 아미노산 메니오닌 성분은 간의 알코올 분해 활동을 돕는 작용을 하므로 술과는 궁합이 잘 맞다. 치즈는 와인 특유의 떫은 맛을 줄일 수 있고, 와인은 입안에 남은 치즈향을 없애준다.

2. 재료, 소스, 기름기를 감안한 와인 선택

와인의 기본적인 역할은 음식이 가진 지방과 단백질을 얼마나 효과적으로 분해하느냐 하는데 있다. 와인은 지방이 갖는 느끼함을 부드럽게 완화시켜 주고 단백질의 소화를 도우므로 음식과 조화를 고려할 때 그 음식의 기본 재료, 사용되는 소스와 향신료 및 기름기를 감안해야 한다. 일반적으로 맛과 향이 아주 강한 향신료를 사용한 요리에는 와인이 어울리지 않으며, 부드러운 소스를 넣은 기름기 많은 요리에는 와인이 필수적이라고 할 수 있다.

■ 해산물 요리

보통 해산물 요리에는 화이트 와인이 잘 어울리는 것으로 알려져 있으며 실제로 레드 와인은 해산물이 가진 비린 맛을 부각시키는 경향이 있기 때문에 어울리지 않는다. 또 날로 먹는 생선회는 그 자체의 향이 강하고 비린 맛이 강해 기본적으로 어떠한 와인과도 조화롭지 못하다. 살짝 익혀서 강한 비린 맛을 어느 정도 완화시켜야만 와인의 조화를 이룰 수 있다. 버터나 생크림을 사용하는 해산물 요리는 생선이 가지고 있는 풍부한 단백질에 더해 지방질이 많아져 화이트 와인과는 멋진 조화를 이룬다. 이때 빛깔이 붉고 지방질이 많은 연어는 예외인데, 이런 경우에는 화이트 와인 보다는 옅은 레드 와인이 어울린다.

■ 샐러드

샐러드는 재료보다는 드레싱에 따라 특히 산도에 따라서 와인과의 조화를 감안해야 한다. 샐러드에는 화이트 화인을 곁들이는 것이 일반적이지만 레몬을 뿌려 향을 내는 샐러드 요리에 와인은 곁들일 때는 레몬의 산과 화이트 와인의 산이 배가가 되어 신맛이 지나치게 부각될 수 있다. 따라서 레몬을 뿌리지 않거나 적게 뿌리는 것이 좋다. 또 이탈리안 드레싱과 같이 식초를 사용한 드레싱을 끼얹을 경우에도 이러한 점을 감안해 식초의 양을 조절해야 한다.

■ 육류 요리

육류 요리에는 대체로 레드 와인이 잘 어울린다. 화이트 와인은 육류의 강한 맛이나 질감과 잘 어울리지 않는 다고 할 수 있다. 육류의 경우에도 고기의 종류와 사용되는 소스에 따라서 어떤 종류의 레드 와인을 곁들일 것인가를 고려해야 한다. 특히 다양한 소스가 발달한 프랑스에서는 같은 육류라고 하더라도 어떤 소스를 사용하는가에 따라 곁들이는 와인이 달라진다. 돼지고기나 가금류과 같이 흔히 화이트미트라고 분류하는 질기지 않은 육류에는 비교적 맛이 무겁지 않은 레드 와인, 예를 들어 프랑스의 부르고뉴 와인이나 이탈리아 끼안티와 같이 비교적 바디가 진하지 않으며 우아한 맛을 가진 종류가 적절하다. 그리고 화이트 미트에 곁들여지는 소스가 지방질이 많지 않고 가벼운 경우라면 화이트 와인과도 좋은 조화를 이룰 수 있다. 쇠고기, 양고기와 같이 육질이 질기고 맛이 무거운 레드 미트 계열에는 보르도나 캘리포니아, 호주의 까베르네 쇼비뇽 그리고 쉬라와 같이 맛이 무겁고 바디가 짙은 와인들이 좋다.

■ 파스타

파스타는 이탈리아 요리이므로 이탈리아의 모든 와인과 잘 어울린다고 생각하면 무리가 없다. 파스타에 사용되는 재료가 해산물이거나 화이트 소스를 사용하는 경우에는 화이트 와인이, 육류를 사용한 토마토 소스에는 레드 와인이 잘 어울린다. 파스타는 주재료가 면이기 때문에 바디가 너무 진한 와인은 되도록 피하는 것이 좋다.

3. 음식 종류에 따른 와인 선택

■ Chinese

중국요리는 대체로 기름과 녹말을 많이 사용해 걸쭉한 소스를 만들기 때문에 매운맛의 향신료를 사용한 경우만 제외하면 대체로 레드 와인과 조화를 이룬다. 물론 이 때에도 사용되는 재료가 해산물인지 육류인지를 감안해야 하며 오향과 같이 강한 향신료를 사용하는 경우도 있으므로 와인의 농도나 무게를 항상 염두해 두어야 한다. 대체로 묵직한 보르도 와인들이 중국 요리와는 잘 맞지만 탕수육이나 만두, 딤섬과 같이 기름기는 많지만 소스의 향이나 맛이 강하지 않거나 화이트 미트를 사용한 경우에는 보졸레와 같은 옅은 레드 와인이 좋다.

■ Korean

한국 음식은 대체로 고춧가루나 마늘을 많이 사용한 매운맛 때문에 어떤 와인을 곁들여도 적절하지 않다. 이는 카레를 사용하는 인도요리가 향과 맛이 강해 와인과 잘 맞지 않는 이유와 같다. 그러나 우리 음식 중에서도 빈대떡, 전과 같이 매운맛이 없고 기름기가 많은 음식은 중간 정도 바디를 가진 레드 와인과 좋은 조화를 이루며, 갈비나 불고기와 같은 고기 요리에는 진한 레드 와인이 훌륭한 조화를 이룬다.

■ Thai

고유의 향신료의 향이 강한 타이 음식의 경우 로제 와인이 매우 잘 어울린다. 또한 리슬링, 게뷔르츠트라미너도 좋은 조화를 이룬다. 단, 드라이한 화이트나 레드는 향신료의 향을 강하게 느끼게 되므로 피하는 것이 좋다.

■ Japanese

스시와 사시미의 경우 차갑고 드라이하며 과일향이 너무 진하지 않은 리슬링, 쇼비뇽 블랑이 잘 어울린다.

4. 특별한 경우의 선택

채식주의자들Vegetarian은 일반적으로 곡류, 야채류, 콩류, 과일류 정도만 먹기 때문에 전채요리나 메인요리의 특성이 크게 다르지 않다.

① 전채요리로 주로 먹는 스팀야채콩, 브로콜리, 콜리플라워, 아스파라거스, 토마토, 당근, 버섯 등의 경우
② 메인요리로 주로 먹는 콩요리, 곡류요리, 엔칠라다 요리에서 고기를 뺀 야채류만 싸서 먹는 경우

위의 경우 기본적으로 신선한 푸른 야채를 베이스로 하고 있으므로, 레드 와인보다는 라이트바디의 샤르도네, 드라이 리슬링이 잘 어울린다.

Part 6
소믈리에 자격증
Sommelier License

You will become a Good Sommelier!

1. Wine S.V.C Procedure 실기 요령

소믈리에 자격증 자격시험에서 요구하는 와인서비스 순서 및 요령은 다음과 같다.

(1) 서비스 준비

1) 와인서비스를 하기 위해 필요로 하는 여러 가지 기물들이 준비되어 있는 서비스 스테이션에서 본인이 필요로 하는 것들을 반드시 트레이를 사용하여 서비스 테이블까지 이동한다. 이때 고객이 주문한 또는 소믈리에가 추천한 와인에 알맞은 와인 글라스를 선택하여 고객 수에 맞게 금 고객 테이블에 세팅한다.

- 필요물품 : 디캔터decanter 1개서비스할 와인에 따라서 그에 맞는 디캔터를 선택하여야 한다, 국제규격 테이스팅 글라스 1개, 초와 촛대 1개씩, 받침대 2개paper napkin용 1개, cork 제공용 1개, paper napkin 최소 10장, 성냥 1개, 와인오프너 1개, cloth napkin 1개서비스용

2) 와인 바스켓빠니에 안에 cloth napkin을 적당한 사이즈로 접은 후 깔고난 후 고객이 주문한 와인을 와인셀러 또는 서비스스테이션에서 최대한 흔들림 없이 와인바스켓에 넣는다. 이때, 상표는 항상 잘 보이도록 위치해야 한다.

3) 왼손으로 바스켓 밑을 받치고, 오른손으로 바스켓에 들어 있는 와인의 병목을 잡은 후 고객의 오른쪽 또는 경우에 따라서 왼쪽에서 와인을 잘 보여드리며, 와인의 생산국가, 생산지역, 포도 품종, 생산회사, 빈티지 등에 대하여 설명한 후 서비스테이블 또는 게리동으로 돌아와서 오픈 준비를 한다.

(2) 와인 오픈하기

1) 와인오프너의 나이프 부분을 조심히 빼낸다. 왼손으로 바스켓과 와인병목부분을 누른 다음, 오른손으로 와인병목 두번째 마디의 전체에 칼집을 내고 캡슐을 벗겨낸다. 분리된 캡슐은 왼손으로 주머니에 넣고 와인오프너의 나이프부분을 왼손으로 가리고 칼집에 넣는다. 와인오프너는 주머니에 넣는다.

2) Paper napkin을 이용하여 병목을 가볍게 닦은 다음 주머니에 넣는다.

3) 오른손으로 와인오프너를 다시 꺼내어 왼손으로 코르크 스크류 부분을 펼친후 스크류 부분을 오른 손가락 엄지, 검지, 중지 사이에 고정하고 단단히 잡는다.

4) 왼손으로 바스켓과 병목을 잡은 후 와인오프너의 지지대 부분이 위쪽 방향으로 향하게 하고, 스크류 끝부분을 코르크 중앙에 위치하게 한 후 스크류를 수직으로 약간의 힘을 주며 시계방향으로 돌린다. 이때 스크류 위쪽 한 마디정도가 남을 때까지 돌린다. 지지대가 대략 1시 방향에서 멈추게 한다.

5) 오른손으로 잡은 손잡이를 밑으로 서서히 내려, 지지대가 올라가게 한 후 올라간 지지대를 왼손을 이용하여, 지지대 첫번째 홈을 병목 끝 부분에 걸친다.2단 와인오프너의 경우

6) 왼손으로 병목과 지지대를 단단히 잡은 상태에서 오른손으로 손잡이를 끝까지 올린다. 왼손으로 지지대와 병목을 가볍게 잡은 다음 오른손의 손잡이를 다시 한번 천천히 내려서 올라간 지지대의 두번째 홈을 병목 끝 부분에 걸친 후 오른손으로 손잡이를 천천히 올린다. 이때 중요한 것은 코르크가 병의 첫번째 마디까지 올라오면 더이상   내지 말고 멈추는 것이다.

7) 오른손으로 지지대와 손잡이를 수평으로 펼친 후 오른손으로 와인오프너를 감싸듯이 잡으며 오른손 엄지, 검지, 중지를 이용하여 스크류부분이 꽂혀있는 코르크를 살짝 잡고 좌,우 방향으로 반복하여 움직이면서 위쪽으로 살짝 힘을 주면 코르크가 자연스럽게 병으로부터 빠져 나온다.

8) 이때 너무 급하게 빼내려고 하면 코르크가 병에서 나오는 순간 펑하는 소리와 함께 와인이 병 밖으로 나올 수 있으므로 매우 조심해야 한다.

9) 코르크를 분리한 다음 왼손으로 코르크를 살짝 가리고, 몸을 옆으로 살짝 돌린 후 코르크의 건조상태, 주석산염 등을 체크한다.

10) 코르크 체크가 끝나면 왼손 엄지, 검지, 중지를 이용하여 코르크를 단단히 잡은 후 오른손으로 와인오프너를 잡고 시계반대방향으로 돌리면서 코르크를 분리한다. 분리된 코르크는 왼손에 있게 된다.

11) 와인오프너의 스크류부분을 오른손 약지를 이용하여 접은 다음, 지지대를 엄지를 이용하여 접은 후 오른쪽 주머니에 넣는다.

12) 왼손에 있는 분리된 코르크를 오른손 엄지와 검지를 이용하여 잡은 후 코르크 받침대에 놓고 오른손으로 코르크를 잡고 왼손으로 받침대를 잡고 와인을 주문한 호스트의 오른쪽 와인글라스 옆쪽으로 제공한다.

13) paper napkin을 이용하여 와인 병목과 와인병목안 쪽을 닦은 후 왼손으로 왼쪽 주머니에 넣는다.

14) 세팅되어 있는 디켄터를 오른손으로 잡고, 왼손으로 와인바스켓과 와인병목을 잡은 후 디캔터에 약 1.5 온스 정도 와인을 따른다. 디캔터를 가슴위치 정도에서 디캔터안의 와인이 디캔터 내부를 골고루 적실 수 있도록 약 5초간 디캔팅 쇼잉 디캔터 적시기을 실시한다.

15) 디캔터 쇼잉이 끝나면, 오른손으로 디캔터를 잡고 소믈리에 테이스팅용 글라스에 완전히 따라낸다.

16) 디캔터를 촛대 왼쪽(처음 위치한 곳)에 놓고, 디캔팅한 와인을 시음한다. 이때 와인의 테이스팅 결과를 호스트에게 설명한 후 디캔팅 추천 및 디캔팅을 실시한다.

(3) 디캔팅서비스

1) 성냥이나 라이터를 왼손으로 가린 다음 불을 켜고 초에 불을 붙인다.

2) 와인바스켓에서 와인이 흔들리지 않게 왼손으로는 와인 병목부분을 살짝 받치듯이 들고 오른손으로 바스켓을 빼낸 후 내려놓고, 오른손으로 와인병 몸통이나 병 아랫부분을 잡고 왼손으로는 디캔터를 잡는다.

3) 와인병과 디캔터가 촛불로부터 약 20~30cm 정도 높이에 위치하고, 병목부분에서 병 어깨부분에 불빛이 잘 비추도록 한 다음에 병목이 디캔터에 부딪치지 않게 하여, 와인이 디캔터 목을 가볍게 타고 내려가도록 하면서 디캔팅을 실시한다. 디캔팅을 실시하는 도중에 와인의 이물질 등이 디캔터안으로 들어가지 않도록 병목에 시선을 집중하여야 하며, 와인이 약 1~2cm 남을 때까지 실시한다.

4) 디캔팅이 끝나면 왼손의 디캔터는 촛대 왼쪽에 내려놓고, 오른손으로 디캔팅을 마친 와인병을 와인바스켓에 상표가 보이도록 조심히 다시 넣거나, 고객에게 상표가 잘 보이도록 테이블 위에 올려 놓는다.

QR code
소믈리에 실기시험 시연 동영상
(유튜브에서 **한국베버리지마스터협회, 소믈리에**로 검색하셔도 됩니다)

(4) 와인 서비스

1) 왼손으로 Cloth Napkin을 접어서 잡고, 오른손으로 디캔터를 잡은 다음 호스트 오른쪽으로 이동한다. 호스트의 와인글라스에 약 1~2온스 정도를 따른 후 호스트를 위한 테이스팅을 실시한다. 이때 소믈리에는 호스트로부터 위로 1보, 우로 1보 위치에서 호스트의 테이스팅이 마칠 때까지 기다린다.

2) 호스트 테이스팅이 끝나고 나면, 고객 중 가장 연장자인 여성고객을 먼저, 그 다음 여성고객, 남성 연장자, 남성 고객순으로 와인잔에 와인을 채운다. 이때 고객의 수에 맞게 와인의 양을 잘 조절하여 따라야 한다.

3) 서비스가 끝나면, 디캔터를 고객이 잘 볼 수 있는 위치에 놓고 "즐거운 시간 되십시오" 등의 인사말을 하고 자리에 돌아온다. 돌아올 때 고객 테이블에 있는 코르크도 서비스테이블게리동로 철수한다. 서비스테이블의 철수 여부를 물어본 후 촛불을 성냥이나 라이터 소펙사 대회의 경우 엄지와 검지 아랫부분을 이용하여 소등한다. 이때 연기가 나지 않도록 주의하여야 한다.

4) 고객이 편안하게 즐길 수 있도록 서비스에 사용한 기물들을 트레이를 사용하여 서비스 스테이션으로 철수하여야 한다.

5) 고객의 와인잔에 와인이 1/3 이하로 남아 있을 때, 첨잔을 여쭤보고 서비스하여야 한다.

6) 다른 와인으로 재 주문을 할 경우 새로운 와인에 맞는 알맞은 새로운 글라스를 세팅하여 서비스하여야 한다.

2. 소믈리에 실기시험 시나리오 [10분]

1] "안녕하십니까? 응시번호 00번 000입니다."
"와인 소믈리에 실기시험, 시작하겠습니다." [오른손 들고]

2] 서비스 스테이션
왼손에 트레이 들고 와인 잔 2, 물잔 2(생략 가능) [호스트, 게스트]

3] 손님테이블로 이동 [호스트, 게스트]
오른쪽에서 물잔(안쪽), 와인 잔을 테이블 위에 내려놓는다.

4] 서비스 스테이션**(295쪽 사진)**
트레이 위에 : 디캔터1개, 테이스팅 글라스1개, 초와 촛대 1개, 받침 접시 2개(paper napkin 용 1개, cork 제공용 1개), 성냥(라이터)1개, 냅킨 10장, 와인 오프너 1개, 서비스용 cloth napkin 1개를 준비해서 시연 테이블 위에 내려놓는다.

5] 서비스 스테이션
* 와인 바구니(왼손)에 와인(오른손)을 넣는다.
* 와인이 든 바구니를 들고 호스트의 오른쪽에서 보여 드리며 주문한 와인을 설명한다.
  (생산국가, 생산지역, 포도품종, 빈티지, 와인명)
  "고객님께서 주문하신 스페인, 라 만챠(La Mancha)에서 메를로, 시라, 템프라니요를 블렌딩한 2022년산 깔리자 레드와인입니다."

6] 시연 테이블로 이동
* 바구니에서 와인 오픈 하기(와인 오프너, 냅킨 사용)
* 오른손으로 와인병목 두 번째 마디의 전체에 칼집을 내고 캡슐을 벗겨낸다.
* 캡슐은 왼손으로 주머니에 넣는다.
* 종이 냅킨을 이용하여 가볍게 닦은 다음 주머니에 넣는다.

7] 코르크 서비스
* 코르크 받침대에 놓고 오른손으로 코르크를 왼손으로 받침대를 잡고 와인을 주문한 호스트의 오른쪽 와인글라스 옆쪽에 놓는다.

8] 와인 디캔팅 전 시음
* 페퍼 냅킨을 이용하여 와인 병목과 와인 병목 안쪽을 닦은 후 왼손으로 왼쪽 주머니에 넣는다.
* 세팅되어 있는 디켄터를 오른손으로 잡고, 왼손으로 와인바스켓과 와인병목을 잡은 후 디캔터에 약 1.5 온스 정도 와인을 따른다.
* 디캔터를 가슴위치 정도에서 디캔터 안의 와인이 디캔터 내부를 골고루 적실 수 있도록 약5초간 디캔팅 쇼잉(디캔터 적시기)을 실시한다.

Jean Balmont Merlot

제품명	장 발몽 메를로
브랜드	장 발몽
지 역	랑그독(Languedoc), 프랑스
품 종	메를로(Merlot) 100%
수 상	J일본 소믈리에 협회 주최 300개의 밸류 와인 블라인드 테이스팅 - 1위 브랜드 일본 월간정보지 『一個人』 와인특집 "가장 맛있는 밸류 와인" 브랜드 선정

BODY: Light — Full
SWEET: Dry — Sweet

짙은 루비 컬러로 파워풀 하면서도 은은하게 퍼지는 스파이시함과, 잘 익은 과일 아로마가 좋다. 부드럽고 복합적인 풍미, 좋은 구조감과 긴 피니쉬를 가졌으며 스테이크, 송아지 찜 요리, 치즈 등과 잘 어울린다.

COLOR : 짙은 루비 컬러
AROMA : 파워풀 하면서도 은은하게 퍼지는 스파이스 향, 잘 익은 과일 아로마
PALATE : 부드럽고 복합적인 풍미, 좋은 구조감과 긴 피니쉬

Andeluna 1300 Cabernet Sauvignon

제품명	안델루나 1300 까베르네 쇼비뇽
브랜드	안델루나
지 역	우코 밸리(Uco Valley), 멘도자(Mendoza), 아르헨티나
품 종	까베르네 쇼비뇽(Cabernet Sauvignon) 100%
수 상	James Suckling - 90점(Vint.2018/2017) 2015 DECANTER Asia Wine Awards - Silver Medal

BODY: Light — Full
SWEET: Dry — Sweet

아르헨티나 멘도자 1300미터 고지에서 생산된 포도로 만들어진 와인이다. 이 지역은 매우 넓은 폭의 기온차를 보여주는데, 이로 인하여 자연적으로 집중도 높은 포도를 생산해 낼 수 있다.

COLOR : 선명하고 짙은 퍼플-루비
AROMA : 잘 익은 붉은 과일, 레드 페퍼, 후추, 오크 숙성을 통한 담배잎과 초콜릿 향
PALATE : 밸런스 좋은 텍스쳐와 여운으로 마시기 편안한 스타일

Le Triporteur Rouge

제품명	르 트리포터 루즈		BODY	Light ■■ □ Full
브랜드	르 트리포터		SWEET	Dry □ □ Sweet
지 역	보클뤼즈(Vaucluse), 론(Rhone), 프랑스			
품 종	그르나슈(Grenache) 70% - 시라(Syrah), 깔라독(Caladoc), 까리냥(Carignan) 30%			
수 상	2019 빈티지 : Gilbert & Gaillard - Gold Medal			
	2018 빈티지 : Gilbert & Gaillard - Gold Medal			

샤또네프 뒤 파프(Châteauneuf-du-Pape) 주변의 테루아에 위치하는 실리카 점토. 예전의 Principauté d'Orange(오랑주 공국) 영토에 속했던 와인 생산지로 유서 깊은 지역에서 생산된다.

COLOR : 보라색 반사톤의 체리 레드
AROMA : 체리와 블랙커런트와 같은 강렬한 과일 아로마
PALATE : 톡 쏘는 붉은 열매의 느낌을 동반하는 부드럽고 과실 향이 풍부한 와인

Caliza Red MST

제품명	깔리자 레드 MST		BODY	Light ■■ □ Full
브랜드	깔리자		SWEET	Dry □ □ Sweet
지 역	라 만챠(La Mancha), 스페인			
품 종	메를로(Merlot), 시라(Syrah), 템프라니요(Tempranillo)			
수 상	2020 Mundus Vini – Gold Medal(Vint.2019)			
	2019 Berliner Wein Trophy Summer Tastings - Gold Medal			

"Caliza"는 스페인어로 석회질 토양을 의미하며, 와인에 토양의 섬세한 캐릭터가 고스란히 표현되어 있는 와인이다.

COLOR : 짙은 레드 컬러
AROMA : 잘 익은 레드 베리, 후추 향, 모카, 스파이시한 느낌이 살짝 감도는 풍부한 아로마
PALATE : 온기있고, 균형이 잘 잡혀있으며, 사랑스런 느낌이 물씬 풍기는 롱 피니시

5. 소믈리에 테스팅 평가 채점표

Red Wine

소속　　　　수험번호　　　　성명　　　　평가위원　　　／

* 해당하는 항목에 체크하십시오.

COUNTRY (생산국가)　　　　　　　　　　　　　　　　평가점수 1점

1. 프랑스 ☐　　이탈리아 ☐　　아르헨티나 ☐　　호주 ☐　　미국 ☐

VINTAGE(빈티지)　　　　　　　　　　　　　　　　　평가점수 1점

2. 2005~2009 ☐　　2010~2012 ☐　　2013~2017 ☐　　2018~2021 ☐

GRAPES(포도품종)　　　　　　　　　　　　　　　　평가점수 3점

3. RED　：Cabernet Sauvignon ☐　　Merlot ☐　　Pinot Noir ☐　　Grenache ☐

COLOUR (색상)　　　　　　　　　　　　　　　　　　평가점수 3점

4. RED　：Purple(보라색) ☐　　Garnet(적벽돌색) ☐　　Tawny(황갈색) ☐

NOSE (향)　　*주요향 두가지만 체크하시오.　　　　　평가점수 2점

5. Aroma Characteristics(아로마특성) : Fruit(과일향) ☐　　Floral(꽃향기) ☐　　Spice(향신료) ☐
　　　　　　　　　　　　　　　　　Vegetal(식물향) ☐　　Oak(오크) ☐

PALATE (미각)　　　　　　　　　　　　　　　　　　평가점수 각각 1점

6. Sweetness(당도) :　Dry (드라이) ☐　　Medium (중간) ☐　　Sweet(스위트) ☐
7. Acidity (산도) :　　Low (낮다) ☐　　 Medium (중간) ☐　　High (높다) ☐
8. Length (여운) :　　Short (짧다) ☐　　Medium (중간) ☐　　Long (길다) ☐
9. Tannin (탄닌) :　　Low (약함) ☐　　 Medium (중간) ☐　　High (높음) ☐
10. Body (바디) :　　Light (가벼운) ☐　　Medium (중간) ☐　　Full (무거운) ☐

응시자 평가 점수 (채점합계) 합계 ＝ 　　　　　　　　총점 15점

기타 평가 :

White Wine

소속 _____ 수험번호 _____ 성명 _____ 평가위원 _____/_____

* 해당하는 항목에 체크하십시오.

COUNTRY (생산국가)   평가 점수 1점

1. 프랑스 ☐   이탈리아 ☐   칠레 ☐   호주 ☐   뉴질랜드 ☐

VINTAGE(빈티지)   평가점수 1점

2. 2008~2010 ☐   2011~2013 ☐   2014~2017 ☐   2018~2021 ☐

GRAPES(포도품종)   평가점수 3점

3. WHITE : Chardonnay ☐   Riesling ☐   Sauvignon Blanc ☐

COLOUR (색상)   평가점수 3점

4. WHITE : Lemon-green (옅은 노란색) ☐   Yellow (노란색) ☐   Amber (호박색) ☐

NOSE (향)   *주요향 두가지만 체크하시오.   평가점수 2점

5. Aroma Characteristics(아로마특성) : Fruit(과일향) ☐   Floral(꽃향기) ☐   Spice(향신료) ☐
           Vegetal(식물향) ☐   Oak(오크) ☐

PALATE (미각)   평가점수 각각 1점

6. Sweetness(당도) :   Dry (드라이) ☐   Medium (중간) ☐   Sweet (스위트) ☐
7. Acidity (산도) :   Low (낮다) ☐   Medium (중간) ☐   High (높다) ☐
8. Length (여운) :   Short (짧다) ☐   Medium (중간) ☐   Long (길다) ☐
9. Tannin (타닌) :   Low (약함) ☐   Medium (중간) ☐   High (높음) ☐
10. Body (바디) :   Light (가벼운) ☐   Medium (중간) ☐   Full (무거운) ☐

응시자평가 점수 (채점합계) 합계 = [   ]   총점 15점

기타 평가 : _____

6. 소믈리에 자격증 필기시험 문제지 예시

2016년 제4회 소믈리에 필기시험

자격종목	필기유형	시험시간	수험번호	이름	소속
소믈리에	A형	60분			

01 다음 중 Sparkling Wine과 관련이 없는 것은?
① Champagne
② Sekt
③ Crémant
④ Armagnac

02 다음 중 Aperitif 와인에 대한 설명으로 알맞은 것은?
① 주로 식욕을 억제하려는 목적이 있다.
② 와인의 맛이 드라이하지 않고 스윗트하다.
③ 레드 와인보다는 화이트 와인이 주로 사용된다.
④ 식사 전 입맛을 돋우기 위해 드라이하지 않고 산이 있는 와인을 선택한다.

03 포도품종에 대한 설명으로 틀린 것은?
① Syrah : 최근 호주의 대표품종으로 자리잡고 있으며, 호주에서는 Shiraz라고 부른다.
② Sangiovese : 이탈리아를 대표하는 토착품종으로 껍질이 두껍고 씨가 많아 타고난 높은 산미와 타닌으로 인해 견고한 느낌을 준다.
③ Merlot : 보르도, 캘리포니아, 칠레 등에서 재배되고 있으며, 거친 맛을 부드럽게 하기 위해 혼합용으로 많이 사용된다.
④ Pinot noir : 보졸레에서 이 품종으로 정상급 레드 와인을 만들고 있으며, 보졸레 누보에도 사용된다.

04 이탈리아 프리미티보(Primitivo) 품종이 건너온 것으로만 알려져 있었으나, 수년간 DNA검사를 통해 이 품종이 수도승들에 의해 이탈리아로 전해진 크로아티의 플라박 말리(Plavac Mali)로 알려진 캘리포니아 특화 품종은?
① 말벡(Malbec)
② 바르베라(Barbera)
③ 그르나슈(Grenache)
④ 진판델(Zinfandel)

05 독일을 대표하는 포도품종으로 라인과 모젤 지방 그리고 프랑스 알자스에서 생산되는 화이트 와인의 대표적인 품종은?
① 슈냉 블랑(Chenin Blanc)
② 쇼비뇽 블랑(Sauvignon Blanc)
③ 샤르도네(Chardonnay)
④ 리슬링(Riesling)

06 포도가 자라는 데 영향을 주는 기후와 지리적 환경을 무엇이라 하는가?
① 떼루아(Terroir)
② 데뷔타주(Le débuttage)
③ 랙킹(Racking)
④ 르뮈아주(Remuage)

07 샴페인의 제조과정 중 일부 단계에는. 옳은 순서는 무엇인가?
① Remuage - Degorgement - Dosage
② Degorgement - Dosage - Remuage
③ Remuage - Dosage - Degorgement
④ Degorgement - Remuage - Dosage

08 로제 와인을 만드는 방식이 아닌 것은 무엇인가?
① 화이트 와인을 만드는 방식
② 부분추출(Skin Contact) 방식
③ 화이트 품종 + 레드 품종 혼합하여 사용하는 방식
④ 로제 와인용 품종을 사용하여 레드 와인 제조 방식

09 와인에 브랜디와 당분을 섞고 쑥, 용담, 창포뿌리 등의 향료와 약초를 넣어 향미를 낸 가향와인으로 가장 적합한 것은?
① 베르무트(Vermouth)
② 마르살라(Marsala)
③ 샤토 디껨(Château d'Yquem)
④ 에스투파젬(Estufagem)

10 보졸레 와인산지의 포도 품종 설명으로 알맞지 않는 것은?
① 가메를 주 품종으로 한 레드 와인 산지이지만 1% 미만의 샤르도네도 생산한다.
② 보졸레 크뤼급 산지에는 반드시 일정량 샤르도네를 생산한다.
③ 보졸레 지방도 원래는 삐노 누아를 생산하였으나 부르고뉴와 다른 성격의 토양으로 인해 가메로 바꾸었다.
④ 보졸레 와인의 특징은 가메 품종에서 기인한다.

11 본(Bonne)을 중심으로 '황금의 언덕'으로 불리며, 좁은 구릉지로 이루어진 이 포도원에서는 세계적으로 가장 완벽하고 추앙받고 있는 지역의 이름은?
① 꼬뜨 도르(Côte d'Or)
② 꼬드 드 뉘(Côtes de Nuits)
③ 마꼬네(Mâconnais)
④ 마꽁 빌라지(Marcon Village)

12 피에몬테 지역의 바르바레스코 마을과 함께 이 지역을 대표하는 최고급 산지이며 네비올로 품종으로 만들어지며 최소 알콜 함유량이 13%이상 되어야 하며 오크 통에 2년간 숙성 병에서 1년 숙성 시켜야하는 와인은?
① 바롤로
② 바르바레스코
③ 카티나라
④ 아스티

13 모스카토(Moscato) 품종으로 프리잔테(Prizzante) 스타일의 달콤한 와인과 스파클링 와인인 스푸만테(Spumante)를 만드는 지역으로 적합한 것은?
① 피에몬테(Piemonte)
② 아스티(Asti)
③ 바롤로(Barolo)
④ 롬바르디아(Lombardia)

14 Medoc 지구에서 생산된 유명한 와인은?
① Ch' Lafite Rothschild, Ch'Margaux, Ch' Latour, Ch' Mouton Rothschild
② Chateau Haut Brion
③ Chateau d'yquem
④ Chateau Ausone, Chateau Cheval Blanc,Ch' Figeac

15 이탈리아 와인에 대한 설명으로 틀린 것은?
① 거의 전 지역에서 와인이 생산된다.
② 지명도가 높은 와인산지로는 피에몬테, 토스카나, 베네또 등이 있다.
③ 이탈리아의 와인등급체계는 5등급이다.
④ 네비올로, 산지오베제, 바르베라, 돌체토 포도품종은 레드 와인용으로 사용된다.

16 아래 보기에서 독일의 와인 등급 중 가장 최상급 와인은 무엇인가?
① QmP
② Landwein
③ QbA
④ Tafelwein

17 최상급 독일 와인의 6단계 중 귀부병에 걸린 포도송이 중에 마른 알갱이만을 모아 만든 와인으로 아이스바인과 더불어 쌍벽을 이루는 최고의 절정에 달한 와인은?
① 카비네트(Kabinett)
② 베렌아우스레제(Beerenauslese)
③ 트로켄베렌아우스레제(Trokenbeerenauslese)
④ 슈패트레제(Spatlese)

18 독일의 A.P.Nr 에 대한 설명으로 알맞지 않은 것은 무엇인가?
① 독일의 고품질 와인이 거쳐야 하는 포도의 수확시기, 숙성도, 화학성분 검사 등을 통과했음을 보여주는 시스템이다.
② 표시내용 중 병입자의 신청번호는 생산자에 따라서 표기하지 않을 수 있다.
③ 첫 자리와 마지막 자리는 각각 품질 관리국 번호와 검사 연도를 의미한다.
④ Qualitatswein, Pradikatwein, 그리고 Sekt 는 의무적으로 품질검사를 받고 라벨에 이를 기재하여야 한다.

19 스페인 중부 마드리드(Madrid)의 바로 남쪽에 위치하 있으며, 돈키호테로 유명한 곳으로 스페인에서 가장 넓은 DO지역으로서 스페인 와인의 30%를 차지하는 산지는?
① 리오하(Rioja)
② 라만차(La Mancha)
③ 까딸루냐(Cataluna)
④ 리베라 델 두에로(Ribera del Duero)

20 라 만차에 대한 설명으로 알맞지 않은 것은?
① 비노스 데 파고는 다양한 토착품종과 국제품종을 사용한다.
② 라 만차는 청포도 품종인 아이렌(Airén)의 발상지이다.
③ 라만차는 수출시장을 겨냥한 저렴하고 잘 만들어진 레드 와 화이트 와인의 산지이다.
④ 라만차는 토착품종만으로 와인을 만든다.

21 마데이라 와인 중 세르시알(Sercial)의 당분농도로 적합한 것은?
① 가장 가볍고 드라이한 와인(당분 4% 이하)
② 강한 향의 미디엄 스윗트 와인(당분 4.9~7.8%)
③ 스윗트 와인(당분 7.8~9.6%)
④ 벌꿀같이 매우 스윗트한 와인(9.6~13.5%)

22 Port Wine에 관한 설명으로 알맞은 것은?
① 발효가 끝나기 전 알코올을 참가하여 발효를 중지시켜 잔당에 단맛이 난다.
② 발효가 끝난 후 알코올을 첨가하고 당은 첨가하지 않는다.
③ 발효가 끝난 후 가당하여 당도를 높인다.
④ 발효가 끝나기 전 당을 첨가하여 당도를 높이고 알코올은 첨가하지 않는다.

23 다음 중 미국와인의 특징에 대한 설명 중 틀린 것은?
① 미국 공식 인증 전문 포도 재배지역(American Viticultural Area)을 표시하려면 해당지역에서 수확한 포도를 75% 이상의 포도가 그 지역에서 생산된 것이어야 한다.
② 포도재배방법, 수확연도, 수확량, 양조방법 등에 대한 와인의 품질등급을 엄격하게 규정하고 있지 않다.
③ 그해 수확한 포도를 95%이상 사용해야 빈티지를 표기할 수 있다.
④ 와인 원산지로서 하나의 주 이름을 쓰는 경우 사용된 포도는 100% 해당되는 주내에서 생산된 것이어야 한다.

7. 소믈리에 자격증 필기시험 답안지 예시

WINE TASTING NOTE

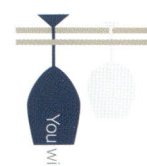

제공_(주)와이넬

Château Yon Figeac

제품명	샤또 용 피작
브랜드	샤또 용 피작
지역	생 떼밀리옹, 보르도, 프랑스
타입	레드
품종	메를로 81%, 까베르네 프랑 13%, 쁘띠 베르도 6%
수상	Wine Enthusiast - 93점(Vint.2016)

BODY: Light ▪▪▪ Full
SWEET: Dry ▪ Sweet

온도 조절이 가능한 스테인리스 스틸 탱크에서 전통적인 방식으로 양조하며 발효 전 저온 침용(cold maceration) 과정을 거친 후 부드러운 펌핑 오버를 통해 조심스럽게 포도 성분을 추출합니다.

COLOR : 짙은 자줏빛 컬러
AROMA : 풍부한 검은 베리류와 자두의 향이 매력적이며 신선한 과일향
PALATE : 매우 부드러워 안락함이 느껴지는 고급스러운 타닌감

Les Parcellaires de Saulx Meursault

제품명	레 파셀레르 드 쏘 뫼르소
브랜드	레 파셀레르 드 쏘
지역	뫼르소, 부르고뉴, 프랑스
타입	화이트
품종	샤르도네 100%

BODY: Light ▪▪ Full
SWEET: Dry ▪ Sweet

남동향의 빈야드는 남쪽으로 퓔리니 몽라셰(Puligny-Montrache) 아뻴라시옹에 연결되는 뫼르소 프리미에 크뤼 "즈느브리에르(Genevrières)"의 위쪽, 뫼르소 경사면의 상당히 높은 곳에 위치합니다. 떼루아는 남쪽으로 갈수록 표층이 얕고 돌이 많은 이회-석회암 토양으로 이루어져 있어 미네랄 캐릭터가 뚜렷하면서 마시기 편한 와인을 생산합니다.

COLOR : 투명하게 빛나는 골드 옐로
AROMA : 섬세한 화이트 플라워 노트
PALATE : 플린티한 뉘앙스를 동반하는 풍부한 미네랄 베이스의 풍성한 바디감

WINELL ART IN THE GLASS®
㈜와이넬 www.winell.co.kr | 02·325·3008

Les Parcellaires de Saulx
Gevery-Chambertin 1er Cru "Fonteny"

제품명	레 파셀레르 드 쏘 쥬브리 샹베르탱 프리미에 크뤼 "퐁트니"
브랜드	레 파셀레르 드 쏘
지 역	부르고뉴, 프랑스
타 입	레드
품 종	피노 누아 100%

BODY Light ■■■□ Full
SWEET Dry □□□□ Sweet

퐁트니는 '작은 샘'을 의미하는 구 프랑스어 'Fontanille'에서 유래했습니다. 오늘날 퐁트니 끌리마 가까이 있는 샘은 대단한 규모가 아니지만 19세기 당시에는 대형 홍수를 일으키기도 했다고 합니다. 프리미에 크뤼 퐁트니는 뤼쇼트 샹베르탱(Ruchottes Chambertin)과 마지 샹베르탱(Mazis Chambertin) 두 개의 그랑크뤼와 바로 경계하고 있는 빈야드입니다.

COLOR : 짙고 어두운 루비-가넷 컬러
AROMA : 상쾌한 멘톨 허브, 레몬 및 향신료 뉘앙스
PALATE : 경쾌한 산도와 풍성한 미감, 부드러운 타닌과 순도 높은 미네랄

Lacheteau Crémant de Loire Brut

제품명	라셰또 크레망 드 루아르 브륏
브랜드	라셰또
지 역	루아르, 프랑스
타 입	스파클링 화이트
품 종	슈냉 블랑 70%, 까베르네 프랑 20%, 샤르도네 10%

BODY Light ■□□□ Full
SWEET Dry ■□□□ Sweet

베이스로 사용된 슈냉 블랑은 루아르에서 천년이 넘는 시간동안 재배된 품종입니다. 따뜻한 기후에서도 산미를 잘 유지하며, 귀부균의 영향을 받아 주로 청사과, 파인애플, 황설탕 등의 풍미를 내어 산뜻한 산미와 달콤한 향이 매우 조화로운 독특한 특징을 가진 와인으로 양조됩니다.

COLOR : 실버톤 하이라이트의 밝은 페일 옐로우
AROMA : 열대 과일, 레몬, 감귤류의 아로마
PALATE : 생동감 있게 시작되는 프레쉬한 과일의 산미, 레몬과 베리류

Champagne de Venoge Louis XV Brut

제품명	샴페인 드 브노쥬 루이 15세 브릇
브랜드	샴페인 드 브노쥬
지 역	샹파뉴, 프랑스
타 입	스파클링 화이트
품 종	샤르도네 50%, 피노 누아 50%
수 상	James Suckling – 95점(Vint.2008)

BODY: Light ▮▮▯▯ Full
SWEET: Dry ▮▯▯▯ Sweet

그랑크뤼에서 수확된 샤르도네와 피노 누아 포도로만 양조했습니다. 세계 100여 곳의 미슐랭 레스토랑에 리스팅된 가스트로노미 샴페인으로 말로라틱 발효(MLF)를 거치지 않아 더욱 신선한 산도를 유지해 장기 숙성에 적합(Vint.2008)한 와인입니다.

COLOR : 밝고 선명한 볏짚-황금색 컬러와 장기 숙성에서 오는 섬세한 버블
AROMA : 깔끔하고 신선한 레몬, 흰 과일, 브리오슈와 헤이즐넛
PALATE : 신선한 산도가 돋보이는 빈티지, 좋은 구조감과 우아하고 긴 여운

Château Puech-Haut Tête de Bélier Rouge

제품명	샤또 푸에슈오 떼뜨 드 벨리에 루즈
브랜드	샤또 푸에슈오
지 역	랑그독, 프랑스
타 입	레드
품 종	시라 70%, 그르나쉬 20%, 무르베드르 8%, 꺄리냥 2%
수 상	2023 Concours Mondial de Bruxelles – Gold Medal

BODY: Light ▮▮▮▯ Full
SWEET: Dry ▮▯▯▯ Sweet

손 수확한 엄선된 포도를 전통적인 우드 탱크에서 35-50일간 침용 후 발효를 진행합니다. 뉴 프렌치 오크 배럴에서 18개월간 장기 숙성 후 출시됩니다.

COLOR : 짙은 퍼플 컬러와 가넷 림
AROMA : 매우 잘 익은 검붉은 과일, 후추, 허브 등의 다채로운 아로마
PALATE : 풀바디하고 풍성한 미감을 보여주며, 잘 익은 과일이 주는 타닌은 화려하면서도 깔끔한 텍스쳐를 선사합니다.

Les Bertrand
Beaujolais Oh!...

제품명	레 베르트랑, 보졸레 오!...
브랜드	레 베르트랑
지 역	보졸레, 프랑스
타 입	레드
품 종	가메 100%

BODY Light ■■■□ Full
SWEET Dry ■□□□ Sweet

0.75ha 규모의 싱글 빈야드는 주로 모래 성분의 화강암질 사층과 점토 심토로 구성되었습니다. 유기농 인증을 받았으며 비오디나믹 농법으로 전향 중입니다. 포도 나무의 재생을 위해 달의 주기에 따른 고블레(Goblet) 방식의 가지치기, 자생적 허브 관리와 식물 추출물로 병충해를 예방합니다.

COLOR : 깊은 레드-가넷 컬러
AROMA : 신선한 체리와 살구 등 핵과류의 산도가 좋은 과일의 힌트
PALATE : 산뜻한 산도, 깔끔하고 입안에 꽉 찬 느낌, 강렬한 과일의 긴 여운

Casale Vecchio
Montepulciano d'Abruzzo

제품명	까살레 베끼오 몬테풀치아노 다브루쪼
브랜드	판티니 < 판티니 그룹
지 역	아브루쪼, 이탈리아
타 입	레드
품 종	몬테풀치아노 100%
수 상	2022 Korea Wine Challenge(KWC) - Gold Medal(Vint.2020)

BODY Light ■■■■ Full
SWEET Dry ■□□□ Sweet

한 그루의 포도나무에서 생산되는 수확량을 제한하여 만들어져 매우 응축도가 높으며 신의 물방울 19권에 등장한 화제의 와인이기도 합니다. 판티니만의 특별한 "Fantini Selection" 기준에 맞추어 저온 발효 후 짙은 컬러와 높은 폴리페놀을 지닌 특별한 주스를 추출합니다.

COLOR : 매우 짙은 루비-레드 컬러
AROMA : 잘 익은 베리류의 강렬한 아로마와 허브의 힌트
PALATE : 높은 바디감과 우아한 타닌, 강렬한 미감이 어우러진 훌륭한 밸런스가 특징

Batasiolo Barolo Cerequio

제품명	바타시올로 바롤로 체레퀴오
브랜드	바타시올로
지 역	피에몬테, 이탈리아
타 입	레드
품 종	네비올로 100%
수 상	2018 DECANTER WORLD WINE AWARD - 93점(Vint.2013)

BODY: Light ■■■□ Full
SWEET: Dry ■□□□ Sweet

바롤로 라 모라(La Morra) 마을 최고의 크뤼 중 하나인 체레퀴오(Cerequio 2.25ha 소유)의 섬세한 떼루아가 고스란히 표현 되었습니다. 최소 2년간 슬라보니아산 대형 오크 배럴에서 숙성 후 스테인레스 스틸로 옮겨 12개월 추가 숙성하여 병입하고, 와인이 세련미를 더하며 정점에 이를때까지 추가 숙성하여 출시합니다.

COLOR : 중심부의 가넷 컬러와 오렌지 빛 하이라이트
AROMA : 체레퀴오 크뤼 특유의 노즈인 발사믹 노트, 식물, 꽃, 스파이시한 아로마
PALATE : 섬세한 커피와 담배향, 풀바디한 스타일로 긴 지속력의 피니쉬

Tenuta Buon Tempo Brunello di Montalcino

제품명	테누타 부온 템포 브루넬로 디 몬탈치노
브랜드	테누타 부온 템포
지 역	토스카나, 이탈리아
타 입	레드
품 종	산지오베제 그로쏘 100%
수 상	James Suckling - 93점(Vint.2018)

BODY: Light ■■■■ Full
SWEET: Dry ■□□□ Sweet

수확 후 온도 조절이 가능한 스테인레스 스틸 탱크에서 천연 효모와 함께 4주 간의 긴 시간 동안 발효 및 침용이 이루어집니다. 대부분의 와인은 슬라보니아산 20-35hl 오크 캐스크에서 3년 간 숙성되고 나머지는 프렌치 오크 배럴에서 숙성됩니다.

COLOR : 밝고 선명한 루비 컬러
AROMA : 잘 익은 체리, 서양자두와 함께 느껴지는 꽃의 아로마와 상쾌한 향신료 노트
PALATE : 크림(Creamy)처럼 부드러운 텍스쳐, 신선한 체리와 딸기 등의 풍미

WINELL ART IN THE GLASS®
㈜와이넬 www.winell.co.kr | 02·325·3008

Marne 180 Amarone della Valpolicella

제품명	마르네 180 아마로네 델라 발폴리첼라
브랜드	테데스키
지역	베네토, 이탈리아
타입	레드
품종	꼬르비나 35%, 꼬르비노네 35%, 론디넬라 20%, 기타 10%
수상	Decanter – 97점(Vint.2019)

BODY: Light ■■■□ Full
SWEET: Dry □□□□ Sweet

마르네 180의 'Marne'는 테데스키 포도밭의 다양한 토양 중 '이회토(Marl)'를 의미하며, '180'은 남서쪽에서 남동쪽으로 이어진 포도원의 노출된 각도를 표현합니다. 이 와인은 발폴리첼라 지역의 주요 구획인 메짜네(Mezzane)와 트레고나고(Tregnago) 언덕의 포도밭에서 수확한 포도로 만들어집니다.

COLOR : 짙고 선명한 루비 컬러
AROMA : 건포도, 블루베리, 체리 등 달콤한 과일 노트, 바닐라 등 미묘한 숙성의 힌트
PALATE : 벨벳처럼 부드러운 질감, 건포도의 짙은 맛과 세련된 타닌이 결합된 밸런스

The Daily August Riesling trocken

제품명	더 데일리 아우구스트 리슬링 트로켄
브랜드	아우구스트 케셀러
지역	라인가우, 독일
타입	화이트
품종	리슬링 100%
수상	James Suckling – 90점

BODY: Light ■□□□ Full
SWEET: Dry ■□□□ Sweet

"The Daily August" 데일리 아우구스트는 매일 기분을 상쾌하게 전환시켜주는 친구라 할만한 와인입니다. 아우구스트 케셀러의 새로운 프리미엄 리슬링 와인으로 매일 매일 좋은 소식을 기원하는 의미로 "The Daily August " 이라는 이름을 지었습니다.

COLOR : 밝고 옅은 옐로우 컬러
AROMA : 상쾌한 사과, 복숭아, 시트러스 뉘앙스의 아로마
PALATE : 상쾌한 산도, 즙이 풍부하고, 과실 풍미가 강하고, 짜릿한 스타일의 와인

WINELL ART IN THE GLASS®
㈜와이넬 www.winell.co.kr | 02·325·3008

Roger Goulart
Extra Brut Gran Reserva Josep Valls

제품명	로저 구라트 엑스트라 브륏 그랑 리제르바 조셉 발스
브랜드	로저 구라트
지 역	페네데스, 스페인
타 입	스파클링 화이트
품 종	샤르도네 35%, 차렐로 35%, 마카베오 15%, 파레야다 15%
수 상	2022 IWSC – 91점 TOP TEN CAVA 'No.1' 선정
	James Suckling – 92점 (Vint.2014/2007)
	James Suckling – 91점 (Vint.2011/2018)

BODY Light ▮▮▯▯ Full
SWEET Dry ▮▯▯▯ Sweet

신의 물방울 29권에 등장한 최고품질의 빈티지 까바로 60개월 숙성 후 출시되는 와인입니다.

COLOR : 밝은 옐로-골드 컬러
AROMA : 로스티드 너츠, 토스트 등의 긴 숙성이 주는 아로마
PALATE : 부드럽고 섬세하고 지속적인 버블과 길게 이어지는 산도

Vina Real Gran Reserva

제품명	비냐 레알 그랑 리제르바
브랜드	비냐 레알
지 역	리오하, 스페인
타 입	레드
품 종	템프라니요 95%, 그라시아노 5%
수 상	James Suckling's TOP 100 wines of Spain year 2021 - 96점(Vint.2015)

BODY Light ▮▮▮▮ Full
SWEET Dry ▮▯▯▯ Sweet

라바스티다(Labastida)를 포함한 리오하 알라베사(Rioja Alavesa)의 최고의 구역에서 자란 포도로 생산됩니다. 모래 성분이 섞인 석회질 토양으로 구성된 소규모의 포도밭은 500-650m 고도의 언덕에 남향으로 위치합니다.

COLOR : 짙은 루비-레드와 가넷 하이라이트
AROMA : 강렬하고 잘 익은 과일, 바닐라, 각종 향신료, 가죽 등의 복합적인 아로마
PALATE : 풍부하고 크리미한 질감, 섬세하고 우아한 산미, 지속력이 좋은 타닌

WINELL ART IN THE GLASS®
(주)와이넬 www.winell.co.kr | 02·325·3008

Delaforce Fine Tawny Port

제품명	델라포스 파인 토니 포트
브랜드	델라포스
지 역	포르투, 포르투갈
타 입	주정강화
품 종	투리가 나시오날, 투리가 프랑카, 틴타 로리즈

BODY Light ■■■□□ Full
SWEET Dry ■■■□□ Sweet

델라포스 파인 토니 포트는 블렌딩 된 와인을 평균 4년으로 숙성시킨 와인으로 테라코타 오렌지 빛 테두리의 짙은 레드 칼라를 보입니다. 숙성기간 동안 색상이 부드러워지고, 프레쉬한 과일 풍미는 우드에서 점차 견과류 뉘앙스로 발전합니다.

COLOR : 깊은-가넷 앰버 컬러
AROMA : 과즙 가득한 베리의 풍미와 잘 익은 핵 과일의 뉘앙스
PALATE : 신선하고 균형 잡힌 질감과 직관적이고 단단한 타닌이 특징

McGuigan BIN 9000 Semilon

제품명	맥기건 빈 9000 세미용
브랜드	맥기건
지 역	헌터 밸리, 호주
타 입	화이트
품 종	세미용 100%
수 상	2022 대한민국주류대상 신대륙 화이트와인 부문 대상(Vint.2019)

BODY Light ■□□□□ Full
SWEET Dry ■□□□□ Sweet

Bin 9000 은 헌터 밸리(Hunter Valley) 지역이 오늘날 세계 최고의 세미용 생산 지역으로 유명해진 계기의 완벽한 예가 되는 와인입니다. 숙성을 거칠수록 꿀과 토스트 등의 복합적인 맛을 지닌 와인으로 발전합니다.

COLOR : 밝고 선명한 레몬 컬러
AROMA : 시트러스류와 사과 등의 신선한 아로마와 꿀과 토스트(toast) 힌트
PALATE : 라임, 사과(Lady pink Apple)의 신선한 산도와 크리스피한 질감, 롱 피니쉬

Woven Stone Sauvignon Blanc

제품명	워번스톤 쇼비뇽 블랑
브랜드	워번스톤
지 역	오하우, 뉴질랜드
타 입	화이트
품 종	쇼비뇽 블랑 100%
수 상	2020 San Francisco International Wine Competition – Silver Medal

BODY: Light ■□□ Full
SWEET: Dry ■□□ Sweet

엄격하게 수작업으로만 포도를 선별합니다. 포도즙은 와인 고유의 품종 특징을 강화하기 위하여 이스트와 발효를 시작하기 전에 약하게 프레스하며 추가적으로 와인의 5% 정도를 오크통에서 숙성시킵니다. 이것은 와인의 복합성과 함께 좋은 풍미를 부여해줍니다.

COLOR : 밝고 옅은 그린 컬러
AROMA : 라임, 오렌지, 엘더 플라워, 그린 허브 등의 상큼한 아로마
PALATE : 다소 높은 밀도와 뚜렷한 미네랄 캐릭터 길게 이어지는 산도의 피니쉬

Buehler White Zinfandel

제품명	뷸러 화이트 진판델
브랜드	뷸러
지 역	캘리포니아, 미국
타 입	스위트 로제
품 종	진판델 100%
수 상	미국 백악관이 선택한 "최초의 화이트 진판델"

BODY: Light ■□□ Full
SWEET: Dry ■■■ Sweet

최적의 상태로 포도가 익었을 때 100% 손수확으로 최상의 포도로 선별합니다. 평균 30년 이상의 포도나무 수령, 100% 캘리포니아 나파밸리 진판델 품종으로만 양조합니다.

COLOR : 밝고 선명한 루비 컬러
AROMA : 와일드 베리, 스트로베리 등의 진판델 품종의 잘 익은 과일 아로마
PALATE : 잘 익은 베리류의 달콤한 미감과 함께 상큼한 과일의 피니쉬

La Pelle Napa Valley Cabernet Sauvignon

제품명	라 펠레 나파 밸리 까베르네 쇼비뇽
브랜드	라 펠레 와인즈
지역	나파 밸리, 미국
타입	레드
품종	까베르네 쇼비뇽, 쁘띠 베르도 2~4%
수상	Wine Enthusiast - 95점(Vint.2019)

BODY: Light ■■■□ Full
SWEET: Dry ■□□□ Sweet

쁘띠 베르도(Petite Verdot)가 약간 블렌딩된 까베르네 쇼비뇽(Cabernet Sauvignon) 베이스의 라 펠레 나파 밸리 까베르네 쇼비뇽은 나파 밸리(Napa Valley)의 지중해 기후가 제공하는 다양성과 깊이를 보여줍니다.

COLOR : 다크 레드 컬러
AROMA : 블랙베리, 짙은 보라색 자두, 크림 드 카시스, 제비꽃, 흑연 아로마
PALATE : 잘 익은 검은 과일 과즙이 풍부하고 라운드한 타닌의 풀바디 와인

Narrow Gauge Chardonnay

제품명	네로우 게이지 샤르도네
브랜드	크로와 에스테이트
지역	소노마, 미국
타입	화이트
품종	샤르도네 100%
수상	Jeb Dunnuck - 94점

BODY: Light ■■□□ Full
SWEET: Dry ■□□□ Sweet

크로와 에스테이트, 네로우 게이지 샤르도네는 러시안 리버 밸리 전역의 엄선된 포도밭에서 재배된 포도로 생산된 결과물입니다.

COLOR : 선명한 황금빛의 밀짚(Straw) 옐로
AROMA : 풍성하면서도 밝고 상쾌한 스타일의 샤르도네로 감미롭고 복합적인 향
PALATE : 잘 익은 파인애플, 사과, 아삭한 배의 풍미가 침샘을 자극하는 즐거움 선사

References

■ 국내문헌

김준철(2007), 와인, 백산출판사
마이클 슈스터(2010), 와인 테이스팅의 이해, BaromWorks
오즈 클라크(2001), 오즈 클라크의 와인 이야기, 푸른길
전현모, 함문훈, 김광수(2008), 프랑스 와인, 대왕사
강영욱, 최인섭(2010), 와인입문, 대왕사
캐런 맥닐(2010), 최신덕 역, 더 와인 바이블, BaromWorks
김의겸 외 2인(2010), 와인 소믈리에 실무, 백산출판사
김준철 외 4인(2009) 와인 양조학, 백산출판사
이순주(2004), 와인입문교실, 백산출판사
김민환(2010), 와인학개론, 닥터뱅
김민환(2010), Professional Wine Basic & Practical Business, 닥터뱅
Wine Rwview, March 2011; May 2011; August 2011; October 2011

■ 국외문헌 및 관련 사이트

www.alsacewine.com
www.aoc-cabardes.com
www.beaujolais.com
www.bordeaux.com
www.champagne.com
www.chateau-latour.com
www.coteaux-languedoc.com
www.cru-fitou.com
www.keumyang.com
www.languedoc-wines.com
www.limoux-aoc.com
www.lynchbages.com
www.pape-clement.com
www.pomerol.com
www.sopexa.co.kr
www.vinsdeprovence.com
www.vins-malepere.com
www.vins-pomerol.fr
www.vins-rhone.com
www.vins-saint-emilion.com

99 POINTS

BEST ITALIAN RED

FANTINI

에디찌오네 시그니처 콜렉션

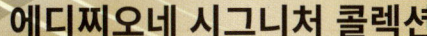

www.winesercher.co.kr
http://blog.naver.com/ez4all/40010066337
http://blog.naver.com/joandlina1/30018969769
http://blog.naver.com/wineis/60007799174
http://blog.naver.com/doolyking/60008090025
http://blog.naver.com/moonjaeshin/100020448202
http://blog.naver.com/bb5399/130001110378
http://www.cafa-formations.com/
http://drvin.blog.me/120137511489
http://americansommelier.com/
http://vitis-vinifera.chez-alice.fr/
http://winecountry.it/regions
http://www.adelaide.edu.au/library/guide/agri/viti.html#grape
http://www.awbc.com.au/Default.aspx?p=1
http://www.champagne.com/
http://www.chianticlassico.com
http://www.consorziobrunellodimontalcino.it/
http://www.filewine.es/english/default.htm
http://www.fruit.cornell.edu/grapes.html
http://www.ilsoave.com/it
http://www.italianwineguide.co.kr
http://www.pedroXimenez.com
http://www.riojawine.com
http://www.sherry.org/
http://www.somme.co.kr
http://www.sommlier.jp/main.html
http://www.sopexa.co.kr
http://www.spanish-fiestas.com/wine/spain-wine-regions.htm
http://www.vitisnavarra.com
http://www.vitisrauscedo.com/
http://www.winespana.com/
http://commons.wikimedia.org/wiki/Main_Page
http://de.wikipedia.org
http://beverlyhillswinemerchant.com
http://www.louisjadot.com/en/index.php
http://cafe.naver.com/wine